白鷗大学法政策研究所叢書

危機の政治的余波と危機管理の管理

足利銀行破綻をめぐる
栃木県の対応を中心に

児玉博昭

日本評論社

はしがき

　東日本大震災・東京電力福島第一原発事故から8年近くが経つ。政府が位置づける10年の復興期間もすでに後半に入っているが、指定廃棄物処理の問題など危機の余波は今も収まりを見せない。

　政府の方針では、放射性物質に汚染された指定廃棄物は各県内で処理をする。栃木県では当初、矢板市内に処分場の候補地が示されたが、選定過程が不透明との批判を受けて白紙撤回された。その後、有識者会議や市町村長会議を経て再選定がなされた結果、今度は塩谷町内が候補地に挙がるも、地元の反対は根強く、建設の目途は一向に立たない。仮置き場での長期保管を余儀なくされているのが現状だ。

　この間、市町や住民団体の激しい反発もさることながら、地元の国会議員が原発周辺での一括保管を提案し、県内処理の政府方針に異議を唱えるなど、処分場選定をめぐり政治的混迷は深まっている。

　だが、危機管理が「厄介な政治問題」になるのは、これが初めてではない。かつて足利銀行が一時国有化された際も、受け皿選定をめぐり政治的対立が起きた。地元の国会議員が足銀の受け皿として県民銀行構想を提唱し、構想に批判的な知事と対立した。震災・原発事故と金融危機とでは危機の種類が異なるものの、危機の後処理が政治問題になる構図は全く同じと言ってよい。

　なぜ危機管理は厄介な政治問題になってしまうのか。まず、危機管理には多数の政治アクターが関与しようとする。不測の事態に対し重大な決定を行う危機管理には多くの者が関心を寄せる。緊急を要する危機の発生直後は、首長をはじめ執行内部で進めるものの、時間の制約がなくなると、議員や利益集団など外部の関係者にも関与の機会が生まれる。

　そして、危機管理では問題解決のプロセスが複雑になる。そもそも危機は原因が複雑に絡み合い、状況も絶えず変化するし、危機管理に関わる外部の関係者には組織的な統制が効かない。多様な要素が作用し合う複雑な状況に

適応していかざるを得ない。

　さらに、危機管理では関係者の認識にギャップがある。危機は、解決を図る以前に問題自体が捉えがたいし、捉え方は人によって異なる。関係者の願望や思い込み、無知が問題の構造化をゆがめる。

　かくして危機管理は厄介な政治問題となり、危機は政治化し、政治は危機化する。指定廃棄物の処分場問題や足銀の受け皿問題が長引く様子を見ると、危機そのものより政治的余波の大きさを実感する。危機管理では、発災直後の応急対応が重視されるあまり、行政の専任事項と理解され、組織の統率や事務的な対処方法ばかりが問われる。だが、危機の余波に目を向ければ、危機管理は政治問題となりうること、合意形成を図り共通認識を持つことに腐心すべきことも理解できよう。

　前兆の見逃しや対応の遅れに対する非難、方針をめぐる対立など、とかく危機管理は政争の火種になりやすい。危機管理が危ういときにどう乗り切るか、危機管理の危機管理こそ重要な課題である。

目　次

はしがき ………………………………………………………………………… i

第1章　問題の所在と分析の枠組み ………………………………………… 1
　第1-1節　問題の所在：危機の政治的余波 ……………………………… 1
　第1-2節　分析の視点：危機管理の政治問題化 ………………………… 8
　第1-3節　先行研究の検討 ………………………………………………… 10
　第1-4節　危機管理の定型アプローチ …………………………………… 12
　第1-5節　危機管理の非定型アプローチ ………………………………… 21
　第1-6節　小括：統制型と参加型の危機管理 …………………………… 29

第2章　足銀破綻をめぐる栃木県の対応 …………………………………… 33
　第2-1節　金融危機対応の制度 …………………………………………… 33
　第2-2節　栃木県の地域状況 ……………………………………………… 36
　第2-3節　足銀の経営悪化と増資協力、ペイオフ対策 ………………… 41
　第2-4節　足銀の一時国有化と地元株主の保護 ………………………… 54
　第2-5節　足銀の受け皿選定と新生足銀への出資 ……………………… 74
　第2-6節　小括：政治問題化した受け皿選定 ………………………… 104

第3章　拓銀破綻をめぐる北海道の対応 ………………………………… 111
　第3-1節　北海道の地域状況 …………………………………………… 111
　第3-2節　拓銀の経営悪化と道銀との合併延期 ……………………… 113
　第3-3節　拓銀の経営破綻と地元企業への緊急融資 ………………… 115
　第3-4節　北洋銀等への営業譲渡と債権の引継ぎ …………………… 121
　第3-5節　道銀の経営悪化と地元企業の増資協力 …………………… 128
　第3-6節　小括：政治問題化しなかった受け皿選定 ………………… 130

第4章　福島第一原発事故をめぐる栃木県の対応 ……………………… 135
　第4-1節　震災・原発事故対応の制度 ………………………………… 135
　第4-2節　栃木県の地域状況 …………………………………………… 139

第4-3節　地域防災計画の作成と放射性物質事故・災害対応……………… 140
　　　第4-4節　福島第一原発事故の発生と風評被害の払拭 ………………… 141
　　　第4-5節　放射性物質の除染と指定廃棄物の処理 ……………………… 156
　　　第4-6節　地域防災計画の修正と防災条例の制定 ……………………… 179
　　　第4-7節　小括：政治問題化した指定廃棄物処理 ……………………… 183

第5章　福島第一原発事故をめぐる宮城県の対応……………… 191

　　　第5-1節　宮城県の地域状況 ……………………………………………… 191
　　　第5-2節　原子力災害計画と震災対策アクションプラン ……………… 192
　　　第5-3節　福島第一原発事故の発生と風評被害の払拭 ………………… 193
　　　第5-4節　放射性物質の除染と指定廃棄物の処理 ……………………… 206
　　　第5-5節　地域防災計画の修正と震災の検証記録 ……………………… 223
　　　第5-6節　小括：政治問題化した指定廃棄物処理 ……………………… 225

第6章　危機管理の政治学的分析……………………………… 229

　　　第6-1節　危機管理の関与性に関する分析 ……………………………… 229
　　　第6-2節　危機管理の非線形性に関する分析 …………………………… 246
　　　第6-3節　危機管理の主観性に関する分析 ……………………………… 260
　　　第6-4節　結論：危機管理の不確実性 …………………………………… 273
　　　第6-5節　含意：多元的相互調節による危機管理 ……………………… 284

参考文献 ……………………………………………………………………………… 289
あとがき ……………………………………………………………………………… 297
索　引 ………………………………………………………………………………… 301

図・表 目 次

表 1-1　民主主義理論と危機管理
表 1-2　危機の段階と危機管理
図 2-1　特別危機管理のスキーム
図 2-2　足銀破綻に関する新聞記事見出し件数の推移
表 2-1　足銀増資問題の主な経過
表 2-2　足銀国有化後の主な経過
表 2-3　足銀受け皿問題の主な経過
表 3-1　拓銀破綻の主な経過
図 4-1　東日本大震災に関する新聞記事見出し件数の推移
表 4-1　震災前の防災対策の主な経過
表 4-2　東日本震災対応の主な経過
表 4-3　福島第一原発事故対応の主な経過
表 4-4　震災後の災害対策見直しの主な経過
表 5-1　宮城県の大震災・原発事故対応の主な経過
表 6-1　県民銀行に関する渡辺衆院議員と福田知事の対立点
表 6-2　危機及び危機管理の特質と政治的余波
図 6-1　段階的統制モデルと複雑適応系モデルの関係

第 1 章　問題の所在と分析の枠組み

第 1-1 節　問題の所在：危機の政治的余波

1. 研究の契機

1-1. 非常事態をめぐる自治体の対応

　東日本大震災後、自治体の危機管理における議会や議員の役割が問われている。松井望は、「危機状況では行政機能が強調されたが、それに対して、議会が震災や復興にどのようにかかわるのかは議会の役割を根本から問う問題である」と問題を提起し（柴田・松井 2012:89）、中邨章も、「二元制の一方の担い手として、危機管理に制度的に対応している議会は皆無である」と現状を指摘する（中邨 2014:89）。

　たしかに地震や大雨などの自然災害が起こると、自治体には災害対策本部が設けられ、テレビや新聞では、首長が緊急記者会見を開き、職員が対応に追われる様子が繰り返し報道される。こうした報道も、発災直後は特別番組や号外を通じて大々的に行われるが、しばらく経つと一般の関心も薄れ、やがて他の話題に取って代わられることになる。ところが、こうした行政の活発な動きに引きかえ、議員の活動はそもそもあまり一般住民の目に触れることがない。「首長制をとる基礎自治体では、危機管理の議員主導はありえない」との見方もあるが（中邨 2014:90）、しかし本当に、自治体の危機管理で議員が主導することはありえないのだろうか。

1-2. 足銀破綻をめぐる栃木県の対応

　本研究は、非常事態と自治体の政策過程について考察するものである。研究のきっかけは、足利銀行の経営破綻に対する栃木県の対応が、上述のような通常の災害時とは異なっていたからである。詳細は次章で記述するが、経緯の概要は以下のようなものである。

　2003年11月、栃木県にある足利銀行が債務超過に陥り一時国有化された。県内で圧倒的な融資シェアを誇る同行の経営破綻は地元経済界には衝撃的な出来事であり、一時国有化という最も厳しい破綻処理には金融関係者も当惑した。繰り返し発生する自然災害とは異なり、金融危機という未曾有の事態に自治体関係者も対応に苦慮した。

　このとき、この足銀問題に敏感に反応し、本格的な対策を打ち出したのは、知事の福田昭夫よりも、県政とは直接関係のない地元選出国会議員の渡辺喜美であった。金融政策通を自負する渡辺は、足銀の受け皿として県が出資する県民銀行の創設と、足銀の債権切り分けに勧告を行う県産業再生委員会の早急な設置を提案した。財源や権限の面で問題のある提案だったが、渡辺の強い主張もあり、金融問題に疎い自民党の地方議員らはこれに同調するようになる。提案を働きかける県議会最大会派と、提案に難色を示す知事との間に対立が深まり、県産業再生委員会については議員提案で設置条例が制定されたが、県民銀行については最後まで知事が創設に反対した。こうしたことが引き金となり、ついには知事選で自民党側が対立候補を擁立し、知事の再選を阻止する事態になる。その後、金融庁で足銀の受け皿が選定され、新生足銀に経営が移行されるが、地元出資問題は長らく引きずることになった。

1-3. 足銀破綻に乗じる政治

　この足銀破綻の事例では、足銀の受け皿をめぐり、渡辺喜美衆院議員が県民銀行構想を提唱し、持論に批判的な福田昭夫知事と対立した。足銀の救済が目的なら、県民銀行の設立が唯一の解決策というわけではないし、知事の交代が絶対に必要だったわけでもない。単に足銀破綻から生じた問題を解決するよりも、足銀破綻が政治的に利用されているように思われる。政治家が、危機という「脅威」に対して受け身で対応するばかりではなく、自分の政策

を実現し、あるいは政敵を排除するために、危機という「機会」を積極的に利用することはよくあるのだろうか。本研究では、この危機の「政治利用」にまずは着目したい。

2. 鍵となる概念

2-1. 危機管理の政治学

　従来の危機管理研究を概観すると、管理レベルに焦点を合わせ、危機に対応するための運用上のノウハウを提供するものが多い（サラス他2007など）。これに対し政治レベルへの関心は低く、危機が政治や政策に与える影響を分析するものは少ない。

　政治研究では、米ソのキューバ危機を分析したグレアム・アリソンの『決定の本質』をはじめ（Allison1971）、危機時の政治を取り上げた研究は枚挙にいとまがない。しかし、危機後の政治を扱う研究となると、さほど多くはない。危機後の「政治変動」に関しては、日本政治学会の学会誌でも特集が組まれているが（日本政治学会2014）、掲載論文の問題関心や分析対象・枠組みはさまざまであり、焦点が定まっているとは言いがたい。

　こうしたなか、アリエン・ボイン、ポール・トハートらによる『危機管理の政治学』は、危機管理の政治的側面を論じており（Boin, 't Hart, Stern and Sundelius 2005）、同じ著者らによる『危機後の統治』は、危機の政治的余波、特に危機の「政治利用」に焦点を合わせた数少ない研究の一つである（Boin, McConnell and 't Hart 2008）。

2-2. 「危機に乗じる政治」

　アリエン・ボインらは、危機によって引き起こされる説明責任、政策変化と学習に関して、ハリケーン・カトリーナからチャレンジャー号の惨事、9.11同時多発テロにいたるまで、さまざまな事例研究を行い、危機後の統治を「危機に乗じる政治（the politics of crisis exploitation）」と形容している。ここに「危機に乗じる政治」とは、「理解や判断、選択といった政治過程にはっきり影響を与えるために、危機によって生じた制度上の「転位（dislocation）」をアクターが目的をもって利用する」ことをいう（Boin et al. 2008: 287）。これは

先に述べた足銀破綻後の栃木県政にも通じるものがある。

ボインらによれば、「素早く燃える危機（fast-burning crisis）」に比べて、「影の長い危機（long-shadow crises）」では、危機の余波として、なぜ危機を把握できなかったのか（incomprehensible）、どうして管理を誤ったのか（mismanaged）、議題を設定し直すべきではないか（agenda-setting）といった政治的論争を招くことになる。

危機の後、政治リーダーは、危機の際に果たした役割や取り組んだ結果を綿密に取り調べられることになるが、エリートが勢いづくこともあれば（elite reinvigoration）、痛手を被ることもあれば（elite damage）、責任を逃れることもある（elite escape）。

また、危機から生じた学習プロセスは、改革への社会政治の窓を一時的に開くこともあるが、微調整（fine tuning）から政策変革（policy reform）、パラダイム転換（paradigm shift）にいたるまで学習の程度にも違いがあるとしている。

ただし、この共同研究では、それぞれの事例で用いられる道具概念や分析枠組みはまちまちである。著者が自ら認めているように、「危機に乗じる政治」がなぜ生まれるのかが、必ずしも体系的には説明されていない。本研究の目的は、この「危機に乗じる政治」のメカニズムを探ることである。

3. 事例の選択と研究の方法

3-1. 事例の選択

本研究では、まず、中心事例として、研究のきっかけとなった「足利銀行（足銀）」の経営破綻を取り上げる。次に、比較事例として、同じ金融危機である「北海道拓殖銀行（拓銀）」の経営破綻を取り上げる。足銀は全国有数の地域金融機関で、同行の経営破綻は、金融破綻法制上の特別危機管理が適用された唯一の事例である。地域金融機関の経営破綻としては、預金保険法改正前の北海道拓殖銀行、改正後の足利銀行が代表的である。拓銀は厳密には地方銀行ではないが、北海道との結びつきが強く実質的には地域金融機関といってよい[1]。

一般化するためには、異なる危機でも同様の変化が生じることを示せるよ

う、対照的な事例を選択するのが望ましい。危機といっても、自然災害から事件・事故まで内容は幅広い[2]。危機のうち最も典型的なのは、災害対策基本法が定める「災害」である[3]。災害には、①風水害や地震などの「自然災害」と、②大規模火災や放射性物質事故などの「特殊災害」がある。地域金融機関の経営破綻といった「経済危機」と最も対照的なのは、「災害」であろう。災害は主に生命・身体に被害を生じさせるのに対し、経済危機は主に財産に損害を与えるからである。そこで、同じ栃木県を襲った危機のうち、金融危機とは対照的な災害の事例として、「東日本大震災・東電福島第一原発事故」を取り上げる。東日本大震災は阪神・淡路大震災を上回る犠牲者を出した戦後最悪の自然災害であり、東電福島第一原発事故はチェルノブイリ原発事故以来の深刻な原子力事故である。

対象の自治体としては、「栃木県」のほかに「宮城県」を取り上げる。福島第一原発事故で最も深刻な影響を受けたのは、原発が立地する福島県であるが、栃木県では指定廃棄物の処理が最も厄介な問題となった。最終処分場の建設が問題となっているのは、福島県のほか、宮城県、茨城県、栃木県、群馬県、千葉県であり、このうち候補地の選定作業が最も進んでいるのが、栃木県と宮城県だからである。

3-2. 研究の方法

本研究では、非常時に関する事例が少数であるため、データセット観察に基づく統計分析は行わない。動態的変化の記述にも適した因果プロセス観察による過程追跡を用いて推論を行う[4]。分析にあたっては、同じ自治体における異なる危機と、異なる自治体における同じ危機を比較することで条件の

---

[1] これに対し、金融再生法に基づき特別公的管理が行われた長銀と日債銀は、地域との結びつきが弱い。また、秋月謙吾は、木津信用組合の経営破綻をめぐる大阪府の対応を考察しているが（秋月2002）、信用協同組合はかつて都道府県知事に検査・監督権限があるなど制度環境が異なり、足銀や拓銀と比べて経営規模も小さく地域経済への影響が限定的であることなどから、信用協同組合などの地域金融機関は研究対象としない。
[2] 当該自治体自体の不祥事などは、外生的ではないので研究対象とはしない。
[3] 法律に定めのある危機には、他に武力攻撃事態対処法が定める「武力攻撃」もあるが、実例に乏しいため、研究対象には含めない。

制御に努める[5]。

　事例研究においては、因果関係の説明だけでなく、事例自体の理解も重要である。特に政策過程を分析する際は、言説の重要性にも注目する必要がある（マヨーネ1998）[6]。本研究では、複数の事例を比較して理論的な一般化を試みるとともに、文脈に即した「厚い記述」を通じて事例をより深く理解することを目指したい。

4.　本書の構成

4-1.　本書の構成と各章の概要

　本研究は、6つの章で構成される。第1章では、危機の政治利用を招く危機管理の特質を関与性・非線形性・主観性から操作化するとともに、自治体の危機管理をアクターとプロセスの両軸から捉える2つのモデルを提示する。

　第2章から第5章では、自治体の危機管理に関する4つの事例を通時的に記述する。

　第2章では、はじめに足利銀行の経営破綻をめぐる栃木県の対応を取り上げる。足銀破綻をめぐる栃木県の対応から体系的に説明できる部分を抽出するためには、類似の事例と比較する必要がある。第3章では、足銀破綻をめぐる栃木県の対応を比較するために、北海道拓殖銀行の経営破綻をめぐる北海道の対応を事例に取り上げる。

　足銀破綻の事例と拓銀破綻の事例は、地域金融の危機という点では類似す

---

[4] 社会科学の方法においては、質的研究と数量的研究の伝統的な対立がある。定量的分析の方法論を参照して定性的分析の方法論を明確化するという立場もあるが（キング＝コヘイン＝ヴァーバ2004）、両者の方法論の相違や定性的分析の独自性を強調する立場もある（ブレイディ＝コリアー2008）。

[5] 一致法では、特徴が異なりながら従属変数の値が同じ事例を比較するが、独立変数以外の条件は異なるほうがよい（伊藤2011:106-107）。本研究の場合、金融危機と震災・原発事故のように、危機の特徴が全く異なりながら、同じように政治的余波が生じている事例を比較するのが妥当である。事例研究における事例選択の基準に関しては、エヴァラ（2009）など、少数事例の一致法・差異法による比較に関しては、伊藤（2011）などを参照。

[6] 実証主義は因果的な推論を重視するが、ポスト実証主義は構築主義的な視角を重視する。言説分析を用いた政策研究でも、シュミットの言説的新制度論は、理論化への志向が強く、実証主義とも親和性が高いとされるが、フィッシャーとフォレスターの議論主義的言説分析は、ポスト実証主義の流れに位置づけられる（西岡2007）。

るが、対応した自治体が異なる。そこで第4章では、同じ自治体で対応した他の危機の事例として、東日本大震災・東電福島第一原発事故をめぐる栃木県の対応を取り上げて比較する。

　足銀破綻の事例と福島原発事故の事例は、同じ自治体で対応した事例だが、危機の時期や内容が異なる。第5章では、同一の危機に起因する他の自治体の対応と比較するため、同じ福島原発事故をめぐる宮城県の対応を事例に取り上げ、共時的に比較する。

　第6章では、上記の事例を分析枠組みにあてはめ、危機管理が厄介な政治問題になる要因を分析する。まず、「段階的統制モデル」による分析を行い、危機管理の関与性を明らかにする。4つの危機事例を比較しながら、危機の段階ごとに政策過程の特徴を整理し、危機の特性により政治アクターの関与が拡大するメカニズムを考察する。

　次に、「複雑適応系モデル」による分析を行い、危機管理の非線形性を明らかにする。足銀破綻の一連の過程において、「段階的統制モデル」では説明の難しい事象に複雑適応系の概念を当てはめて、危機管理において問題解決プロセスが複雑化するメカニズムを考察する。さらに、危機管理の主観性に着目し、足銀破綻後の県民銀行構想に焦点を合わせて、危機に関する認識のずれが政策過程に与える影響を分析する。

　むすびに、「危機に乗じる政治」に関する本研究の結論と含意を提示する。

4-2. 資料の出所

　本研究に用いた資料とデータは、地方自治研究、危機管理研究に関する政治学、行政学等の既存研究と、政府や自治体の各種行政資料、報道機関の報道等である。

　具体的には、理論の構築にあたっては、地方自治、危機管理それぞれに関する国内文献を、最近刊行された研究書を含め幅広く渉猟した。さらに日本行政学会、日本自治体危機管理学会など関連学会で発表された研究報告も参考にし、最新の研究動向に留意した。

　事例の記述にあたっては、新聞記事のデータベースを活用し、特に地方政治・行政の動向を詳細に報道する当該地域の地方紙の記事を参照し、事実の

発生時期を特定して時系列に整理した。個別事実の具体的内容に関しては、関連団体の提言書・要望書、関連委員会の会議資料・議事録・報告書・答申等を収集した。当該分野の制度や政策の概要に関しては、関連分野の概説書、所管官庁の計画書、年次報告書、広報冊子等を利用した。

また、中心となる事例に関しては、必要に応じて地方議員、自治体職員、学識経験者などの関係者に聞き取り調査を行い、外部から観察できない事実関係の把握に努めた。ただし、比較対象となる事例を含め全ての事例の記述にかかる事実は、文書に記録され、取材先から提供されたか、または対外的に公表されている資料に基づいている。

第1-2節　分析の視点：危機管理の政治問題化

「危機に乗じる政治」のメカニズムを明らかにするためには、抽象的な概念を観察しやすい具体的な行為や状態に置き換える必要がある。

危機は、政治状況を変える一つの契機であり、政権の挽回、政策の変更、制度の改革をもくろむ者には好機となる。危機を政治利用する動機は十分に考えられるが、一概に利己的とは言えないし、実際に利用するとは限らず、必ず目的を果たせるわけでもない。

先述の先行研究の問題関心は、危機が政治家や政策、制度の運命をどう左右するかにあったが、その帰結は必ずしも明らかとなっていない。本研究では、危機の政治利用がもたらす帰結ではなく、危機の政治利用を招く構造のほうに目を向けたい。

ここで注目したいのは、危機が政治的に利用される際は、危機管理のあり方が政治的な問題にされるという点である。「危機に乗じる政治」は、危機そのものの社会的・経済的混乱に乗じるのではなく、危機管理をめぐる政治的論争に乗じるのである。

なぜ危機を政治的に利用することができるのか。危機管理が行政内部で収まれば、政治家の出る幕はないし、すんなり解決できる問題ならば、混乱に乗じることもできない。危機を政治的に利用しうるのは、危機管理が「政治

的に厄介な問題」になりうるからである。ここで「政治的に」「厄介な問題」という意味は、ある問題が政治的なアジェンダに設定されるとともに、その問題を解決することが容易ではない、ということである。なぜ危機管理は、政治的なアジェンダにのり、かつ解決しにくい問題となるのだろうか。危機あるいは危機管理には、「政治的に厄介な問題」を生み出す何らかの特質があるはずである。

1. 危機管理の関与性：政治アクターの関与の拡大

　危機管理が「政治的な問題」になるというのは、危機管理に対する政治アクターの関与が拡大するということである。では、なぜ政治アクターの関与が拡大するのか。一つの仮説は、危機の特質が政治アクターの行動に影響を及ぼすのではないかということである。危機とは、状況を予測できないとか、重大な影響があるとか、緊急に対応すべきといったような事態である。こうした危機の特質によって、政策決定に関与する政治アクターが拡大するのではないか。

　危機の不測性や重大性、緊急性は一定ではない。だとすれば、危機の特質の変化に応じてアクター関係がどのように変化するのかを具体的に観察することで、政治アクターの関与を拡大させる要因を明らかにできるだろう。

2. 危機管理の非線形性：問題解決プロセスの複雑化

　危機管理が「厄介な問題」になるというのは、危機管理における問題解決プロセスが複雑であるということである。考えられる理由の一つは、危機管理の特質が問題の解決プロセスを複雑にしているのではないかということである。

　政治アクターの関与が拡大しても、統制の原理が働いていれば、問題解決プロセスが複雑になるとは限らない。危機管理では、政治アクターに民主的な統制が及ばない、あるいは問題解決を線形的に進められないのではないか。だとすれば、民主的な統制の及ばない政治アクターの参加や、線形的に進まない問題解決プロセスを具体的に観察することで、問題解決プロセスを複雑化させる特質を明らかにできるはずである。

3. 危機管理の主観性：認識枠組みの差異

　危機管理が「厄介な問題」になるもう一つの理由としては、解決が難しいだけではなく、問題自体が捉えがたいということも考えられる。危機の特質が問題の構造化を複雑にしているのではないかということである。

　危機は、平時との乖離だけではなく、現実と認識の乖離を生む。危機の認識はアクターによって異なる。危機管理では、アクターの認識のずれが問題の構造化を妨げているのではないか。だとすれば、危機管理に関するアクターの認識のずれを具体的に観察することで、問題解決プロセスを複雑化させるもう一つの特質を明らかにできるはずである。

第1-3節　先行研究の検討

　鍵となる概念を操作化し、観察の対象を明確にしたら、今度はそれを分析する枠組みを設定する必要がある。

　非常時の政策過程を分析するにあたっては、さまざまな理論的枠組みが考えられる。例えば、リチャード・シルベスは、『災害対策と政治』において、米国の規範的な政治理論（ジェファーソン主義、ハミルトン主義、ジャクソン主義）に始まり、官僚政治理論、公共経営理論や社会構成主義理論、ネットワーク理論、本人・代理人理論、政府間関係理論、さらには複雑系理論に至るまで、危機管理の研究に役立つ理論的枠組みを幅広く検討している[7]（Sylves 2014:27-56）。わが国の政策過程分析に直接適用できるとは限らないものの、有益な示唆は得られよう。

1-1. 民主主義の観点

　非常時の政策過程を分析する鍵は何か。シルベスの検討から示唆されるこ

---

[7] わが国の減災政策論の先駆けである永松伸吾は、防災・減災分野の政策論に関する必読の文献として同書をあげている（永松 2008:8）。

表1-1 民主主義理論と危機管理

	特徴概略	焦点	主要地盤	活性原理
ジェファーソン主義モデル	社会問題の調整に長けた教養のある総合職	地方レベルで管理	大衆と公選職者	民主的過程
ハミルトン主義モデル	行政手腕と官僚制の理解をもつ専門技術職	州・連邦レベルで管理	結果責任を負う公選職者	官僚制的能率
ジャクソン主義モデル	公衆志向と実業経験のある強力カリスマ経営者	州・地方レベルで集中管理	一般人と部下の任命行政官の助力	起業家的民政

(出所) Sylves 2014:32 を筆者訳出

とは、第1に、「民主主義」という観点の重要性である。シルベスがわざわざ原初期の政治理論にさかのぼるのは、民主性かそれとも専門性か、参加かそれとも統制か、地方分権かそれとも中央集権か、政治哲学の違いによって危機管理者に求められる資質や危機管理に政府が果たす役割なども異なるからである(表1-1)。一方、今日の本人・代理人理論は、一般市民から選ばれた政治家が専門性を有する官僚を統制するのに役立つ。これら古典的な政治理論から現代の政治理論まで通底しているのは、危機管理における民主主義という観点である。

1-2. アクターの関係性

第2は、「アクターの関係性」の重要性である。アリソンの官僚政治理論は、危機管理をめぐるプレーヤーの交渉を分析し、政府間関係理論は、危機対策における国と自治体の権限・事務配分を分析するのに役立つ。また、ネットワーク理論は、危機に関するインテリジェンスの共有を分析し、本人・代理人理論は、危機管理者が契約者を監視するのに役立つ。これらの理論的枠組みは分析の目的に応じて使い分けられ、それらの関係を整理することも一つの課題ではあるが、いずれにせよ、非常時の政策過程においては、アクターの関係性を分析することが不可欠である。

1-3. 複雑系理論の可能性

　第3は、「複雑系理論」の可能性である。自己組織化やシステム動態といった複雑系理論の概念は、草の根民主主義ないし「市民参加」と結びつきやすい。最近の主流である本人・代理人理論の「統制」的視点とは対照的に、複雑系理論は危機管理に「参加」的視点を提供する。複雑系理論は、国による垂直的な統制と強制的な動員、危機管理者による一元的な管理といった従来の危機管理観に対して、危機管理における自治体の主導的な役割、一般市民の自発的な参加、関係者間の水平的な調整と連携協力を裏づける理論的根拠となりうる。複雑系理論は、既存の理論に代わるほど確立してはいないが、自治体における非常時の政策過程を分析する理論的枠組みとして将来的にも注目される。

　以上の示唆を組み入れつつ、本研究では、自治体における非常時の政策過程について、危機のプロセスと自治体のアクターという両軸から分析する枠組みとして、対照的な2つのモデルを提示する。一つは、自治体の危機管理を定型的に捉える「段階的統制モデル」であり、もう一つは、自治体の危機管理を定型的には捉えない「複雑適応系モデル」である。これらによって、危機管理の関与性・非線形性・主観性をどのように明らかにしていくのか、先行研究からの示唆、観察対象と分析枠組みの関係については、モデルを構築した後にまとめることにする。

第1-4節　危機管理の定型アプローチ

　第1のアプローチは、自治体における非常時の政策過程を「定型的」に捉えるものである。ここでは、危機のプロセスを整理するために、「段階モデル」を基礎とし、また、自治体の「アクターの関係」を「民主主義」という観点から整理するために、「本人・代理人モデル」を補助線として援用することにしたい。

1. 危機プロセスの定型化

1-1. 危機の定義と要件

　そもそも「危機」とは何か。危機のプロセスを定型的に理解するにあたっては、「危機」あるいは「非常事態」(crisis) を定義しておく必要がある。

　谷藤悦史は、構造機能論の視点から、危機を制度構造の「正当性」の衰退ないし崩壊と捉えつつ、「正当性」という主観的な認知によらない、客観的な定義を試みており、危機を「社会システムの基本的制度構造やそれを支える根本的な価値・規範に変革を迫り、極めて不確定性の高い状況と切迫する時間のなかで、将来に向けてなんらかの決定が要求される脅威や事態」と定義している（谷藤 2014：45-50）。「非常事態」に関しては、「不測事態」(contingency) や「重大事態」(serious situation)、「緊急事態」(emergency) などとの区別が問題となるが（大泉 2012：16）、本研究では、非常事態とは、これらの事態を包含するものとして広義に解釈する一方、危機とは、ⓐ状況を予測できず、ⓑ重大な影響があり、ⓒ緊急に対応すべき事態と狭義に定義することにする。つまり、危機とは、厳密にはⓐ不測性・ⓑ重大性・ⓒ緊急性の3要件の全てを充たす状況であり、非常事態とは、これら3要件のいずれかを充たす状況ということになる。

1-2. 危機の段階モデル

　こうした危機の定義をふまえて、次に危機のプロセスを定型的に理解することになるが、危機管理の教科書では、危機のプロセスを段階的に整理するのが一般的である。ただし、段階の設定の仕方は論者により異なる[8]。大泉光一は、危機を①危機の前兆段階、②急性的危機段階、③慢性的危機段階、④危機解決段階の4段階に区分している（大泉 2012：17-20）。一般に、危機管理の活動は、①予防・減災、②準備、③応急対応、④復旧・復興に分類されるが（青山 2014：16, 谷藤 2014：53 など）、これらは危機の段階とも関連し、

---

[8] 危機の発生を①危機の否認、②危機の潜伏、③危機の分裂、④組織の崩壊の4段階に整理したスレッターの段階モデルや、危機の発展を①脅威、②緊張、③順応的対応、④精神的障害の4段階に整理したキャプランの段階モデルなどがある（大泉 2012：17-20）。

①危機の前兆期には準備、②危機の急性期には応急対応、③危機の慢性期には復旧・復興、④危機の解決期には予防・減災とそれぞれ対応する[9]。正確には、危機の慢性期には亜急性期が含まれ、亜急性期には復旧、慢性期には復興が対応する。ここでは、危機の段階を、①危機の前兆期、②危機の急性期、③危機の慢性期、④危機の解決期に区分することにしたい。

1-3. 段階モデルの修正

危機を①前兆期・②急性期・③慢性期・④解決期に区分するとしても、先行研究では、これらの段階を区別する明確な基準が設定されているわけではない。そこで本研究では、危機の各段階をどのように判別するかが問題となる。

前述のとおり、非常事態は、ⓐ不測性・ⓑ重大性・ⓒ緊急性の3要素からなるが、これらの要素は常に全て充たされているわけではない。危機の段階はこれらの要素で次のように区別することができよう。まず、①危機の前兆期では、危険性は高まっているが、危機はまだ発生していないので、準備は通常の判断に基づいて行われ、時間的な猶予がある。つまり、ⓐ不測性はあるが、ⓑ重大性とⓒ緊急性はない。次に、②危機の急性期では、危機の発生に伴い、状況の把握が難しい中で、応急対応のため生命・財産に関わる重大な決断を迫られ、緊急に対処する必要がある。つまり、ⓐ不測性・ⓑ重大性・ⓒ緊急性のいずれも充たされる。そして、③危機の慢性期では、不安定な状況が続く中で、復旧・復興をめぐり利害を左右する重大な決定が求められるが、時間的な猶予がある。つまり、ⓐ不測性とⓑ重大性はあるが、ⓒ緊急性はない。さらに、④危機の解決期では、危機が収束し、状況が安定してくると、解決に向け将来を方向づける重大な決定を行うが、時間的な猶予はある。つまり、ⓑ重大性はあるが、ⓐ不測性とⓒ緊急性はない、ということになる。

---

[9] 危機管理は通例、①予防・減災、②準備、③応急対応、④復旧・復興の順にあげられ、さらに次の危機に向けた⑤予防・減災へとサイクルが続く。平時の計画を中心に理解するPDCAサイクルでは、予防・減災を起点とするが、非常時の実施過程に着目する本研究では、危機の前兆期に対応する準備から整理する。もっとも、予防・減災と準備には明確な前後関係はなく、逆順に挙げる例（青山 2014:16）や並列に扱う例（吉井 2008:30）がある。

1-4. 政策過程の段階モデル

　公共政策学の教科書でも、政策過程を理解するために段階に分けて説明するのが通例である（stages heuristic）。政策科学を提唱したハロルド・ラスウェルも、政策過程を機能別に①調査→②勧告→③法令→④発動→⑤適用→⑥評価→⑦終結の 7 段階に整理している（Lasswell1956：2；秋吉他 2010：28）。こうした「段階モデル」に対しては、中沼丈晃が指摘するように、現実の政策過程は必ずしも逐次的、直進的ではないとの批判があり、「教科書モデル」と揶揄されるが、段階的に説明してこそ、各段階の重なりや段階の後戻りのあることが理解できるともいえる（中沼 2007：1-15）。

　政策過程の段階は、①問題認識、②課題設定、③政策立案、④政策決定、⑤政策実施、⑥政策評価といった整理が一般的である。自治体の政策過程においては、松井望の説明にあるとおり、一般的には、問題把握の段階では住民が問題を提起し、課題設定の段階ではメディアが世論を喚起する。政策立案の段階では自治体職員が中心となり、政策形成の段階では利益集団との調整が重要となる。政策決定の段階では首長と議会が最終的に決定し、政策実施の段階では各種の職員や団体が関与する。これらのアクターは特定の段階にのみ関わるわけではないが、段階ごとにアクターの関係性は異なる（柴田・松井 2012：216-218）。だとすれば、危機においても、段階ごとにアクター関係は変化すると考えられるのではないだろうか。

2. 自治体アクター関係の定型化

2-1. 本人・代理人モデル

　そこで今度は、自治体のアクター関係を定型的に理解することにする。段階ごとにアクター関係が変化するとしても、段階モデル自体はプロセスを定型化するものであり、アクター関係を定型化するためには、段階モデルを補う何らかの補助線が必要となる。アクターの関係性といっても、自治体の政策過程では、中央政府と地方政府、議会と首長、政治家と官僚、住民・住民組織・地域団体など、多様なアクターが複雑に関係する。地方自治研究では、国と自治体、自治体間の関係（村松 1988；リード 1990；伊藤 2002 など）、自治体間の議会と執行機関の関係（曽我・待鳥 2007；砂原 2011 など）、自治体と地

域社会の関係（辻中・伊藤 2010 など）など、地方自治をめぐるさまざまな関係性が研究されてきた。これらの関係性を単純化して包括的に整理することは容易ではないが、政治学や行政学の教科書には、「本人・代理人論」に基づき、分業や委任という観点から体系的に説明しようとするものがある（久米他 2011；曽我 2013）。

具体的に危機管理の段階ごとに主導アクターを想定してみると、準備は事務執行の範囲にあり担当職員が主導するが、応急対応は施策実施を判断する執政部の幹部や首長が主導する。復旧・復興では政策決定を行うため議会も関与することになり、予防・減災には制度変更を伴うため住民の意見を反映させる場合もある。これらをみると、危機の進展に伴い危機管理にはより高次の意思決定が求められ、主導アクターはより上位の権限者に移る。こうしたアクター関係は、本人・代理人の委任関係として理解することもできよう。

以下では、曽我謙悟の記述に従い、政治・行政関係における本人・代理人モデルを概説する（曽我 2013）。

2-2. 代理人への委任

本人・代理人モデルでは、地方自治を含め、現代民主制を本人・代理人関係の連鎖として理解する。現代民主制では、時間やエネルギーの配分、能力の限界から、主権者である国民は政治を政治家に委任し、政治家も行政を官僚に委任している。二重の本人・代理人関係により、政治家は国民に対しては代理人、行政に対しては本人という二重の役割をもつことになる。国民は、政治家を信頼することができれば、政治に日常的に拘束されることはない。政治家は、知識や技能のある官僚を活用すれば、本人の能力以上の成果を期待することができ、また時間やエネルギーを節約することができる。委任が過小だと、委任のない領域では、政治家は政策形成に労力がかかり、官僚の専門性が活用されない可能性がある。

2-3. 本人による統制

ただし、本人と代理人の間には「情報の非対称性」があり、情報面で優位に立つ代理人が本人の利益に反する行動をとるおそれがある（エージェンシー・

スラックの発生）。情報の非対称性による問題としては、①本人が代理人の政策選好や知識・技能を知らないために（隠された情報）、不適切な代理人を選択してしまうこと（逆選抜）、②本人が代理人の行動を観察しにくいために（隠された行動）、代理人が自己利益を追求してしまうこと（モラルハザード）がある。

　このエージェンシー・スラックを抑制するために、本人は代理人を事前または事後的にコントロールしなければならない。①事前コントロールとしては、能力があり選好が近い官僚を代理人に選抜し資源を付与し、さらに政策形成手続きと組織編制を通じて政策を方向づける手法がある。また、②事後コントロールには、市民や利益集団が官僚の行動を観察し（火災警報器型）、賞罰を通じて官僚の逸脱行動を抑止するという手法がある。統制が不足する場合は、政治家の意向と異なる政策が実現したり、官僚が知識や技能を発揮しない可能性がある。

　もっとも、情報の非対称性は必ずしも解消すべきわけでなく、本人は代理人に対して常にコントロールが必要というわけではない。本人と代理人の政策選好が乖離している場合には、本人の意図に従って行動するよう代理人を統制することが必要となる。しかし、両者の政策選好が合致している場合には、本人が代理人をあえて統制する必要はない。過剰な統制はむしろ代理人の意欲を低下させることになり、また本人にとっても負担となる。過剰に統制すると、政治家は官僚の統制に労力がかかり、官僚の専門性が活用されない可能性がある。

2-4. 政府体系と本人・代理人関係

　現代民主制では、多数の国民が少数の政治家を選出し、少数の政治家が多数の官僚に権限を委譲する。政治においては複数の本人から委任されるのに対し、行政においては複数の代理人に分業させることになる。

　一般に、執政制度は、議院内閣制と大統領制に大別される。「議院内閣制」では、国民が議員を選出し、議員で構成される議会が首相を選出するため、国民から議員、首相へと直列的に政策形成の権限が委任される。議会と首相の間には本人・代理人関係が成立する。一方、「大統領制」では、国民が議

員と大統領をそれぞれ直接選出するため、議会と大統領には並列的に政策形成の権限が分配される。議会と大統領の間には本人・代理人関係は成立しない。そのため、大統領制では、議会と大統領の意思が合致する（統一政府）とはかぎらず、両者の意思が対立する（分割政府）ことも少なくない。

　また、中央政府と地方政府の関係は、連邦制国家と単一制国家に大別される。「連邦制国家」では、中央政府が国家主権をもつが、地方政府に憲法制定権など多くの権限が留保される。国民は中央政府と地方政府をそれぞれ創設し、両政府は対等な関係にある。一方、「単一制国家」では、中央政府が国家主権をもち憲法制定権も独占する。国民は中央政府を創設し、中央政府が地方政府に一定の権限を付与するが、単なる出先機関とは異なり地方政府は住民が統治をする。単一制国家のもとでは、地方政府は、住民の代理人であり、国民を代理する中央政府の代理人でもある。また、中央政府と地方政府の間には、政治的経路と行政的経路がある。「政治的経路」とは国政政治家と地方政治家の関係であり、「行政的経路」とは中央省庁と自治体行政機構の関係である。

2-5. 自治体と本人・代理人モデル

　わが国の地方自治制度は、大統領制に近い二元代表制を採用している。二元代表制では、首長と地方議員がそれぞれ住民の直接選挙によって選出される。ともに民主的正統性をもった両者が対立することが制度上想定されており、両者の対立から生じる抑制と均衡が重視されている（機関対立主義）。自治体職員にとっては、本来的には、首長だけでなく議会も本人であり、政治家への委任が不完全なら住民もまた本人となる。

　一方で、わが国の地方自治制度では、大統領制に議院内閣制の要素が加味されている。首長は法案を議会に提出することができ、また、議会からの不信任決議に対し議会を解散することができる。首長には多大な権限が付与されており、首長がリーダーシップを発揮できる仕組みになっている（首長主義）。そのため、自治体の行政機構に対しては、首長による日常的統制が中心となり、議会による事前統制は少ない。通常は、自治体職員が政策領域ごとに分業し、それを首長が統合する。

自治体職員の立場からすれば、議会と首長の意思が合致する統一政府の場合は、首長の意向に従っていればよいが、両者の意思が対立する分割政府の場合は、議会と首長の双方を相手にしなければならない。また、統一政府の場合であっても、個別利益を志向する議員と全体利益を志向する首長の間には選好が乖離することがある。

3.　自治体危機管理の「段階的統制モデル」

　危機を制度構造の正当性の衰退ないし崩壊と捉えるならば、分業と委任によって成立する現代民主制も、危機を契機として正当性が一時的に衰退ないし崩壊すると考えられる。さらにこれを定型的に理解するならば、危機のプロセスが段階的に進展するのに伴い、自治体アクターの分業・委任関係も段階的に解消されていくという整理も可能であろう。

　すなわち、危機のプロセスが前兆期から急性期、慢性期、解決期へと段階的に進展するにつれて、危機管理のアジェンダは準備、応急対応、復旧・復興、予防・減災へと移り、自治体の主導アクターは行政職員から首長・議員へと変化し、代理人への委任から本人による統治へと段階的に回帰すると考えるのである。そこで本研究では、危機プロセスの段階モデルを自治体アクターの本人・代理人モデルで補い、自治体における非常時の政策過程を定型化する新たなモデルを設定し、これを「段階的統制モデル」とよぶことにする。

3-1.　前兆期の準備と組織内分担

　危機の前兆期では、安定した状況に変化が現れ始めるが、危機がまだ発生していないため、危機を想定するにも限界がある。危機の兆候に対して準備を行うことになるが、危機への準備は予め分担が決められており、通常の意思決定に基づいて行われる。切迫した状況にはないため意思決定に時間的な猶予もある。

　危機の発生前は、〈自治体職員〉が組織的に業務を分担し、専門性を発揮している（分業）。首長の統制によらなくても、組織間の調整（情報共有型）や職員の専門性（機能特化型）を通じて分権的に組織を統合することができる。

前兆期の政策過程では、危機に注意を払うのは主に危機管理の担当者である。危機への準備は組織内で分担され、縦割り的な対応がなされる。担当者は各自の業務をマニュアルに従い定型的に処理し、業務の抜本的な見直しは行わず漸変的に対応することになろう。

3-2. 急性期の応急対応と行政的統制

危機の発生直後は、情報集約のため、〈首長〉が行政機構を統制する（統合化）。事態の悪化防止・早期収束という点で、住民・議会と首長・自治体職員との間に選好の齟齬はないため、民主的統制の必要はない。

危機の急性期では、危機が顕在化し、状況の正確な把握が難しい。危機への対応は重大な決定であり、かつ緊急に対応する必要がある。急性期の政策過程では、情報が錯綜し、情報の伝達に不備が生じたり通報が遅れたりすることがある。混乱を抑えるために、垂直的な行政統制が求められるが、指導者は不確実な情報に基づき重大な決断を迫られることになろう。

3-3. 慢性期の復旧・復興と政治的調整

危機が継続している間は、本人・代理人関係が複雑になる。首長のほかにも、選好の異なる〈議員〉などが政策形成に関与する。分割政府はもちろん、統一政府においても、個別利益を志向する議員と、全体利益を志向する首長の選好は乖離する。市町村民を代理する市町村、都道府県民を代理する都道府県、国民を代理する国の選好が乖離することもある。本人が複数化し、政治家による調整が必要となる。

危機の慢性期には、不安定な状況が続き、実害も生じている。復旧に向け重大な方針決定が求められるが、復旧の方針をめぐり利害対立も激しくなる。方針の作成には時間的猶予があり関与の機会がある。慢性期の政策過程では、方針決定に多数の利害関係者が関わり、水平的な政治競争を繰り広げるため、関係者間の合意形成が重要となるだろう。

3-4. 解決期の予防・減災と社会的学習

危機の解決には、本人と代理人の間の情報の非対称性を解消するために、

表1-2 危機の段階と危機管理

危機段階	危機の特質			危機管理	決定レベル
	不測性	重大性	緊急性		
前兆期	○	—	—	準備	事務処理
急性期	○	○	○	応急対応	施策実行
慢性期	○	○	—	復旧・復興	政策判断
解決期	—	○	—	予防・減災	制度設計

社会的な学習が必要となる。学習の結果、政策形成手続と組織編制などの事前統制の方法を再設定し、能率的な本来の分業と委任に回帰する。

　危機の進展に伴い、危機管理にもより高次の決定が求められ、より上位の本人が統制することになるならば、危機の解決期における予防・減災は、最終的には〈住民〉が主導することになりそうだが、民主的統制は必ずしも機械的に延長されるものではない。本人・代理人モデルを補助線に用いた意義は、本人が代理人を必ずしも統制するとは限らないということにある。住民が主導アクターになるかは、本人と代理人の間に深刻なエージェンシー・スラックが発生しているかどうかによる。

　危機の解決期は、危機が沈静化する一方、危機への認識が広く共有され予防への関心も高まる。危機の予防には重大な制度変更を伴い、制度の設計には時間を要する。解決期の政策過程では、危機の経験から学習が行われ、教訓が導き出される。具体的な制度設計にはアイディアを必要とする場合があり、執務的知識をもつ行政官を中心に検討が行われ、専門的知識を有する専門家が有識者会議などを通じて助言を行うかもしれない。

第1-5節　危機管理の非定型アプローチ

　第2のアプローチは、自治体における非常時の政策過程を必ずしも「定型的」に捉えるものではない。ここでは、危機のプロセスを記述するために、アジェンダ設定の理論を参考とし、また、自治体のアクター関係を記述するために、「官僚政治モデル」を拡張しながら、新たな視座として「複雑系理論」

を採り入れて危機管理を説明するものである。

1. 危機プロセスの非定型性

1-1. 危機の複雑性

　定型アプローチでは、危機を客観的に定義し、危機のプロセスを段階的に整理したが、実際の危機はきわめて複雑である。吉井博明は、危機を「特定の主体（個人・家族・企業など）や社会（地域・国など）にとって、その存在を大きく脅かす事態（イベント）が突然発生・継続している、もしくは切迫している状況」と定義する[10]。危機かどうかは想定する主体や社会によって判断が分かれることになり、誰にとっての危機なのかが問題となる（吉井 2008:18）。リン・ドレナンらは、危機を「個人、制度または社会が日常機能する定型的な仕事を超えて脅威に直面する一連の環境である」と定義し、「これらの環境の意義と影響は個人の認識により異なる」（Drennan et.al 2015）と指摘している。

　また、谷藤悦史は、現代の危機の特性として、①危機原因の多様性と複合性、②危機の時間的無限定性、③危機実体の無限定性を指摘している。危機管理には、原因の解明、始期と終期の設定、実態の把握が不可欠である。だが、実際の危機には複数の原因が複雑に関わるため、原因を特定することは難しい。また、危機がいつ発生したかは認知の仕方で異なり、時間の経過とともに様相を変えて現れるため、危機がいつ終焉したかも定かではない。どれだけの資源を投入すべきか、対象となる危機の実体を把握することすら難しいのである（谷藤 2014:50-52）[11]。

　危機の特性に関してはもう一つ、認識においても重要な特質がある。危機管理では、危機を危機と認識し、危機でないものを危機でないと認識する必

---

[10] この定義によれば、「突発性」も危機の要件に含まれることになるが、吉井も認めるように、徐々に進展する地球温暖化などの環境危機は、危機に含まれないことになる。本研究では、前兆の察知が困難で、被害の発生までの猶予が短いという意味で、突発性を不測性と緊急性に含めて考えることにする。

[11] 「実体」とは事物の本質を意味し、本来は分析の対象になじまない。谷藤も、「実体」を実際の状態をさす「実態」という意味でも用いていることから、本研究では、谷藤の用いる「実体」を「実態」に置き換えることにする。

要があるが、危機を危機でないと見逃したり、危機でないのに危機と誤認したりする。林春男は、願望や思い込み、偏見、無知が「認識の歪み」をもたらすという（林 2008:5-7）[12]。

1-2. 危機管理の複雑適応系モデル

　危機管理の研究においても、危機の複雑性を強調する立場がある。加藤直樹は、既存研究の問題点として、還元論やシステム論的全体論に基づいて危機を認識することをあげる。現実の危機は、多様な構成要素が相互に作用する複雑な事象であり予測できない。そこで、〈複雑適応系〉というパラダイムを危機管理研究に導入し、〈エージェント〉〈戦略〉〈個体群〉などのツールや、〈多様性〉〈相互作用〉〈自己組織的臨界状態〉〈創発性〉〈カオス〉〈フラクタル〉などの概念を用いて、危機の動態特性による新たな視座を提案している。

　加藤によれば、この新たな複雑適応系危機管理は、既存研究とは異なり、①完全合理性に基づく要素還元主義ではなく、限定合理性に基づく〈ホロン〉的包括主義を基盤的思想とし、②原状回復ではなく、更なる〈進化〉を危機対処の目標とする。③システムの設計・制御・管理よりも、エージェントの相互作用による〈自己組織化〉を重視し、④自己組織化の生起にはインテリジェンスの共有ではなく〈共振〉が重要だとする。⑤トップダウンによる対応よりも、〈双方向性〉を重視した組織形態が推奨され、⑥対処においては分析・予測よりも〈洞察・創造〉が重要であるという。もっとも、加藤は、従来の危機管理研究を否定しているわけではなく、既存研究を補完することを意図している（加藤・太田 2010:7-87）。この複雑適応系モデルは、既存研究に取って代わるというより、あくまで既存研究とは異なる見方も成り立つという文脈で理解すべきであろう。

---

12 「認識の歪み」と言ってしまうと、逆に「正しい認識」とは何かが問われることになる。ここでの「認識の歪み」は、正常性バイアスなどの「認知バイアス」のことであろう。そこで本研究では、林の用いる「認識の歪み」を「認識のずれ」に置き換えることにする。

1-3. キングダンの政策の窓モデル

　危機の動態が複雑ならば、危機への対応も段階的に整理することは難しい。実際、定型アプローチの基礎の一つである「段階モデル」に対しては、現実の政策過程を正確に描写できていないといった批判がある。現実の政策過程は、複数の段階が同時に進行することもあり、各段階を明確に区分することも困難だからである。政策過程を直列的に理解する段階モデルとは全く対照的な理解を示すのが、ジョン・キングダンの「政策の窓モデル」である。

　政策の窓モデルによると、政策過程には、問題・政策・政治という相互に関連しながらも独立した3つの流れがある。第1の問題の流れでは、統計・調査・事件などが政策決定者の注意を引きつける一方、一定の対処や対処の失敗で注意が失せたりする。第2の政策案の流れでは、政策代替案が各人から提案され、衝突や結合を繰り返す。さまざまな政策代替案が浮遊する「原始スープ」の中で、技術的に実現が可能で、関係者の価値意識とも合致し、予算や世論の承認で制約されない提案が生き残り、次第に賛同者を増やし意思決定への動きを速める。第3の政治の流れでは、選挙の結果、国民のムード、利益集団の行動、重要人物の交代などで政治が動く。そしてこれら3つの流れが合流すること、すなわち、問題が認識され、解決案も準備され、政治的にも好機である状況を「政策の窓」が開くという。政策の窓が開く機会は少なく期間も短い。議題の設定は問題の流れと政治の流れに、政策代替案は政策の流れにそれぞれ影響される。政策の窓は、問題の流れで開かれることもあるが、政治の流れで開かれることが多い（Kingdon1984, 宮川 2002:219-226）。

1-4. 政策の窓モデルの留意点

　この政策の窓モデルは、ジェームズ・マーチらが提唱した「ゴミ缶モデル」を修正したものである。ゴミ缶モデルは、組織における行動選択は曖昧であり、問題・解答・参加者・選択機会が偶然に結合したものと説明する（Cohen, March, and Olsen1972; マーチ・オルセン 1986）。政策の窓モデルも、ゴミ缶モデルと同様、意思決定の偶然性や非合理性を強調する。そのため、松田憲忠が評価するように、政策の窓モデルは、幅広い領域に適用できるという点で

理論の一般性は高いが、どのような条件が整えば政策の窓が開くのか予測できないという点で理論の予測性は低いと言わざるを得ない（岩崎 2012:31-46）。

　また、この政策の窓モデルは、政策過程の制約要因を整理したものである。決定に至らなかった政策の経緯も含めて記述するものであり、決定に至った政策の経緯だけを説明するものではない。しかし、それでも政策過程を記述する枠組みとしては汎用性に優れており、特にアジェンダを動かす要因を整理するうえでは参考になる。

2. 自治体アクター関係の非定型性

2-1. アクター関係の複雑性

　定型アプローチのもう一方の基礎である「本人・代理人モデル」は、直列的な委任関係を想定しており、また、代理人は本人の意図に従って行動することを是とする。しかし、自治体の政策過程にかかわるアクターの関係性は実際には複雑であり、委任や分業という関係にはなかったり、委任関係があっても本人が複数存在したりする。本人の意図が不明確または不適当であるため、本人の意図に従って行動できない、あるいは行動すべきでない場合もある。そこで、現実の多様なアクター間の関係を記述するために、プレーヤー間の駆け引きに関するグレアム・アリソンのモデルを参考にしてみたい。アリソンのモデルは、古典的な研究ではあるが、アクター間の関係を記述する枠組みとしては、今日でもなお有用性は失われていない。

2-2. アリソンの政策決定モデル

　アリソンは、『決定の本質』でキューバ危機を分析する際に、①合理的行為者モデル、②組織過程モデル（組織行動モデル）、③政府内政治モデル（官僚政治モデル）という3つのモデルを提示した。第1の「合理的行為者モデル」は、国家を単一の主体とし、合理的に意思を決定するとみなす。政策決定は単一政府による合理的選択の結果であると説明される。第2の「組織過程モデル」は、政府は複数の組織で構成され、それぞれの組織には標準的な作業手順があるとする。政策決定は各組織の標準的処理の結果であると説明され

ることになる。そして第3の「官僚政治モデル」は、政府内には地位や利害の異なる多数の関係者が存在するとし、政策決定はプレーヤー間の駆け引きの結果であると説明する。アリソンは、政府レベルから組織レベル、個人レベルへと概念レンズを変えることで、同じ事件にも異なる解釈が成立することを示した。これらのモデルは並列的に提示されているものの、最初にあげた合理的行為者モデルに基づく分析を批判することに主眼が置かれている。

2-3. 官僚政治モデル

　アリソンが最後に示した官僚政治モデルの概要は次のとおりである。分析の基本的単位は、政治的な派生結果としての政府行動である。整理概念として、政府の決定と行為に重要な影響を及ぼすプレーヤーは、地位によって分類される。各プレーヤーの立場を決定するのは、各プレーヤーの地位である。各プレーヤーの影響力は、駆け引き上の利点、技量と意思、他のプレーヤーの認知による。駆け引きゲームで重要な立場と手をもつ者は、行為経路に連結しているプレーヤーである。ゲームのルールは、憲法や慣習などに由来し、各プレーヤーの地位や行為経路を設定する。支配的な推理パターンは、国家の行為は政府内の駆け引きから派生した結果であるというものである。一般的命題の形成は難しいが、各プレーヤーの選好と立場は政府の行為に重要な影響を与えること、各プレーヤーの有利・不利は行為経路により異なること、プレーヤーの構成などは行為経路の途中でも変わりうることなどがあげられる。ゲームでは、プレーヤー間で誤認などが生じることがある（Allison1971；アリソン1977）[13]。

2-4. 官僚政治モデルの留意点

　もっとも、この官僚政治モデルには批判や疑念もある。杉浦功一が整理するように、①事件の断面を示す「部分モデル」であり、政策決定過程の全貌は明らかにならない。②一時的なプレーヤーやパーソナリティがゲームに影

---

13 『決定の本質』原書第2版では、政府内政治モデルの章に「集団過程が選択と行動に及ぼす影響」という節が追加されている（Allison and Zelikow 1999: 263-294）。

響を及ぼし、プレーヤーの立場は地位に依拠するという命題は妥当しない。③プレーヤー間の駆け引きに焦点を合わせてもさほど有用ではない。④危機的状況ではアクターが政府内に限定されるが、時間にゆとりがあり議会や利益団体、メディアなど政府外のアクターが影響を及ぼしうる事態には適さない（岩崎 2012:195-209）。もともと官僚政治モデルは、合理的行為者モデルのアンチテーゼとして定立されたものであり、特定のモデルとは異なる解釈が成り立つという文脈で用いるのが有用だろう。

2-5. 官僚政治モデルの拡張

それでも官僚政治モデルは、その操作性の高さから、修正されながら発展している（草野 2008:17）。信田智人は、「小集団モデル」を追加し危機的状況では、ごく少数のアクターで実質的に決定され、アクターの個性が決定に影響するとしている。また、ヒルズマンの「国内政治モデル」を紹介し、行政府のみならず議会や利益団体、メディア、オピニオン・リーダーなどのアクターを同心円状に配置する。信田によれば、対外政策決定は非常時型と日常型に分けられ、非常時型のうち、危機または非公開の場合は「小集団モデル」、非危機かつ公開の場合は「官僚政治モデル」が当てはまり、一方の日常型では、一般的関心が低い場合は「組織過程モデル」、一般的関心が高い場合は「国内政治モデル」が当てはまるという（信田 2009:93-112）。

3. 自治体危機管理の「複雑適応系モデル」

定型アプローチでは、危機のプロセスと自治体のアクター関係を逐次的に理解できるとの前提を置き、危機のプロセスが段階的に進展するにつれて、自治体のアクター関係も段階的に変化するとの仮説を立てたが、危機のプロセスも自治体のアクター関係も逐次的に理解できないとなると、自治体における非常時の政策過程を定型化することは難しい。

そこで本研究では、定型アプローチとは対照的な別のアプローチとして、自治体における非常時の政策過程を定型的には説明せずに、アクターの多様な関係性とプロセスの複雑な進行を事実に即して記述するためのモデルを設定し、「複雑適応系モデル」とよぶことにする。

3-1. 複雑適応系の危機管理

　前述のとおり、現実の危機管理は、多様な構成要素が相互に作用する複雑な状況に適応していくシステムである。〈複雑適応系〉とは、ある状況に適応しようとする〈エージェント〉と、その行動パターンである〈戦略〉、及びその集合体である〈個体群〉を含んだシステムであり、要素の性質や規則性が変化すれば、システム全体の文脈も変化し、システムが変化すれば要素も変化する。〈多様性〉のあるエージェントや個体群から構成され、システムの内部と外部から〈相互作用〉する。複雑適応系には、〈自己組織化〉〈創発性〉〈カオス〉〈フラクタル〉といった特性があげられる。〈自己組織化〉とは、自律的に秩序のある構造を作り出す現象のことであり、〈創発性〉とは、相互作用に基づく性質の連鎖的変化をいい、部分の総和にとどまらない性質が全体として現れることである。〈カオス〉とは、初期条件のわずかな違いが時間的経過に伴い指数関数的に増大する現象（初期値鋭敏性）を特徴とし、〈フラクタル〉とは、全体と部分が自己相似となっている図形をいう。

3-2. 偶発的な政策過程

　危機への対応では、分析や予測は困難であり、むしろ〈洞察〉が重要となる。偶発的な非常時の政策過程を洞察するにあたっては、キングダンの整理が参考になる。

　アジェンダを左右する要因は、〈問題〉・〈政策〉・〈政治〉という３つの流れに整理できる。①問題の流れでは、〈社会指標〉の悪化や〈重大事件〉の発生などが、危機への〈注目〉を集める。②政策の流れでは、専門家などから危機への対応策が数多く提案され、そのうち有効で実現可能な〈アイディア〉が生き残り、政策決定者によって真剣に考慮される。③政治の流れでは、〈選挙〉の結果や〈重要人物〉の交代、国民の〈ムード〉、〈利益集団〉の行動などで政治が動く。

3-3. 多元的な政策アクター

　自治体の政策過程には、首長・執行幹部、行政職員、他の組織・機関、議員、利益団体、メディア、オピニオン・リーダーなど多様なアクターが存在

する。アクターは、地方政府内に限らず、地方政府外の関心層も含まれる。地方政府内の小集団によって政策が決定されることもあれば、地域社会内の多数の集団が政策決定に関与することもある。利益団体やメディア、オピニオン・リーダーなど、住民とは本人・代理人関係にないアクターも自治体の政策決定に影響力をもつことがある。これらのアクターは、首長を中心として同心円状に配置されるわけではなく、外縁に位置するオピニオン・リーダーでも、関心が高く、技量や意思が強ければ、政策決定の小集団に参画することもある[14]。

第1-6節　小括：統制型と参加型の危機管理

　ここで、危機管理の「段階的統制モデル」と「複雑適応系モデル」によって、危機管理の関与性・非線形性・主観性をどのように明らかにしていくのか、先行研究からの示唆、観察対象と分析枠組みの関係を整理しておきたい。
　現代民主制は、国民の代表者である政治家が政策を決定する「代表制民主主義（間接民主政）」を基本とする。この間接民主政は、本人・代理人の委任関係として理解することができ、主権者である国民は政治を政治家に委任し、政治家も行政を官僚に委任している。
　平時には、代理人も本人の意図に沿って行動をとり、本人も代理人に対して一定の信頼を置いている。ところが非常時には、本人の意図と代理人の行

---

[14] 信田による政策過程の類型と決定モデルを、定型アプローチと同様に危機の段階に対応させるならば、次のようになるだろう。①危機の前兆期は、日常型で一般の関心が低いため、準備は組織の〈標準的作業手順〉に従うとする「組織過程モデル」が当てはまりやすい。②危機の急性期は、非常時で危機的状況にあるため、応急対応には参加者が限定され、〈個性〉が影響するという「小集団モデル」が当てはまりやすい。③危機の慢性期は、非常時だが危機的状況にはないため、復旧・復興には政府内の関係者が各自の組織的地位に基づき〈駆け引き〉を行うという「官僚政治モデル」が当てはまりやすい。④危機の解決期は、日常型で一般の関心が高いため、予防・減災には議会や利益団体、メディア、〈オピニオン・リーダー〉を含めた「国内政治モデル」が当てはまりやすいことになる。しかし非定型アプローチでは、危機を段階的に区分することはしないため、危機の段階と政策過程の類型を対応させることもない。危機の段階によって適用モデルを判断するのではなく、あくまで日常的か非常時か、危機的状況か否か、公開か非公開か、一般的関心は高いか低いかという基準によって適用モデルを判断することにする。

動との間に齟齬が生じやすくなり、本人としての自覚が高まる一方、代理人に対する信頼が弱まることもある。

　その場合の対処方法は、制度上の委任関係に基づく方法と、それ以外の方法とに大別される。原則的には、本来の委任関係に基づき、政治家による行政統制を強化し、間接民主政を徹底することになる。だが、通常の委任関係にはよらずに、国民による行政参加を拡大させ、直接民主政によって補完するなどの例外策もある。

　委任関係に基づき統制を強化する場合、首長や議員が危機管理を主導する。こうした統制型の危機管理は、定型的に理解しやすい。

　それ以外の場合には、委任関係にない利益集団や専門家などの多様なアクターも政策決定に影響を与えることになる。アクター関係は基本的に対等であり、政策プロセスへの参加も流動的である。こうした参加型の危機管理は、定型的には理解しにくい。

　本研究では、まず、危機の段階ごとのアクター関係の変化を、本人・代理人関係を軸に説明し、自治体における非常時の政策過程を定型的に理解することを試みる。

　危機のプロセスが前兆期から急性期、慢性期、解決期へと段階的に進展するにつれて、危機管理のアジェンダは準備、応急対応、復旧・復興、予防・減災へと移り、自治体の主導アクターは行政職員から首長・議員へと変化し、代理人への委任から本人による統治へと段階的に回帰すると予測される。

　段階ごとに危機の特質は異なるため、段階ごとのアクター関係の変化を観察することで、政治アクターの関与を拡大させる要因を特定できる。さらに、仮説どおりであれば、危機管理の関与性を委任関係に基づき定型的に説明できる。

　だが、これとは対照的な別のアプローチとして、自治体における非常時の政策過程を定型的には説明せずに、複雑適応系の観点をふまえながら、アクターの多様な関係性とプロセスの複雑進行を事実に即して記述することを試みる。

　統制型と参加型の危機管理では、問題解決プロセスに関する帰結が異なる。特に定型的な理解では説明できない事象を観察できれば、問題解決プロセス

を複雑化させる危機管理の非線形性という特質を明らかにできる。

　問題解決プロセスが複雑化する場合には、さらにアクターの認識のずれが問題の構造化を妨げていないかについても観察する必要がある。それにより危機管理の主観性という特質も明らかにできるだろう。

　これで、本研究の分析に用いる理論的な枠組みについては、おおむね説明を終えたことになる。次章以降ではいくつかの事例を記述した後に、危機管理の関与性・非線形性・主観性に関する分析を試みることにする。

第2章　足銀破綻をめぐる栃木県の対応

　自治体における非常時の政策過程に関する事例として、はじめに足利銀行の経営破綻をめぐる栃木県の対応を取り上げる。足利銀行は全国有数の地域金融機関で、同行の経営破綻は、現行の金融破綻法制上の特別危機管理が適用された唯一の事例である。

第2-1節　金融危機対応の制度

　金融危機、すなわち信用秩序の維持に極めて重大な支障が生ずるおそれがあるとき、政府はどのように対応するのか。わが国ではバブル崩壊後、金融破綻法制が本格的に整備されたが、本節では、本章の足利銀行（足銀）の破綻処理と次章の北海道拓殖銀行（拓銀）の破綻処理を記述する前提として、両行の経営破綻当時の制度的差異に留意しつつ、金融危機に対応する基本的な仕組みを概説する。

1.　金融行政機関の概要

1-1.　金融行政機関

　足利銀行が経営破綻した2003年当時の金融行政当局は、「金融庁」である。わが国の金融行政に関しては、「内閣府特命担当大臣（金融担当大臣）」のもと、金融庁が所管している。金融庁は、民間金融機関等に対する検査・監督、金融制度に関する企画立案などを担い、金融制度の企画立案には、金融破綻処理制度及び金融危機管理に関する企画立案も含まれている。ただし、「財務省」

も財政的な観点から金融危機管理に関わっており、また、財務省の地方支分部局である「財務局」が金融庁から地方事務の委任を受けている。

1-2. 金融行政機関の変遷

一方、北海道拓殖銀行が経営破綻した1997年から1998年は、金融行政当局が「大蔵省」から「金融監督庁」へと変革する時期と重なる。

わが国の金融行政は、戦前戦後の長きにわたり「大蔵省」が担ってきた。大蔵省の銀行局が金融制度に関する企画立案や金融機関に対する監督を受け持ち、大臣官房金融検査部が金融機関に対する検査を行っていた。ただし、信用組合など一部の金融機関に対する検査・監督については、都道府県が国の機関委任事務として行っていた。

ところが、バブル崩壊後に金融機関の不良債権が問題となる中、大蔵官僚らの接待汚職事件が発覚し、一連の不祥事で大蔵省の社会的信用が失墜すると、金融行政は大蔵省から分離されることになる。1998年6月、総理府の外局として「金融監督庁」が新設され、民間金融機関に対する検査・監督を所掌することになった[15]。

2. 金融破綻法制の概要

2-1. 金融破綻法制

足銀の経営破綻には、「預金保険法」の特別危機管理（第3号措置）が適用されている。金融危機への対応については、預金保険法に定めがある。同法の定めでは、内閣総理大臣は、信用秩序の維持に極めて重大な支障が生ず

---

[15] 金融機関の検査・監督権限を失った大蔵省では、銀行局などが廃止され、金融制度の企画立案を行う金融企画局が設置された。さらに同年12月には、国務大臣を委員長とする「金融再生委員会」が発足し、同委員会の事務局が金融破綻処理制度や金融危機管理に関する企画立案を行うことになった。金融監督庁もこの金融再生委員会のもとに置かれた。こうして金融機関の検査・監督だけでなく金融危機への対応も大蔵省の所管から外れた。

その後、2000年4月、地方分権改革により機関委任事務が廃止され、信用組合に対する検査・監督は都道府県から国に移管され、金融行政は国に一元化された。同年7月、金融監督庁は「金融庁」に改組され、これを機に金融制度に関する企画立案も大蔵省から金融庁へ移管された。そして2001年1月、中央省庁再編に伴い、金融再生委員会は廃止され、内閣府の外局となった金融庁が金融危機対応を同委員会から引き継ぎ、現在に至っている。

図2-1 特別危機管理のスキーム

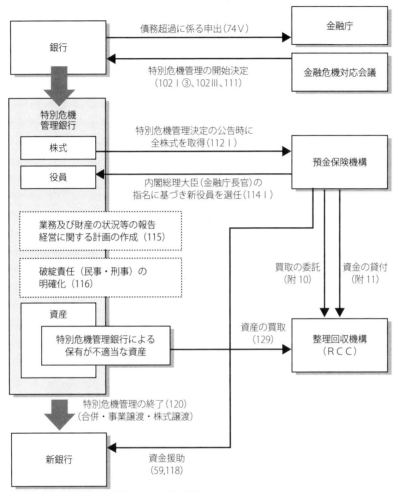

（出典）預金保険機構HP掲載の図表を若干修正

おそれがあると認めるときには、「金融危機対応会議」の審議を経て、措置の必要性の認定を行うことができる（預金保険法第102条第1項）。金融危機対応会議は、内閣総理大臣を議長とし、内閣官房長官、金融担当大臣、金融庁長官、財務大臣、日本銀行総裁等をもって組織される（内閣府設置法第42条）。

金融危機に対応するための措置には、①「資本増強」（第1号措置）、②「保

険金支払コストを超える資金援助」(第2号措置)、③「特別危機管理」(第3号措置)(図2-1)の3つがある。第1号措置が適用された例に、「りそな銀行」がある。第3号措置が適用された例は、「足利銀行」のみである[16]。

2-2. 金融破綻法制の変遷

これに対し拓銀の破綻当時は、まだこうした金融破綻法制が整備されていなかった。

わが国の金融破綻処理では、それまで主に「資金援助方式」が採られてきたが、バブル崩壊後の金融危機では、「一時国有化」とよばれる手法も用いられるようになった。わが国の金融破綻法制は、金融再生法の制定を境に抜本的に変化している[17]。

第2-2節 栃木県の地域状況

足利銀行の経営破綻をめぐる栃木県の対応を記述するあたり、当時の栃木

---

[16] 第1号措置は、破綻でも債務超過でもない金融機関に対して、金融庁長官の決定に基づき、預金保険機構が当該金融機関等の株式等を引き受けることで、当該金融機関の資本を増強するものである。

第2号措置は、破綻または債務超過の状態にある金融機関に関して、預金保険機構が救済金融機関等に対し、預金等を全額保護するため、保険金支払コストを超える資金を援助するものである。この場合、金融庁長官は、金融整理管財人による業務及び財産の管理を命ずる処分を行う。

第3号措置は、破綻し、かつ債務超過である銀行に対し、保険金支払コストを超える資金援助だけでは金融危機を回避できない場合にのみ実施できるものである。この場合、預金保険機構は、金融庁長官の決定に基づき、当該銀行等の株式等を取得し、また、金融庁長官の指名に基づき、特別危機管理銀行の取締役及び監査役を選任する。選任された新取締役等は、経営管理のほか、旧経営陣の経営責任を明確にするため、民事上・刑事上の所要の措置をとることが義務づけられている。預金保険機構は、当該銀行に対し保険金支払コストを考慮せずに資金援助ができる。この特別危機管理は、救済金融機関等との合併、事業譲渡または株式譲渡により、できる限り早期に終了させるものとされている(同法第120条第1項)。

資本増強に要する費用や、保険金支払コストを超える資金援助に要する費用は、預金保険機構の「危機対応勘定」において区分経理される。危機対応勘定の欠損金は、原則的に金融機関の負担金で賄われるが、金融機関の財務状況を著しく悪化させる場合は、例外的に政府が費用の一部を補助することができる(預金保険機構2010)。

県の政治・行政状況、金融・経済環境を概観しておきたい。

1. 栃木県の政治・行政

1-1. 県知事

　足利銀行は、1998年頃から経営危機が表面化し1999年と2002年に増資が行われたものの、2003年に経営破綻して一時国有化された。2006年にようやく受け皿選定が始まり2008年に新生足銀が始動するまで足かけ10年に及んでいる。その間、栃木県知事も渡辺文雄、福田昭夫、福田富一と交代した。

　1999年の経営危機当初の栃木県知事、渡辺文雄は、農林水産省の事務次

---

17 金融機関の破綻処理に関しては、1971年の預金保険法制定により「保険金支払方式」が導入され、1986年の同法改正により「資金援助方式」が追加された。保険金支払方式では、預金保険機構が預金者等に保険金を支払い、破綻金融機関を清算するのに対し、資金援助方式では、預金保険機構が救済金融機関等に資金援助を行い、預金や取引は救済金融機関に承継される。このため金融機能を維持し混乱を抑制する観点から、資金援助方式が優先されている。既存の金融機関に破綻金融機関を合併で救済できるほどの余裕が次第になくなると、事業譲渡が主流となり、また救済金融機関を新設するようにもなった。
　金融危機に伴い、金融機関の経営不安が深刻化すると、1996年の預金保険法改正では、いわゆるペイオフが凍結され、預金は全額保護されることになり、時限措置としてペイオフコストを超える特別資金援助等が導入された。さらに、金融機関の経営破綻が相次ぐと、1998年の同法改正では、金融機関の破綻処理に公的資金を活用できるようになり、「北海道拓殖銀行」の破綻処理には特例業務基金による資金援助が初めて行われた。
　同年、金融機関の破綻処理や不良債権処理を集中的に行うため、「金融機能の再生のための緊急措置に関する法律」（金融再生法）と「金融機能の早期健全化のための緊急措置に関する法律」（早期健全化法）が制定された。同法により、金融整理管財人制度、承継銀行制度、特別公的管理制度など今日の金融破綻法制の基礎となる諸制度が整備された。あわせて、金融危機対応の司令塔となる「金融再生委員会」が設置され、住宅金融債権管理機構と整理回収銀行が合併して「整理回収機構」が設立されている。このうち、金融再生法上の「特別公的管理」は、現在の預金保険法上の「特別危機管理」の前身にあたる。同制度では、預金保険機構を通じて政府が全株式を強制取得し、行政当局が指名する新たな経営陣が当該破綻銀行を管理運営する。特別公的管理が適用された例には、「日本長期信用銀行」と「日本債券信用銀行」がある。
　金融再生法と早期健全化法は時限立法であったため、2000年の預金保険法改正により、金融危機対応措置が恒久化された。あわせて「金融危機対応会議」が設置されている。金融危機対応措置が適用された例には、前述のとおり「りそな銀行」と「足利銀行」がある。
　足利銀行の特別危機管理を最後に、金融機関の破綻処理にめどがついたことなどから、2005年にペイオフが解禁されて、預金を全額保護する特例がなくなり定額保護となった（預金保険機構2005）。

官を経て知事に就任、自由民主党や日本社会党、公明党など主要政党の支持を得て、長年県政を担っていた。5期目を目指した2000年の知事選でも圧勝すると見られていたが、渡辺の多選を批判し草の根運動に徹した前今市市長の福田昭夫に僅差で敗れた。

　2003年の国有化当時の知事、福田昭夫は、県政史上初めて「オール野党」となった県議会と対峙することになり、県庁舎の建替え問題などをめぐり激しく対立した。また、多くの市町村長が自民党寄りで選挙でも渡辺を支援したため、市町村との関係にもしこりが残った。県議会等との対立から、2004年の知事選では、自民党などが宇都宮市長の福田富一を対立候補に擁立した。福田昭夫も民主党や社民党の支援を受けたものの、自民党と公明党の推薦を受けた福田富一が、両党の圧倒的な組織力を背景に大量得票で初当選を飾った。

　2006年の受け皿選定当時の知事、福田富一は、県議会との対話を重視し、自民党議員会・公明党議員会などの「知事与党」が議員定数の7割強を占めることとなった。

1-2. 県議会

　栃木県議会で主要な役割を果たすのが、最大会派の「自由民主党議員会」である。県議会には、自民党議員会、県民ネット21、公明党議員会などの会派があるが、最大会派の自民党議員会は、「足利銀行問題緊急対策本部」を設置し、「信用秩序維持部会」「企業再生部会」「金融再生部会」で検討している。自民党議員会会長の渡辺渡は、県議会に設置される「足利銀行問題対策特別委員会」の委員長にも就任した。

1-3. 国会議員

　栃木県選出の有力国会議員には、自民党の衆議院議員に船田元・茂木敏充・森山真弓・渡辺喜美、参議院議員に矢野哲朗らがいた。国会では、衆議院の財務金融委員会や参議院の財政金融委員会などで足銀問題を審議し、関係者を参考人として聴取している。中でも渡辺喜美は、足銀国有化当時、自民党の「金融調査会・地域経済と地域金融に関する小委員会」の委員長を務め、

金融通として持論である県民銀行の創設を強く主張していた。渡辺喜美はその後、第1次安倍内閣では金融副大臣、第1次安倍改造内閣と福田内閣では金融担当大臣に就任し、足銀の受け皿選定に関与している。一方、知事に落選した福田昭夫はその後、民主党の衆議院議員に転じ、国会で足銀問題の責任を追及している。

1-4. 市町村

　市町村関係では、「栃木県市長会」と「栃木県町村会」が県内市町村の意見を集約した。経営破綻前の増資要請に対しては、最初の増資には県と宇都宮市が協力に応じ、二度目の増資要請には県と県内12市が協力に応じている。

1-5. 市民団体等

　この他にも、市民団体関係では、「市民オンブズパーソン栃木」と「オンブズ栃木」が、公開質問や監査請求などを通じ増資に応じて財産を棄損させた知事らの責任を追及している。また、「足利銀行出資被害者の会」が、足利銀行、旧経営陣、中央青山監査法人を提訴し、県経済同友会の会員企業らも国と中央青山監査法人を提訴している。

2. 栃木県の金融・経済

2-1. 金融機関

　栃木県を地盤とする金融機関には、地方銀行の足利銀行（足銀）、第二地方銀行の栃木銀行（栃銀）などがある。足銀は、栃木県内では約5割の融資シェアを誇り、県と県内市町の指定金融機関でもある。同行は、もともと地元密着と堅実経営で知られたが、生え抜きの向江久夫頭取のワンマン経営のもと、バブル期に融資拡大路線を展開したことが災いし、バブル崩壊後は多額の不良債権が経営を圧迫することになる。

　経営破綻の当事者は、「足利銀行」とその持株会社の「あしぎんフィナンシャルグループ（あしぎんFG）」、監査法人の「中央青山監査法人」である。足銀の頭取は、破綻当時、日向野善明であったが、一時国有化後、横浜銀行出身の池田憲人が就任する。あしぎんFGは、銀行法に基づく銀行持株会社

で、足銀のほか、北関東リース、あしぎんディーシーカード、あしぎんシステム開発、やしお債権回収を子会社としていたが、中核子会社の破綻を受けて会社更生法の適用を申請し、保全管理人に清水直弁護士が選任された。足銀は、一時国有化後、「業務監査委員会」と「内部調査委員会」を設置した。足銀の新経営陣は、決算監査を担当した中央青山監査法人のほか、不正融資や違法配当を行った向江元頭取ら旧経営陣を提訴することとなる。

2-2. 経済団体

栃木県内の経済界では、「社団法人栃木県商工会議所連合会」、「栃木県商工会連合会」、「栃木県中小企業団体中央会」、「社団法人栃木県経済同友会」、「社団法人栃木県経営者協会」のいわゆる「経済5団体」が中心となった。経済5団体は「栃木県経済団体金融危機対策本部」を設置している。県商工会議所連合会の簗郁夫会長は、足銀の社外取締役に就任し「業務監査委員会」の委員長も務めた。経済5団体の中では、特に県経済同友会が活発に活動しており、「金融危機対応特別委員会」、「特定地域再生特別委員会」、「産業活性化特別委員会」からなる「緊急提言特別委員会」を設置している[18]。

金融機関関係では、政府系金融機関の「商工組合中央金庫」「国民生活金融公庫」「中小企業金融公庫」の各宇都宮支店、「栃木県信用保証協会」、「社団法人栃木県銀行協会」、「栃木県信用金庫協会」、「栃木県信用組合協会」が情報提供などの各種要請に対応している。

これら関係機関の連絡調整として、「栃木県金融・経済安定連絡協議会」が設置された[19]。

---

[18] 他の経済団体（消費者団体、業界団体、労働団体）としては、「栃木県市町村消費者団体連絡協議会」、「社団法人栃木県観光協会」、「栃木県農業協同組合中央会」、「栃木県木材業協同組合連合会」、「社団法人栃木県建設業協会」、「日本労働組合総連合会栃木県連合会」なども関与している。

[19] 「栃木県金融・経済安定連絡協議会」は、関東財務局宇都宮財務事務所を事務局とし、県、関東財務局、関東経済産業局、県商工会議所連合会、県商工会連合会、県中小企業団体中央会、県銀行協会、県信用金庫協会、県信用組合協会、県信用保証協会、国民生活金融公庫、農林漁業金融公庫、中小企業金融公庫、商工組合中央金庫、足銀などによって構成される。

2-3. 金融当局

　政府当局として、足銀に対し一時国有化を決定したのは、「金融危機対応会議」である。金融危機対応会議は、内閣総理大臣を議長とし、内閣総理大臣のほか、内閣官房長官、金融担当大臣、金融庁長官、財務大臣、日本銀行総裁によって構成される。一時国有化の決定を受けて、内閣には「足利銀行関係省庁等連絡会議」が設置されている[20]。

第2-3節　足銀の経営悪化と増資協力、ペイオフ対策

　栃木県の足利銀行は、2003年11月、改正預金保険法のもとで初の破綻処理を受け、一時国有化という最も厳しい措置が講じられることとなった。県内で圧倒的なシェアを誇る同行の一時国有化は地域経済に大きな打撃を与え、指定金融機関の破綻という未知の事態に自治体にも激しい動揺が走った。だが、足銀の経営破綻は急に起きた出来事ではないし、栃木県も何ら対策を講じていなかったわけではない。バブル崩壊後、足銀は多額の不良債権に苦しみ、不良債権処理のため資本増強に迫られた。その一方で、預金者も2002年からのペイオフ解禁に伴い、金融機関が破綻した場合の対策が求められるようになった。本節では、足銀の経営破綻前に、足銀の経営危機やペイオフ解禁といった金融環境の変化に対し、栃木県がどのように対応したのかを時系列で整理する。

1. 足銀の増資計画と県・宇都宮市の増資協力

1-1. 足銀の不良債権処理と増資計画
　足利銀行の経営危機が表面化したのは、不良債権処理のため大幅な経常赤

---

[20]「足利銀行関係省庁等連絡会議」は、内閣官房副長官補を議長、金融庁監督局長を副議長とし、内閣府政策統括官（経済財政―運営担当）、総務省大臣官房長、財務省総括審議官、厚生労働省職業安定局長、農林水産省経営局長、経済産業省中小企業庁長官、国土交通省総合政策局長によって構成され、日本銀行考査局長と栃木県副知事がオブザーバーとして参加している。また、この連絡会議の下に設置される幹事会は、内閣官房内閣参事官を議長とし、関係省庁の課長級によって構成され、栃木県商工労働観光部長などがオブザーバーとして参加している。

字を計上し、資本増強のため地元に増資協力を要請した1999年5月にさかのぼる。

　1999年5年25日、足銀の柳田美夫頭取は、栃木県庁で記者会見を行い、不良債権処理に伴う赤字決算と増資計画を発表した。足銀は、不良債権の処理に2,155億円を投入し過去最大の不良債権処理を進めた結果、1999年3月期の決算が経常損失2,041億円の大幅赤字となった。そのため足銀は、不良債権処理で損なわれた資本を回復するため、取引先企業を引受先として優先株を発行する第三者割当増資により、資本を400億円程度増強する計画を立てた。あわせて人員削減を柱とするリストラ強化策を打ち出すことで要請先に増資協力への理解を求めた。このように足銀が資本増強のために民間企業に協力を求めたのは、公的資金を申請する前にまずは「自助努力」を示す必要があったためとみられる（下野1999/05/26:1, 20）[21]。

1-2. 知事の増資協力表明

　足銀の増資問題はさっそく地方議会でも取り上げられた。知事は増資協力の意向を表明したが、議会内には異論もあった。6月21日、栃木県の渡辺文雄知事は、県議会の一般質問で、足銀から増資協力の要請があったことを明らかにしたうえで、県としては指定金融機関である足銀との協調体制の円滑化や地域経済の安定と発展に果たす足銀の役割を考慮し、増資に協力したいと答えた（栃木県議会平成11年第254回定例会会議録）。新聞の取材によると、県の出資額は2～3億円との見通しで、県財政課は不良債権の償却で出資リスクがなくなったと判断したようである。一方、県議会には、県民の合意を得るには知事の答弁以上の理由づけや議論が必要と指摘する議員もいた（下野1999/06/22:1）。

1-3. 市長の増資協力表明と市民団体の反対

　栃木県と同時に、宇都宮市も増資協力を表明したが、これに反対する市民

---

[21] 新聞記事の引用は、例えば下野新聞（北海道新聞、河北新報）2000年1月2日朝刊（夕刊）3面の場合、下野（道新、河北）2000/01/02M（E):3）と表記する。朝刊のみの場合は英字を省略し、紙面が地域版によって異なる場合は面数を省略する。

団体もあった。知事が増資協力を表明した同日、宇都宮市の福田富一市長も、市議会の各会派代表者会議で、市として1億円の株式を取得し、支援する考えを明らかにした。福田市長は、支援の目的として足銀の健全で安定的な経営が地域経済の安定と発展に必要と説明している。一方、市民団体の「市民オンブズパーソン栃木」は、市長と市議会議長に対し、特定企業の援助に税金を投入すべきでないとする申し入れ書を手渡した。申し入れ書は地方財政法の規定や足銀の不透明な経営実態などを理由にあげており、新聞の取材に対し、団体代表の米田軍平弁護士は、地方公共団体に援助を要請せずに国に公的資金の注入を申請すべきと主張している（下野 1999/06/22:1）。

1-4. 足銀の増資達成と公的資金申請

こうして一部に異論や反対があったものの、県や宇都宮市が増資協力の方針を打ち出したこともあり、足銀は、取引先企業からも順調に増資協力を取り付け、6月22日、400億円の増資計画について目標額の達成にめどがついたと発表した（下野 1999/06/23:20）。これを受けて足銀は、金融機能早期健全化法に基づき公的資金を申請する意向を固めていった。足銀は、先の不良債権処理の結果、自己資本比率が国内基準4％をわずかに上回る水準にとどまっていたが、増資によって6.1％程度に上昇、さらに公的資金を申請し300億円を上回る資本注入を受け入れることで8％を超える水準に引き上げることを目指したのである（下野 1999/06/24:1）。

1-5. 市議会の審議と薄氷の可決

ただし、首長が増資協力を表明しても、議会で承認されるかはまた別の問題である。知事、宇都宮市長が相次いで増資協力を表明したものの、実際に優先株を取得するためには、一般会計補正予算案に株式取得費を追加計上し、議会の議決を経なければならない。

ところが、割当増資の仮申込みの期限は6月28日に迫っていた。宇都宮市の執行部は、市議会の6月定例会の最終日に追加議案として上程し、議会の議決を経て株式取得の手続きに入ることにした。6月24日、宇都宮市議会の経済常任委員会では、新聞の報道によると、3時間を超える異例の長時

間審議となったという（下野 1999/06/25:2）。しかも採決の結果、可否同数となり、委員長の決裁でかろうじて原案は可決された。その後の本会議でも討論が行われ、原案反対の議員は、不良債権の原因究明と責任追及、経営陣の自助努力、民間企業への公金投入を問題視した。他方、原案賛成の議員は、経営基盤の強化による地域経済の安定や発展、市民生活の安定を強調した（宇都宮市議会平成 11 年第 3 回定例会会議録）。結局、本会議では賛成多数で可決されたものの、新聞の報道によれば、ある会派は、経済常任委員会で反対しておきながら、総務常任委員会と本会議では賛成に回るなど、ちぐはぐな対応もみられた（下野 1999/06/25:2）。こうして宇都宮市では、議会での審議に混乱がみられるなかで増資に応じることになった。

1-6. 知事の専決処分と県議会の追認

　一方、議会の審議を経ずに増資協力にふみ切ったのは、栃木県である。栃木県の執行部は、県議会の 6 月定例会の会期中に追加議案として提案するのは時間的に無理と判断、知事の専決処分で処理し、9 月定例会で議会の承認を得ることにした。6 月 24 日、県議会の総務企画常任委員会で、執行部から知事の専決処分で処理する方針が示されると、委員からは足銀の関係者を参考人として招致する提案も出されたが、取扱いは正副委員長に任されることになった（下野 1999/06/25:2）。8 月 11 日、同委員会は、足銀が発行する優先株 3 億円分の取得を知事の専決処分で行うことを了承した。引受け額については、増資計画の 1％程度を要請されたと県執行部では説明している。なお、保留とされた参考人招致の問題については、委員長が県執行部の説明で十分と判断し、実施が見送られている。株取得の了承にあたっては、県議会も足銀のリストラ推進に注文を付けたが、こうした県の対応に、「市民オンブズパーソン栃木」は「一私企業のために公金を使うことは言語道断」と厳しく批判した（下野 1999/08/12:1）。こうして栃木県では、議会での審議を欠いたまま増資に応じていった。

1-7. 市民団体の質問状と監査請求

　こうした自治体の増資協力は、市民団体から追及を受けることになる。7

月20日、「オンブズ栃木」は、栃木県の渡辺知事と宇都宮市の福田市長に公開質問状を出し、支援の根拠や経営責任についての認識を問うことに決めた（下野 1999/07/21：2）。8月10日、県と宇都宮市はこの質問状に回答し、いずれも地域経済の安定などを理由にあげ、県は関係団体から要望を受けていること、宇都宮市は市経済の中心的役割を果たしていることも理由にあげたが、オンブズ栃木は納得できる回答ではないとした（下野 1999/08/12：2）。また、8月20日、栃木県の渡辺知事は、足銀の柳田頭取と会談し、優先株の取得を正式に申込み、あわせてリストラの促進などを要望したが、同日、「市民オンブズパーソン栃木」は、県と宇都宮市の監査委員に公金支出の差し止めを求め、全国でも異例の監査請求を行った（下野 1999/08/21：1, 2）。県と宇都宮市は、この時点ではまだ公金を支出していなかったが、代金払込期限となる8月30日に、優先株の代金計4億円を足銀に払い込んだ。この日は、市民オンブズパーソン栃木による公開意見陳述が開かれたが、監査結果を待たずに支払いが済まされる形となった（下野 1999/08/31：2）。

1-8. 足銀の公的資金注入の申請とリストラの強化

地元の増資協力を取り付け資本増強の自助努力を示した足銀は、満を持して公的資金の注入を申請する。9月2日、足銀は、不良債権処理で失われた自己資本を増強するため、金融再生委員会に公的資金1,050億円の注入を正式に申請した。足銀は、公的資金注入の申請にあわせて経営健全化計画を提出した。この計画には、例えば人員の削減では退職者補充の抑制にとどまらず早期退職を優遇、人件費の削減では賞与の減額に加えて給与体系を見直し、店舗の統廃合では機能の集約から店舗数の縮小へと、いっそうの経営合理化、収益向上策が盛り込まれている。足銀の柳田頭取は、金融界の荒波を乗り越える体制確保に自信をのぞかせ、栃木県の渡辺知事は、足銀が地域経済の振興に寄与することに期待を寄せた（下野 1999/09/03：1, 2, 26）。こうして足銀の経営危機は、地元の増資協力と公的資金の注入により深刻な事態が回避された。後の経営破綻から考えると、危機の前兆だったということになるが、当時はそれ自体が一つの危機であり、そしてその危機は終結したと考えられたのである。

1-9. 渡辺知事への多選批判と福田昭夫知事の当選

　足銀は一つの経営危機を乗り越えたが、足銀を支えた渡辺知事は、知事選に落選するという自らの危機に直面してしまう。1999年12月、足銀の経営危機が落ち着くと、県政の関心は早くも翌年の知事選に移っていった。栃木県では、翌年12月に知事選をひかえていたが、4期にわたる実績から渡辺文雄知事の続投でおおかた衆目は一致していた。渡辺知事は県議会で出馬を表明し、県議会最大会派の自民党議員会もこれを支持する方針であった。ところが、今市市の福田昭夫市長が多選禁止を求める提言書を出したことから県政に波紋が広がる。福田市長は、知事の任期は3期12年までなどとして、渡辺知事の5選に異議を唱えたのである。こうして2000年12月の知事選は、保守分裂選挙となった。そして知事選の結果、現職で各党が推薦する渡辺文雄が、前今市市長の福田昭夫に僅差で破れるという波乱が起こる。福田昭夫は、初当選を果たしたものの、県議会各会派から支持を得られず、その後、厳しい県政運営を強いられることになる。

2. 足銀の再増資計画と県・12市の増資協力

2-1. 足銀の不良債権処理加速と新経営健全化計画

　一度は経営危機の乗り越えた足銀だったが、翌々年には再び経営危機が訪れ、不良債権処理の加速と経営の健全化を余儀なくされる。2001年8月2日、足銀は、2002年3月期の業績予想を下方修正すると発表した。足銀は、さらに厳格な基準で不良債権処理を進めるため、当期損益が1,101億円の赤字になるとし、1999年の第三者割当増資や公的資金注入のさいに発行した優先株の配当を無配とする見通しを示した。あわせて足銀は、「新経営健全化計画」を発表し、人員の削減や店舗の統廃合を当初計画より前倒しで行い規模を拡げるなどのリストラ強化策を打ち出した。外部有識者の提言を受け入れるために「経営諮問委員会」を設置することも発表された。足銀の飯塚真頭取は、「中期経営計画の実行に全力をあげ地方銀行の本分を果たしたい」と語り、栃木県の福田昭夫知事や宇都宮市の福田富一市長も、足銀の経営健全化に期待の言葉を寄せた。預金者や取引先企業も赤字発表を冷静に受け止め、預金流出などの混乱は見られなかった（下野2001/08/03：1, 16, 17）。

2-2. 足銀頭取の引責辞任と再増資計画

　だが、経営危機の再燃となれば当然、地元からの風当たりは強い。地元がすんなり協力に応じてくれるはずもない。足銀の飯塚頭取は、赤字発表のさいに増資の方針を示したものの、具体策は白紙であった。優先株の発行枠は定款上残りわずかで、優先株は発行できない。優先的に配当を受けられない普通株では、前回と同様の増資協力は期待できない。財務体質の強化が求められる一方、経営陣の責任が問われるなか、飯塚頭取は、自らの辞任と引きかえに増資の協力を求めるという決断にふみきる。10月16日、足銀の飯塚頭取は、栃木県庁で記者会見を行い、引責辞任を表明するとともに増資計画を発表した。足銀は、優先株が無配となる責任をとって頭取と会長が翌年の株主総会で辞任するとし、そのうえで、財務体質を強化するため、取引先企業や自治体を引受先とする第三者割当増資により、資本を250億円増強する計画を明らかにした。この計画に対し、引受先となる取引先企業や自治体の反応はまちまちだった。新聞の取材によると、取引先企業からは厳しい経済状況で資金的に余裕がないといった声が聞かれる一方、自治体は協力におおむね前向きな姿勢を示した。栃木県の福田昭夫知事は、県内経済の安定を第一に、増資への協力要請に応じる方向で議会と協議したいと述べた。前回の増資では前知事が専決処分で対応した経緯から、福田知事は今回の増資では議会との協議を強調し、県議会側も協議に積極的な姿勢を示した。宇都宮市の福田富一市長も、増資を好意的に受け止めたが、市議会内には慎重な審議を求める意見が目立った（下野 2001/10/17：1, 2）。

2-3. 宇都宮信金の経営破綻

　だが、足銀より経営基盤の弱い他の県内金融機関は、もっと厳しい状況に置かれていた。折しも10月19日、県内最大の信用金庫である宇都宮信用金庫が、債務超過に陥り破綻に追い込まれた。同金庫は、他の信用金庫との合併、増資による自主再建、銀行への単独譲渡などを模索したがいずれも頓挫し、最終的には県内の5つの信用金庫に分割譲渡されることになった。県内の金融機関では預金保険法に基づく初の破綻処理となり、預金は全額保護されたものの、県内経済界には衝撃を与えた（下野 2001/10/21：1）。さらに翌月

には、宇都宮信用金庫に続き、大日光信用組合と馬頭信用組合が自主再建を断念、それぞれ県内の金融機関に事業譲渡されることになった（下野2001/11/16:1）。金融機関の経営破綻が現実味を帯び、県内で圧倒的な融資シェアを誇る足銀も絶対安泰とはいえなくなってきたのである。

2-4. 県・市への協力要請

　厳しい経済状況のなかで民間企業からの支援が期待できないとなると、頼みの綱は行政からの支援である。足銀は、前回の増資では県と宇都宮市のみに協力を要請したが、今回の増資では幅広い地域からの支援を得るため、多くの自治体に協力を要請することにした。足銀は、県と県内12市に非公式な打診を始め、10月29日には、足銀の副頭取らが、県と県内12市を訪問して増資への協力を正式に要請した。要請を受けた栃木県では、福田昭夫知事が12月定例県議会で引受額について県議会と協議する方針を示し、県議会側も、共産党を除く各会派は増資への協力を容認する方針を示した。引受額は前回並みの3億円を軸に検討されることになったが、前回とは異なり優先株ではなく普通株での引受けとなるため、経営責任の明確化などが条件とされた。宇都宮市では、福田富一市長が、市議会の各会派代表者会議で増資協力要請に対する市の対応を説明したが、各会派の反応は賛成や反対、慎重な姿勢とさまざまだった（下野2001/10/30:1, 26）。

2-5. 経済団体の要望と市民団体の反対

　自治体の増資協力をめぐるかけ引きは、議会の内部にとどまらない。経済団体が自治体に増資協力を求め、反対に市民団体は協力しないよう働きかけるなど、外部の団体をも巻き込んでいった。11月6日、栃木県商工会議所連合会など県内の経済7団体は、栃木県の知事と県議会議長あてに、足銀の増資協力要請に応じるよう要望書を提出した（下野2001/11/07:26）。一方、11月11日、市民オンブズパーソン栃木は、自治体の増資協力について県民の意見を募る「足銀問題110番」を実施、集まった意見の大半が公金の投入に反対だったという（下野2001/11/13:3）。その後、市民オンブズパーソン栃木は、栃木県の知事と県議会議長あてに、足銀の増資に協力しないよう要請

書を提出している（下野 2001/12/06:5）。

2-6. 栃木県の増資協力

　さまざまな意見があるなか、県は経営への関与を条件に増資に協力することになる。11月13日、福田昭夫知事は、定例記者会見で、足銀が設置する経営諮問委員会に副知事を委員として送り込む考えを示すとともに、県として3億円出資するための補正予算案を12月議会に提出することを明らかにした。このとき、引受額については、足銀の中小企業融資額のうち県と足銀が協調して行う制度融資の貸付残高の割合が1.2％であることから、今回の増資総額に同率を乗じて算出したと説明している（下野 2001/11/14:1）。

　11月21日、都内のホテルでは、県幹部と県選出国会議員の懇談会が開かれた。福田昭夫知事は、国への予算要望にあわせて足銀の増資に協力する方針を説明したが、渡辺喜美衆院議員からは、早くも増資後の再生に言及があり、ITを活用した新たなビジネスモデルを提案したという（下野 2001/11/22:30）。このときの提案が後の「県民銀行構想」につながり、栃木県政をゆるがすことにもなるのだが、ここで重要なのは、渡辺喜美がこの頃からすでに足銀再生を構想していたことである。

　栃木県議会では、同じ21日、最大会派の自民党議員会が、議員総会に足銀の飯塚頭取を招き増資に至った経緯などについて説明を受けた（下野 2001/11/22:30）。11月30日には、民主・県民連合、公明、自民・県民の声、共産の4会派が、同様に飯塚頭取から説明を受けている（下野 2001/12/01:30）。こうして国会議員や県議会への根回しが進められた。

2-7. 県内各市の増資協力

　県が増資協力を表明すると、宇都宮市をはじめ県内各市もこれに追従した。11月16日、宇都宮市の福田富一市長も、市議会の各会派代表者会議で、足銀の増資協力要請に対し前回と同じ1億円を出資する方針を正式に表明した。また、足銀の経営諮問委員会に市町村代表を委員として送り込みたいとの意向を示した（下野 2001/11/17:6）。福田市長はまた、11月21日の定例記者会見では、中小企業の経営安定のための政策的判断であることを強調し、投資

目的の出資を否定した（下野 2001/11/22:30）。

　今回新たに増資への協力を要請された県内各市でも、市長は前向きな姿勢を示し、議会側のほとんどの会派が一定の理解を示した。各市では、12月議会に株式取得の予算案を計上するため、市長が市議会の会派代表者会議や全員協議会の席上で正式に出資を表明した。県の3億円とあわせ総額は6億2,000万円にのぼった[22]。税金の投入額は増資計画のわずか2.5%にすぎないが、全市が協力要請に応じたことは、オール栃木で支援するという気運の醸成には大いに役立った（下野 2001/11/28:1, 2）。

2-8. 足銀の赤字決算と経営責任の追及

　一方、足銀の経営状況はさらに厳しさを増し、経営責任を問う声がいっそう高まっていた。11月22日、足銀は、2001年9月中間決算を発表し、シモレンなど大口貸出先の経営破綻に伴い不良債権処理が増え、年間処理額は変わらないとしたものの、中間決算としては上場以来初の赤字となった。飯塚頭取は、記者会見で、増資計画のうち1割を行員やOBで賄うことを明らかにし、バブル期に頭取を務めていた向江久夫元会長には旧役職員のなかで最高額を要請することを明らかにした（下野 2001/11/23:20）。向江前会長は、新聞の取材に対し、ワンマン経営を否定し、バブル崩壊は見通せなかったと経営責任を否定しながらも、「応分の協力」として5,000万円を出資すると表明した（下野 2001/12/13:24）。

2-9. 議会の参考人招致、要望書提出

　経営状況の厳しい民間企業に出資するとなると、自治体にもそれなりに公金支出の説明責任が求められる。増資協力に際しては、足銀幹部を議会に呼び出して経営に注文を付けるなどの手続きがふまれた。

　12月11日、栃木県では、福田昭夫知事が、県議会で、県内中小企業融資の充実を足銀に強く申し入れる考えを表明し（下野 2001/12/12:1）、12月13

---

[22] 具体的な出資額は、宇都宮市の1億円を筆頭に、足利市が5,000万円、小山市が3,000万円、栃木市・佐野市・鹿沼市が2,000万円、今市市・真岡市・大田原市・黒磯市が1,500万円、日光市と矢板市が1,000万円となっている。

日には、県総務部長が、議決権を行使して県としての意思を示す意向を明らかにした（下野2001/12/14:26）。12月14日、県議会の総務企画常任委員会では、飯塚頭取ら足銀幹部を参考人に招致し意見聴取を行った。経営責任などを問う声が相次いだが、最終的には株式取得費を盛り込んだ補正予算案を全会一致で可決した。一方、市民オンブズパーソン栃木から提出された足銀への公金支出に反対する要請は不採択となった（下野2001/12/15:1, 28）。

　宇都宮市でも、福田富一市長が、市議会の一般質問で、議決権を行使し市としての意思を示していく考えを明らかにし（下野2001/12/12:1）、12月17日、市議会の経済常任委員会に飯塚頭取ら足銀幹部を参考人招致し意見聴取を行った。株式取得費を盛り込んだ補正予算案は賛成多数で可決されたが、委員からは厳しい意見が相次いだ（下野2001/12/18:22）。他の市でも同様に、株式取得費を計上した補正予算案は可決されていったが、例えば栃木市では、予算案の可決と同時に、足銀に経営改革や中小企業融資、情報開示などを促す要望書を足銀に提出し（下野2001/12/20:10）、宇都宮市でも、市議会が同様の要望書を提出するなど（下野2001/12/22:6）、予算と引きかえに注文を付けた。

2-10.　経営諮問委員会への参加

　自治体は、増資協力の後も足銀の経営諮問委員会を通じて経営に関与することになる。12月21日、栃木県の県議会では、株式取得費を含む補正予算案が賛成多数で可決された。同日、福田知事は、足銀の飯塚頭取と会談し、足銀の経営諮問委員会に副知事を委員として選任するよう正式に要請し、また情報公開の徹底、中小企業への円滑な融資、中核的金融機関としての役割を注文した（下野2001/12/22:1, 22）。一方、市町村では、栃木県市長会を中心に、経営諮問委員会に市町村代表を参加させる方向で調整を行い、12月26日、県市長会から足銀に対し正式に要請し、翌年1月16日には、市町村代表として宇都宮市助役を推薦した（下野2002/01/17:22）。副知事と市町村代表は、1月25日に開かれた第5回委員会から経営諮問委員会に参加した（下野2002/01/26:3）。しかし、こうした自治体の経営関与は増資協力を取り付けるための体裁づくりにすぎなかった。

2-11. 増資目標の達成

　それでも足銀は、なんとか増資目標を達成して二度目の難局を乗り切った。2002年1月9日、足銀の飯塚頭取は、栃木県庁で記者会見し、普通株による250億円の第三者割当増資について、引受額が目標額を大幅に上回る299億円となると発表した。引受先は県と12市を含む約1万2,000件で、引受額の最高は栃木県の約3億円だった。自治体と多数の法人・個人から協力を得たことは地元の信任を示す形となり、目標達成の朗報に栃木県の福田知事や県内経済団体の代表者も安堵の表情を見せた。足銀の自己資本比率は7％程度に上昇し、資本の増強を果たしたことで、経営問題への関心はすでに退任を表明している飯塚頭取の後任人事へと移っていった（下野 2002/01/10:1, 2, 20）。

2-12. 公金支出の監査請求

　一方、自治体の増資協力の是非は、実際の払込みが行われた後、公金支出の監査請求という形で争われるようになる。2月4日、栃木県では、市民オンブズパーソン栃木が、県の足銀出資は違法だとして出資の差し止めを求めた住民監査請求で、出資は地方財政法に違反するとする意見陳述書を県監査委員事務局に提出した。また同日、宇都宮市では、共産党の市議会議員3人が、市の足銀出資は不当な支出だとして、市長に支出金の補てんを求める監査請求書を市監査委員事務局に提出した（下野 2002/02/05:3）。3月8日、栃木市でも、市民が、市の足銀出資は不当な支出だとして、市長に支出金の弁済を求める監査請求書を、市監査委員に提出した（下野 2002/03/09:3）。

3. ペイオフ解禁と県の公金管理

3-1. ペイオフの解禁と相殺契約の締結

　足銀の経営危機は、地元の増資協力でひとまず回避されたが、足銀を指定金融機関とする栃木県にとっては、足銀が経営破綻した場合に備えてさらなる対策が必要となった。いわゆるペイオフ対策である。2002年4月から金融機関が破綻した場合の預金保護に上限が設けられることになったからである。2001年3月、総務省の研究会が自治体のペイオフ解禁対策への対応方

策を報告書にまとめると（総務省自治行政局 2001）、栃木県は、出納局を中心に財政課や商工労働観光部などで構成される検討会を発足させることにした（下野 2001/04/21：1）。総務省の研究会報告書では、万一の場合は預金と借入金を相殺できるようにすることなどが示されたため、11月22日、栃木県は、指定金融機関である足銀との間で、預金債権と借入金の相殺契約を結ぶ方向で調整を始めた（下野 2001/11/22：30）。

3-2. 県公金管理運用方針・運用委員会

2002年5月、栃木県では、ペイオフ一部解禁に備えて、公金の管理運用のあり方を検討し、「栃木県公金管理運用方針」[23]を策定し、あわせて「栃木県公金管理運用委員会」[24]を設置した（下野 2002/05/14：22 参照）。もっとも、これらは公金の管理運用に関する平時の庁内の指針・組織であり、金融危機という非常時に対応するものではなかった。

3-3. 県公金リスク管理マニュアル・県金融危機対策本部

そこで2003年3月、栃木県は、上記方針で言及された危機管理対応マニュアルとして「栃木県公金リスク管理マニュアル」[25]を作成した（栃木県 2003）。同マニュアルによると、金融機関の破綻リスクが顕在化した段階になると、知事を本部長とする「栃木県金融危機対策本部」[26]を設置することになっている。ただし、ここでいう金融危機対策とは、あくまで公金の保全が目的であり、社会的混乱の防止などは必ずしも十分には想定されていない。

---

23 「栃木県公金管理運用方針」は、ペイオフ解禁に対応し、自己責任の原則に基づき県公金を安全確実に運用することを目的に作成された庁内指針である。同方針では、安全性・流動性・有利性の確保を運用の原則とし、預金と借入金（地方債）との相殺を預金保護の基本としている。具体的には、歳計現金と歳入歳出外現金については支払準備のため流動性を確保する、基金については元本の安全性を確保しつつ効率的に運用する、預託金については制度融資の原資として安全性を確保するなどとしている。また、資金需給の状況を的確に把握するために資金計画を毎年及び毎月作成するほか、公金管理運用委員会を設置する、取引金融機関の経営状況を把握する、資金運用の人材を育成・確保する、危機管理体制を整備することなどにもふれている。

24 「栃木県公金管理運用委員会」は、上記方針を受け、県公金の管理運用を協議することを目的に設置された庁内組織である。同委員会は、副出納長兼出納局長を委員長とし、総務部の財政課長のほか、教育委員会事務局や警察本部を含む各部の次長などが委員を構成しており、出納局の管理課・会計課が事務局となっている。

第 2-4 節　足銀の一時国有化と地元株主の保護

　それまで幾度となく経営危機を乗り越えてきた足銀も、ついに経営破綻を迎える。2003 年 11 月、足銀が債務超過に陥ると、国は預金保険法に基づき足銀の全株式を強制取得し足銀を一時国有化した。株式の毀損により増資に協力した地元企業に損失が発生したばかりでなく、資金需要が高まる年末に地元企業の資金繰りが悪化する危険があった。本節では、足銀の一時国有化にあたり栃木県がどのように対応したのかを時系列で整理する。

1. 県金融危機対策本部の設置

1-1. 足銀の一時国有化と県金融危機対策本部の設置

　足銀が経営破綻するという知らせは、一時国有化の前日から地元関係者に広がり始めた。2003 年 11 月 28 日、足銀に公的資金の投入が検討されてい

25「栃木県公金リスク管理マニュアル」は、上記方針を受け、取引金融機関の破綻が懸念される場合に公金預金の保全に迅速かつ適切に対処するための手順書である。同マニュアルでは、金融機関の財務状況に応じ段階的な対応がとられる。まず、自己資本比率や株価の低下など基礎的な財務数値が悪化した状態（リスク 1）では、当該金融機関から経営改善策などについて出納局が聞き取りを実施し、関係各課に情報を提供する。次いで、自己資本比率が基準に近づき株価が額面を割れるなど破綻リスクの上昇が懸念される状態（リスク 2）になると、国からも情報を収集し、前述した県公金管理運用委員会を招集、取引状況を確認のうえ公金保全措置を検討し、三役の了解のもと資金の分散、預入期間の制限、金融商品の限定などの対策を実施する。さらに、自己資本比率が基準を下回り早期是正措置命令を受けるなど破綻リスクが顕在化した状態（リスク 3）にいたると、県金融危機対策本部を設置、金融庁の破綻処理方式をふまえ預金債権と借入金債務の相殺などの対策を実施するとともに、指定金融機関の場合は議会の承認のもと運転資金の調達や機関の変更手続などを措置することになっている（栃木県 2003）。なお、足銀の経営破綻を受けて県が「栃木県金融危機対策本部」を設置した際、「金融危機マニュアルに基づき」と報じられたが（下野 2003/11/30）、正しくは「公金リスク管理マニュアル」である。

26「栃木県金融危機対策本部」は、上記マニュアルを受け、公金保全対策や社会混乱防止策を協議決定することを目的に設置される庁内組織である。同本部は、知事を本部長、副知事及び出納長を副本部長とし、各部の部長、出納局長・企業局長・教育長・警察本部長が本部員を構成しており、出納局の会計課が事務局となっている。その他の関係各課として、医事厚生課や企業局などは歳計現金の保全、管財課・用地課などは基金の保全、経営支援課などは預託金の保全、また、財政課は予算の措置、地方課は市町村との連絡調整、広報課はマスコミへの対応、議会事務局は議会への対応をそれぞれ担当することとなっている（栃木県 2003）。

るとの報道がなされる。こうした報道を受け、福田昭夫知事は緊急会見で冷静な対応を県民に呼びかける談話を発表した。県内の経済5団体も金融不安の発生を防ぐための共同声明文を発表した。また、県内の各市長からも冷静に推移を見守りたいとの談話が相次いだ（下野 2003/11/29:1, 23）。県では、須藤揮一郎副知事が関係部長に情報収集や対応策の検討を指示、副知事自身も日向野善明頭取から状況説明を受けた。県議会でも、最大会派の自民党議員会の渡辺渡会長ら幹部が議員控室に集合、須藤副知事や国会議員との連絡を取り合い情報収集に追われた。

　一時国有化の当日、県は知事を本部長とする対策本部を立ち上げると、深夜まで慌しい動きが続いた。11月29日、県は、午前8時半より緊急に関係部局長会議、部局長会議を開催し「栃木県金融危機対策本部」を設置した[27]。午後3時、福田昭夫知事は日向野頭取と会談、午後4時、会談後の会見では事態急変に憤りをあらわにした。その後、知事に対しては自民党県連、民主党県連、公明党県本部などから、県内の金融安定化に向けた対策を求める要望書が相次いで提出された。一方、あしぎんFGは、午後、臨時取締役会を開催し、債務超過となった足銀の9月中間決算を承認、預金保険法第74条第5項に基づき、事実上の経営破綻状態にあることを金融庁に報告した。政府は、午後9時、「金融危機対応会議」を開催し、預金保険法第102条第1項に基づき、同項第3号の措置を認定、預金保険機構が足銀の全株式を強制取得し一時国有化することを決定した。この決定を受け、金融庁は足銀に対する「経営監視チーム」を設置し、日本銀行は臨時政策委員会を開催している。県は、午後9時半より第1回金融危機対策本部会議を開催し、県民消費生活センターに相談窓口を設置すること、政府や日銀、政府系金融機関に円滑な資金供給を要請すること、県経営支援課内に特別金融相談窓口を設置し県の制度融資の融資枠を拡大することなどを決定した。知事は、足銀破綻の一報を受け、午後10時、会見で県の対応を説明した。その後、関東財務

27「栃木県金融危機対策本部」は、金融危機が県民生活や県内経済に及ぼす影響への対応、県公金の保全に適切かつ迅速に対策を講じることを目的とし、知事、副知事、出納長、各部長、東京事務所長、出納局長、企業局長、教育長、警察本部長によって構成されている。事務局は、当初は出納局会計課であったが、翌2004年度からは商工労働観光部産業政策課となっている。

局長からも報告があり、午後11時過ぎ、報告後の会見でも、怒りを重ねて表している。県議会では、最大会派の自民党議員会が「足利銀行問題緊急対策本部」を発足させた（下野 2003/11/30:1,3）。

　足銀の一時国有化に伴い、県内企業の資金繰りの悪化が懸念された。一時国有化の翌日、県は緊急制度融資枠の創設を決定し、相談窓口を設置した。11月30日、午後9時半、県は第2回金融危機対策本部会議を開催し、県制度融資に融資枠300億円の「緊急セーフティネット資金」を創設するなど7項目の対応策を決定した[28]。なお、県内各市町村でも、相次いで臨時対策会議を開催し今後の対応を協議している。県市長会と県町村会は、地域経済への影響を最小限にと知事に要望した。県内経済5団体も金融危機対策本部を設置し、中堅・中小企業に対する積極的な支援を知事に要望した。これに対し県からも市町村、商工団体、金融機関、信用保証協会あてに金融の円滑化に対する協力を要請した（地方財務 2004:30）。県は、県経営支援課に中小企業向けの特別金融相談窓口を、県消費生活センターに県民向けの相談窓口を設置した。県信用保証協会も、特別相談窓口を設置した（下野 2003/12/02:16）。

　一時国有化とともに、関係者の間では責任追及や抗議の動きも出た。12月1日、政府は、足銀の特別危機管理開始を公告し、国有化の手続きを完了、金融庁は足銀に経営監視チームを派遣した（下野 2003/12/02:1）。また、「足利銀行関係省庁等連絡会議」の準備会も発足した。預金保険機構が足銀の全株式をゼロ円で強制取得したのに伴い、足銀を傘下に置くあしぎんFGの株価は大幅に下落した。県と各市が出資した株式も無価値となり、県内の市民団体「市民オンブズパーソン栃木」からは、監査請求などによる責任追及を検討するなど、増資に応じた自治体に対する批判が相次いだ[29]。

　県は、市民団体から責任を追及されながら、国や監査法人に対しては責任

---

[28] 300億円という融資規模は、2001年に1信金5信組が破綻した際、同様の制度融資の利用が100億円だったことから、足銀の県内中小企業のシェアなどを勘案し設定されている（下野 2003/12/01:1）。

[29] 市民オンブズパーソン栃木は、足銀の普通株の取得の差止めなどを請求しているが、栃木県監査委員は、請求を棄却していた（栃木県職員措置請求監査結果・栃木県監査委員告示第2号）。

を追及した。福田昭夫知事は、全国知事会議で小泉純一郎首相に対し破綻措置を抗議、知事からの意見聴取を制度化するよう提言した。小泉首相に要望書を提出するほか（地方財務 2004:31）、同会議と前後して、福田昭夫知事は、竹中平蔵金融相、福井俊彦日銀総裁、中川昭一経産相、望月晴文中企庁長官らを訪問し支援を要望した（下野 2003/12/02:24）。

12月2日、須藤副知事は、足銀の決算監査を担当した中央青山監査法人に対して、繰延税金資産の計上を認めなかった方針転換の理由をただす質問状を提出した（地方財務 2004:31）。また、政府内では、第1回足利銀行関係省庁等連絡会議が開催され、オブザーバーとして参加した副知事は、破綻措置を重ねて抗議、自治体や県民に対する特別の配慮などを要請した（下野 2003/12/03:17）。なお、県は、国有化されても収納・支払業務に支障がないことを理由に、当面は指定金融機関を変更しないこととした。県議会では、自民党議員会が県内経済5団体と意見を交換している。

1-2. 補正予算の可決と緊急セーフティネット資金の創設

県議会では、さっそく足銀問題が取り上げられたが、当面の緊急制度融資に向け補正予算を提案する執行部に対し、議員からは将来的な受け皿として「県民銀行」が提案されるなど、知事と議会側には早くも足並みの乱れが見られた。

12月3日、須藤副知事は、足銀の役員の選任などについて高木祥吉金融庁長官に要望した（地方財務 2004:33）。県は、関係機関の情報交換や連絡調整を目的とした「金融対策連絡会議」を開催し、市町村、商工団体、金融機関の担当者に相談体制の充実や中小企業の支援を要請した。県議会では、12月定例会の代表・一般質問で足銀問題に質問が集中、この中で自民党議員会の石坂真一議員は、「県民銀行」や「中小企業再生ファンド」の創設を提案したが、福田昭夫知事は、収益確保が難しくリスクも高いことから県民銀行の創設には難色を示した（下野 2003/12/04:1, 26）。

足銀問題は国会でも取り上げられ、県選出国会議員が金融庁の対応を追及したが、ここでも「県民銀行」に言及があった。12月4日、国会では、衆議院財務金融委員会で足銀問題が審議された。この中で自民党の渡辺喜美議

員は、前日、栃木県選出の自民党国会議員が県民銀行と産業再生委員会の創設推進で合意したことを受け、受け皿銀行として県民銀行の創設を提案した（下野 2003/12/04：26）。翌5日、衆議院に続き、参議院財政金融委員会で足銀問題が審議された。この中で自民党の矢野哲朗議員は、繰延税金資産の計上が認められなかった理由を質問し、これに対して竹中金融相は、繰延税金資産への依存が過大だった点を指摘し、放置した経営陣の責任に言及した（下野 2003/12/06：1）。

県の対策本部は、緊急制度融資の予算化を受け、当面の対策に乗り出した。12月5日、県議会では、一般会計補正予算案が可決され、緊急セーフティネット資金の創設が決定された[30]。県は第3回金融危機対策本部会議を開催し、当面の重点課題と対応状況について検討した。県内では、県経済団体金融危機対策本部が、足銀の新経営陣の選任にあたり要望書を知事らに提出、宇都宮市では「市金融危機対策本部」が設置された（下野 2003/12/06：6）。

12月8日、中央青山監査法人から県に回答書が提出され、須藤副知事は形式的な回答に不満を表明したが、監査法人の責任よりも、企業の資金繰りや経営環境の悪化のほうが問題だった。県議会では各常任委員会の質疑で、県が発注する公共工事の請負代金を円滑に支払う方針などが説明された。12月10日、国から坂本剛二経産副大臣、望月中企庁長官が来県し、福田昭夫知事や経済団体代表と意見を交換し、県中小企業再生支援協議会の人員を倍増することを表明した（下野 2003/12/11：1）。また、国の機関や県、県内の商工団体などで構成される「栃木県金融・経済安定連絡協議会」が発足した（下野 2003/12/11：20）。福田昭夫知事は、足銀の役員の選任などについて福田官房長官に要望した（地方財務 2004：34）。

12月12日、県は第4回金融危機対策本部会議を開催し、産業再生機構を活用した地域経済の再生を討議した。県議会でも意見書などの動きを見せ始める。最終本会議で「栃木県における金融機能の安定に関する意見書」を可決、また、「栃木県議会足利銀行問題対策特別委員会（足銀特別委員会）」[31]の

30「緊急セーフティネット資金」制度は、足利銀行の一時国有化に伴い、資金の調達、取引条件の変更等の影響を受け、経営の安定に支障を来しているとき、限度額は5千万円、原則無担保で、融資期間は7年、金利は2.0％以内である。

設置を決定して、定例会を閉会した（下野 2003/12/13:1）。閉会後、梶克之県議会議長らは上京して国会や各省庁に意見書を持参した。また、福田昭夫知事は、県の出資が棄損した責任をとるため、三役報酬の減額率を引き上げることを表明した[32]。国では、第2回足銀関係省庁等連絡会議が開催され、県信用保証協会への相談件数が急増したことなどが報告されている（下野 2003/12/13:30）。

1-3. 足銀新頭取の就任、県議会足銀問題対策特別委員会の開催

　足銀の新経営陣の選任に関しては、地元政財界も注視していたが、12月16日、足銀の新頭取に、政府が選任した横浜銀行出身の池田憲人氏が就任した。池田新頭取は就任直後、福田昭夫知事と懇談し、福田昭夫知事は地域金融に熟知した人材の起用を歓迎した（下野 2003/12/17:1, 2, 16）。同日、県内では、県金融・経済安定連絡協議会が、預金者や事業者への相談に対応するための地域説明会を開催している。

　県議会をはじめ、県内の各団体も動き始めた。12月18日、県議会では、足銀特別委員会が開催され、出席した福田昭夫知事は、経済界を含めた「総合経済対策本部（仮称）」を設置する意向などを表明した（下野 2003/12/19:1）。県内では、県商工会議所連合会が、中川経産相や山口商工会議所会頭らに信用収縮の防止などを求める要望書を提出した（下野 2003/12/19:14）。12月19日、県中小企業再生支援協議会は、窓口専門家の増員などを確認、県市長会と県市議会議長会は、足銀問題の対応を合同で協議した[33]（下野 2003/12/20:14）。

　喫緊の課題は、地域金融の円滑化や中小企業の経営支援である。12月22日、県は第5回金融危機対策本部会議を開催し、県が発注する公共事業の請負代

---

[31] 「栃木県議会足利銀行問題対策特別委員会」は、渡辺渡を委員長、阿久津憲二を副委員長とし、自民党議員会（9名）、県民ネット21（2名）、公明党議員会、無所属（各1名）の県議会議員計13名で構成されていた。
[32] 三役報酬の減額については、条例の改正案を議会に提出する方針であったが、自民党議員会が提出に反対したため、閉会後に専決処分として実施することになった。
[33] 出資の責任問題については、県内各市でも対応が分かれた。栃木市長は出資責任を認め、三役報酬を減額したのに対し、大田原市長は政策的経費と議会で答弁し、出資責任を認めていない。市議会も出資を承認した経緯から市長の責任追及を徹底できないとの指摘もあった（下野 2003/12/22:2）。

金の最大6割を前金で支払う「中間前金払い制度」を1月から実施することを確認した。また、福田昭夫知事は、斉藤惇産業再生機構社長、金子一義産業再生相らに産業再生機構による県内中小企業の再生支援を要請した。なお、中央青山監査法人には再び質問状を提出している（地方財務 2004:32；下野 2003/12/23:1, 3, 14）。12月24日、県議会では、足銀特別委員会が開催され、県信用保証協会から緊急セーフティネット資金の保証承諾実績が報告された（下野 2003/12/25:16）。

2. 緊急経済活性化県民会議の開催

2-1. あしぎんFGの会社更生手続開始、緊急経済活性化県民会議の開催

　足銀では、会社更生の手続が開始され、経営体制も刷新された。12月25日、あしぎんFGは、東京地裁に会社更生手続の開始を申立て、同地裁は保全管理命令を出し保全管理人に清水直弁護士を選任した。足銀の新役員（社外取締役）には地元経済界から築郁夫県商工会議所連合会会長が就任した。地元経済界を取り込む動きは足銀だけではない。県は第6回金融危機対策本部会議を開催し、地元経済界を含めて足銀問題に取り組む「緊急経済活性化県民会議」の設立などを確認した。また、福田昭夫知事は、定例会見で、受け皿よりも足銀や企業の再生が先決だとして、県議会の自民党議員会が検討している県民銀行構想をけん制した（下野 2003/12/26:1, 14）。

　県には、将来的な受け皿問題よりも、緊急制度融資のほうが急務の課題であった。2004年1月13日、県は第7回金融危機対策本部会議を開催し、中小企業の年度末の資金需要に対応するため緊急セーフティネット資金の融資枠の増額を検討するよう指示した。また、福田昭夫知事は、記者会見で、県が保有するあしぎんFGの普通株は当面売却せず、株主として今後の動きを監視する方針を表明している（下野 2004/01/14:24）[34]。

---

[34] あしぎんFG普通株の売却については、県内各市でも対応が分かれた。あしぎんFGの会社更生法適用に伴い、普通株は上場廃止により株式市場で売買できなくなるが、相対取引でなら売買できる。足利市などはわずかでも損失を抑えようとすでに売却したのに対し、宇都宮市などは先行きを見極めるため当面は売却しないとした（下野 2004/01/08:1）。こうした中、日光市では市長決裁でいったん売却した株を市議会議員全員が買い戻す事態もあった（下野 2004/01/10:2; 01/16:2）。

国会では、監査法人の責任が追及されていた。1月14日、衆議院財務金融委員会で足銀問題が取り上げられ、足銀の日向野元頭取と中央青山監査法人の上野紘志理事長が参考人として招致された。繰延税金資産の計上について、日向野元頭取は突然否認されたと述べる一方、上野理事長は事前に説明したと述べ意見が対立した（下野2004/01/15:1, 2, 16）。1月15日、衆議院に続き、参議院財政金融委員会でも足銀問題が取り上げられ、日向野元頭取と日本公認会計士協会の奥山章雄会長が参考人として招致された。繰延税金資産の全額否認について、日向野元頭取は監査法人への提訴を検討したが、金融庁の経営監視チームの見解を受けて提訴を断念したと述べた（下野2004/01/16:1, 2, 16）。

　さらなる地域金融の円滑化や中小企業の経営支援に向け、1月15日、県は、中小企業の年度末の資金需要に対応するため、一般会計補正予算を専決処分し緊急セーフティネット資金の融資枠を300億円拡大した。また、国の地域再生構想提案募集に対して、地域金融の円滑化や中小企業の再生など4つの柱を掲げた「栃木県経済新生構想」を提出した（下野2004/01/16:1, 28）。1月16日、福田昭夫知事は、足銀の池田頭取と会談し、新しい経営計画の策定にあたり県中小企業再生支援協議会など地元の意見を反映するよう要望した（下野2004/01/17:1）。

　議会会派や経済団体でも、対策本部や特別委員会を設置する動きが広まった。1月17日、県議会では、自民党議員会が、議員総会を開催し、足銀問題緊急対策本部に信用秩序維持・企業再生・金融再生の3部会を設置した。県経済同友会は、緊急提言特別委員会を開催し、金融危機対応・特定地域再生・産業活性化の3つの特別委員会を発足させた（下野2004/01/18:1, 18）。1月19日、県議会では、足銀特別委員会が開催され、足銀の池田頭取を参考人として招致した。この中で、池田頭取は、旧経営陣の責任を追及する調査委員会を設置すると表明した（下野2004/01/20:1, 3, 18）。

　1月21日、福田昭夫知事は、金子産業再生相に対し「栃木県経済新生構想」の実現を、望月中企庁長官に対し50億円規模の地域中小企業再生ファンドの創設などを要望した（下野2004/01/22:1）。1月23日、県内では、県金融・経済安定連絡協議会が、事業者向けに地域説明会を開催している。同日、中

央青山監査法人からは再質問状に対する回答書が提出されたが、福田昭夫知事は、回答に納得できず、後日の記者会見で同監査法人は解散すべきだと厳しく批判した。

1月26日、あしぎんFG株の上場が廃止され、同株式は無価値となった。オンブズ栃木は、県監査委員に対し、福田昭夫知事に棄損分を賠償させるよう勧告を求める監査を請求した[35]。1月27日、県は第8回金融危機対策本部会議を開催し、当面の重点課題と対応状況を検討した。また、第1回「栃木県緊急経済活性化県民会議」が開催され、公共投資拡大のため国に国庫補助事業の優先配分を要請する方針などを確認した[36]（下野 2004/01/28:20）。

2-2. 足銀の新経営計画と県の経済新生計画

足銀では、経営再建に向け新たな経営計画が示された。2月2日、県市長会と県町村会は、足銀の池田頭取に対し、中小企業対策に万全を期すよう要望書を提出していたが（下野 2004/02/03:12）、2月6日、足銀は、預金保険法に基づき、地域金融の円滑化と中小企業再生を柱とする「新経営計画」を国に提出した。また、同行は、企業統治の強化と透明性の確保のため県副知事や宇都宮市助役など地元関係者で構成される「アドバイザリー・ボード」を設置した。さらに、外部専門家で構成し旧経営陣の責任を追及する「内部調査委員会」とは別に、行内関係者で構成し債務超過の原因を検証する「過去問題調査ワーキングチーム」を設置することとした（下野 2004/02/07:1, 2, 22, 23）。その後、「業務監査委員会」と「内部調査委員会」が設置され、業務監査委員長には築社外取締役が就任した。

県でも、経済再生のため新たな対策予算が示された。2月9日、県は、足銀問題に対応するため経済活性化に力点を置いた積極型の2004年度当初予

---

[35] 監査請求の理由についてオンブズ栃木は、知事は足銀の経営諮問委員会に副知事を派遣しながら、積極的に経営情報の開示を求めず、適切な管理を怠り県に損害を与えた（地方財政法第8条違反）と主張する。なお、同団体は、後日、宇都宮市監査委員に対しても同様の監査を請求している（下野 2004/01/27:3, 16）。

[36]「栃木県緊急経済活性化県民会議」は、県内の経済団体、産業団体、消費者団体、労働団体、金融団体、政府系金融機関、関係行政機関、県議会、同足利銀行問題対策特別委員会の各代表者ならびに県知事・副知事の計24名によって構成されている。

算案及び2003年度補正予算案を発表した（下野 2004/02/10:1）。国では、第3回足銀関係省庁等連絡会議が開催され、出席した須藤副知事は、県予算案を報告し県の緊急事態を国に説明するとともに、特別養護老人ホームへの国庫補助金の優先配分などを要請した（下野 2004/02/10:15）。2月10日には、県の第9回金融危機対策本部会議が開催されている。

　県内でも、関係団体が中小企業再生のための仕組みづくりを検討していた。2月13日、県議会では、足銀特別委員会が開催され、栃木銀行の小林辰興頭取を参考人として招致した。この中で、県や県内金融機関が中小企業再建のための再生ファンドの創設を検討していることが明らかになった（下野 2004/02/14:1, 18）。2月17日、県内では、第2回栃木県金融・経済安定連絡協議会が開催され、新たに整理回収機構[37]や産業再生機構[38]、県中小企業再生支援協議会[39]などが加盟した（下野 2004/02/18:18）。2月19日、足銀では、第1回アドバイザリー・ボードが開催され、営業推進施策と企業再生について意見を交換した（下野 2004/02/20:16）。2月20日、県や県内金融機関で構成される「地域企業再生ファンドに関する調査・検討会」が開催され、先行する大分県などの事例を検討した。また、行政や経済団体・労働団体で構成される「産業労働とちぎ会議」が開催され、足銀問題や雇用対策について意見を交換した（下野 2004/02/21:22）。2月27日、国では、地域再生本部が「地域再生推進プログラム」を決定し、認定された地域内で政府系金融機関が無担保・無保証で中小企業に融資できるよう融資条件を緩和するという県が提案した支援策が盛り込まれた。3月1日、福田昭夫知事らは、小泉首相らに対し知事と県緊急経済活性化県民会議の連名で中小・中堅企業の経営健全化などを要望した。3月3日、県議会では、2月定例会が開会し、足銀問題に

---

[37]「整理回収機構（RCC）」は、破綻金融機関等からの不良債権の買取、回収を主な業務とするが、金融再生法の改正により新たに企業の再生も業務とする。
[38]「産業再生機構（IRCJ）」は、収益力のある事業基盤をもちながら過剰な債務を負い本来の力を発揮できない企業に対し、債権を主力行以外から買取り、主力行と連携して事業の再生を支援する。
[39]「栃木県中小企業再生支援協議会」は、産業再生法の認定機関として国が各県に設置し、栃木県では2003年3月に宇都宮商工会議所に設置された。窓口での助言から必要に応じて専門家（中小企業診断士、税理士、公認会計士、弁護士）が経営改善計画の策定を支援する。窓口相談員は4名から10名に、支援専門家は13名から36名に増員された。

ついての一般質問で、福田昭夫知事は受け皿の具体的な姿を描くと表明した（下野 2004/03/04:1）。

旧経営陣や監査法人の責任問題でも検討が進められていた。3月6日、県内では、足銀に出資した株主らが損害賠償請求の訴訟を視野に「足利銀行出資被害者の会」を結成した[40]（下野 2004/03/07:1, 2）。3月9日、国会では、参議院予算委員会で足銀問題が審議された。足銀の 2003 年 3 月期決算と同 9 月期決算で監査法人の判断に乖離があった問題で[41]、矢野議員は竹中金融相に対し、監査法人の責任を指摘し金融庁による調査を要求した（下野 2004/03/10:14）。

足銀破綻の影響が最も懸念されたのは、温泉地の宿泊業である。3月13日、内閣府は、宇都宮市内で「地域再生タウンミーティング」を開催し、金子地域再生・産業再生担当相らが出席した。この中で金子担当相は、鬼怒川・川治温泉の再生について産業再生機構の支援は温泉街一体ではなく企業ごとに判断すると発言した。翌日、鬼怒川・川治温泉の旅館・ホテル経営者らが「鬼怒川・川治温泉・温泉旅館再生協議会」を発足させたが、この発言を受けて方針を転換している（下野 2004/03/16:14）。

2-3. 経済同友会から基金設置の提言、自民党議員会から委員会設置の提言

地域団体の動きも活発化し、県に対して積極的に働きかけるようになる。3月19日、市民オンブズパーソン栃木は、福田昭夫知事や県議会議員らに対し出資責任などを問う公開質問状を提出した（下野 2004/03/20:3）。なお、県監査委員は、福田昭夫知事に株式の棄損分を賠償させるよう勧告を求めたオンブズ栃木からの監査請求を棄却している[42]（下野 2004/03/30:3）。3月22

---

[40]「足利銀行出資被害者の会」は、「石川銀行出資被害者の会」（会長：吉住幸則）から助言を受けて組織された。

[41] 日本公認会計士協会の調査によると、地域銀行の 6 割は監査と検査の資産査定の乖離率が 20％未満で、足銀の 2003 年 3 月期決算の監査と検査の乖離率は 27％であったが、奥山会長は異常な乖離ではないとしている（下野 2004/03/24:1）。

[42] 請求棄却の理由について監査委員は、県が株式を取得したのは地域経済の安定のためで資産運用が目的ではなく、また、県が株式を売却しなかったのは株主の地位を保持するためで相応の意義があると判断している（栃木県職員措置請求監査結果・栃木県監査委員告示第 9 号）。宇都宮市監査委員も同様に請求を棄却している。

日には、県の第10回金融危機対策本部会議が開催されている。

　市民団体からは自治体の出資責任を追及する動きがあるなか、経済団体や議会会派からは自治体に基金や委員会の設置を提言する動きもあった。3月25日、県経済同友会は、知事・県議会議長・足銀頭取に対し緊急提言書を提出した（栃木県経済同友会2004）。提言書では、中小企業の再生支援のための「とちぎ再生保証基金（仮称）」の設置などを提言し、優先株主の救済可能性にも言及している（下野2004/03/26：20）。また、3月26日、県議会では、自民党議員会が、知事に対し提言書を提出した（栃木県議会自由民主党議員会2004）。提言書では、足銀の債権の切り分けに勧告などを行う「産業再生委員会（仮称）」の設置を提言している（下野2004/03/27：1）。

　ところが、知事は自民党の提言を聞き入れようとしないため、関係者には不満がくすぶった。3月29日、第2回県緊急経済活性化県民会議が開催され、県民大会を早急に開催することを決定した。会議では、福田富一宇都宮市長が福田昭夫知事に対して足銀の受け皿を積極的に検討し県民の意思統一をするよう要望し、県の慎重な姿勢を批判した（下野2004/03/30：26）。4月7日、福田昭夫知事は、県選出の国会議員と懇談し、国会議員に県緊急経済活性化県民会議の顧問就任を要請したが、国会議員からは、中央省庁との連絡に終始し、国会議員との協議が後回しにされたことに不満が出た（下野2004/04/08：1, 26）。4月13日、福田昭夫知事が、記者会見で、自民党議員会が提言していた県産業再生委員会（仮称）について設置は不要と明言し、さらに関係は悪化した。

　この頃、県内では、オンブズ栃木が、あしぎんFG株で財産を棄損した問題で、宇都宮地裁に訴えを提起した（下野2004/04/14：1, 3）。4月26日、「企業再生支援機関連携推進協議会」の初会合が開催され、県内企業の再生に向けて支援機関が再生手法について情報を交換した（下野2004/04/27：12）。4月27日、県の第11回金融危機対策本部会議が開催されている。5月11日、県議会では、足銀特別委員会が、経営破綻した石川銀行と北海道拓殖銀行の地元経済への影響や行政の対応などを現地で調査した。

　提言の取扱いをめぐり関係が悪化していた自民党議員会と知事だが、地域再生に向け地域一丸となることを演出するため、両者は歩み寄りも見せ始め

る。福田昭夫知事は、自民党議員会が提案する「県産業再生委員会（仮称）」について、債権切り分けへの勧告が難しいことに議員会が理解を示したことから、消極姿勢から一転、設置を検討するとした（下野 2004/05/12：14, 26）。5月14日、県は、「栃木県経済新生計画」の地域再生計画認定を国に申請した。5月24日、県内では、地元政財界の関係者が一堂に会し「栃木県緊急経済活性化県民会議・県民大会」が開催された。大会では、一社でも多くの企業再生、地元購買運動などを決議する（下野 2004/05/25：1, 24）。5月28日、県議会では、最大会派の自民党議員会が「産業再生委員会設置条例案」を議員提案で提出し、可決された。あわせて「本県地域金融の再生と産業の再生を求める決議」も採択された（下野 2004/5/27：1 参照）。

2-4. 県経済同友会訴訟の提起

県内では、足銀破綻の責任を司法の場で争う動きが出てきた。足銀に関しては、3月31日、東京地裁があしぎんFGの会社更生法の手続開始を決定し、管財人に清水直弁護士を選任したが、清水管財人は、そのときの記者会見で、国の一時国有化措置について憲法が保障する財産権や平等権に違反する可能性を指摘していた（下野 2004/04/01：1, 14）。こうした指摘を受け、5月28日、足銀の増資協力要請に応じて優先株を購入した県経済同友会の会員企業らが、国と中央青山監査法人に対し損害賠償請求訴訟を宇都宮地裁に提起した（県経済同友会訴訟）[43]。福田昭夫知事は、記者会見で、会員企業らの提訴に理解を示しながらも、県としては国に支援を要請しており国に提訴はしないと表明していた（下野 2004/05/27：1；05/29：1, 2）。この訴訟は、必ずしも株主救済を見込めるものではなかったが、後に裁判外で株主救済に寄与することになる[44]。

---

[43] 県経済同友会訴訟では、第1回口頭弁論までに、5次にわたって提訴し、原告は93企業・個人、請求額は33億5,500万円となった。
[44] 原告側は、国に対しては、あしぎんFGの足銀株を強制的に無償取得しあしぎんFG株を無価値化したのは憲法の保障する財産権の侵害にあたると主張、また監査法人に対しては、繰延税金資産を一転全面否認したのは監査の継続性に反し違法と主張した。原告の請求理由については、個別法令違反ではなく憲法違反を根拠としており、根拠の脆弱性が指摘されていた。原告代理人の佐藤貞夫弁護士は、訴訟の目的に優先株主の損失回復だけでなく破たんの真相究明をあげている。

2-5. 県の企業再生ファンドの創設

　中小企業の再生支援も本格的に動き出した。6月4日、産業再生機構は、産業再生委員会を開催し、足銀の取引先の支援の第一弾として、ホテル四季彩（日光市）の支援を決定した（下野 2004/06/05：1, 2, 19）。産業再生機構はその後、栃木皮革（栃木市）や関東自動車（宇都宮市）、あさや（藤原町）などへの支援を決定している[45]。6月9日、県議会では、足銀特別委員会が開催され、足銀一時国有化後の県内経済への影響について栃木銀行と県信用保証協会から意見を聴取した。県内では、「地域企業再生ファンドに関する調査・検討会」が、「とちぎ地域企業再生ファンド」を創設すべきとする調査報告書を発表した（下野 2004/06/10：14）。

　この頃、足銀は、企業の再生支援よりも自社の経営再建に注力していた。6月11日、足銀は、2004年3月期決算と今後3年間の経営計画を発表した。決算では貸出債権を厳格に査定し貸倒引当金を大幅に積み増したため 7,828 億円の最終赤字となった。経営計画では大口偏重を是正し小口金融の推進で収益基盤を再構築するとしている。また、同行では、経営に対する監督機能を強化し業務執行機能を向上させるため、委員会等設置会社への移行と新たな経営体制等が内定した（下野 2004/06/12：1, 22, 23；06/29：16）。足銀の池田頭取は、6月21日の第3回栃木県金融・経済安定連絡協議会（下野 2004/06/22：14）。6月24日の県議会足銀特別委員会で（下野 2004/06/25：16）、それぞれ足銀の決算と経営計画について説明している。

　地域再生計画の認定を機に、県を中心として中小企業再生ファンドの創設

---

[45] 産業再生機構は、栃木皮革への支援にあたっては、整理回収機構と連携した（下野 2004/07/22：1, 12）。関東自動車（宇都宮市）への支援にあたっては、とちぎインベストメントパートナーズが出資、足銀は債権放棄などで支援した（下野 2004/11/27：1）。あさや（藤原町）・金精（日光市）・田中屋（塩原町）への支援にあたっては、足銀が債権放棄するとともに、産業再生機構と民間投資家が出資し、複数の温泉旅館をまとめて支援する業務委託会社を設立することとなった（下野 2004/12/09：1, 2）。鬼怒川温泉山水閣（藤原町）・鬼怒川グランドホテル（藤原町）への支援にあたっては、足銀が債権放棄するとともに、産業再生機構と民間投資家が出資し、複数の温泉旅館をまとめて支援する業務委託会社「旅館マネジメントサポート」が支援した（下野 2005/01/19：1）。そして、金谷ホテル観光（東京都台東区）・釜屋旅館（日光市）・奥日光小西ホテル（日光市）への支援を決定し、再生支援先の選定を事実上打ち止めとした（下野 2005/02/04：1, 16）。なお、整理回収機構は、「岡部ホテルグループ」（那須塩原市・藤原町）の再生を支援している。

など地域経済再生の取組みが始動する。6月21日、県の「栃木県経済新生計画」が地域再生計画に国に認定された[46]。6月22日、県は第12回金融危機対策本部会議を開催し、庁内に藤原町の地域再生計画などを支援する「地域再生支援プロジェクトチーム」を発足させた[47]。7月7日には、新しい制度融資として県内の小規模企業の再生を支援する「小規模企業パワーアップ資金」を創設している（下野2004/07/03:22）。7月9日、県内の中小企業・中堅企業の再生を支援する「とちぎ地域企業再生ファンド」の運営会社「とちぎインベストメントパートナーズ」が設立された[48]（下野2004/07/10:23）。その後、「とちぎ地域企業再生ファンド」では、中堅企業向けに総額30億円、中小企業向けに総額50億円のファンドが組成されている。

2-6. 出資被害者の会の提訴

　足銀の経営責任を追及する訴訟も広がりを見せる。7月22日、県経済同友会訴訟の第1回口頭弁論が開かれた。被告側は認否を保留し、監査法人側は証拠の大半が東京にあるなどとして東京地裁への移送を申し立てた（下野2004/07/23:1-3）。7月26日、県議会では、足銀特別委員会が開催され（下野2004/07/27:24）。7月27日、県の第13回金融危機対策本部会議が開催されている。8月3日、県経済同友会訴訟に続き、足銀出資被害者の会が、足銀と増資当時の旧経営陣、中央青山監査法人に損害賠償を請求する訴訟を宇都宮地裁に提起した（出資被害者の会訴訟）[49]。原告側は、債務超過にもかかわ

---

[46]「栃木県経済新生計画」は、2004年度から2006年度までの3年間を計画期間とし、①地域金融の円滑化、②中小企業の再生、③地域産業の活性化、④地域雇用の確保の4つを取組目標としている。金融面の支援措置には、金融環境変化対応資金の融資条件緩和に向けた取組み、政府系金融機関の特別貸付の貸付対象等の拡充、国民生活金融公庫の企業再生に係る特別貸付制度の創設、「新創業融資制度」の貸付限度額拡充などがある。企業面の支援措置では、産業再生機構・中小企業再生支援協議会・整理回収機構等の連携、中小企業再生支援協議会等による企業再生推進のための環境整備、地域中小企業再生ファンドの組成促進などがあげられている。
[47] 地域再生支援プロジェクトチームは、企画部地域振興課、総務部市町村課、商工労働観光部観光交流課、土木部都市計画課の職員で構成され、地域振興課が事務局となっている。
[48]「とちぎ地域企業再生ファンド」は、中小企業・中堅企業等の債権・株式等を取得し継続的に経営を支援する地域密着型ファンドである。株式会社とちぎインベストメントパートナーズ（社長：山崎美代造・前産業振興センター会長）が運営し、足利銀行や栃木銀行など県内の金融機関と、日本政策投資銀行、大和証券SMBCプリンシパル・インベストメンツ等が出資している。

らず有価証券報告書に虚偽の記載を行い違法な増資勧誘を行ったと主張した[50]。

3. 県産業再生委員会の設置

3-1. 産業再生委員会の設置、地域活性化と金融再生の諮問

県では、議員の提案で県産業再生委員会が設置されたものの、当初の目論見とは異なり、地域活性化と金融再生の一般的な審議にとどまるなど、知事に骨抜きにされる形となったため、積極的な役割を期待していた自民党議員会には不満が残った。

8月4日、第1回「栃木県産業再生委員会」が開催され、福田昭夫知事は、県内の産業及び地域の活性化と地域金融の再生方策を諮問した[51]（下野 2004/08/05：1）。また同日、県執行部と栃木県選出国会議員の懇談会が開催され、県側からは地域経済活性化に向けた公共事業費の確保など国の来年度予算について協力を要請したのに対し、国会議員側からは産業再生委員会への積極的な関与を県に注文した（下野 2004/08/05：28）。

9月2日、自民党議員会の足銀問題対策本部が、北海道拓殖銀行の受け皿となった北洋銀行の高向巌頭取を講師に緊急経済講演会を開催した（下野 2004/09/03：18）。9月3日、県議会では、足銀特別委員会が、藤原町と日光市を訪問し地元関係者らと意見を交換している（下野 2004/09/04：30）。

9月13日、第2回「県産業再生委員会」が開催され、「県内産業・地域活

---

49 出資被害者の会訴訟では、2005年3月までに、4次にわたって提訴し、原告団は89法人・個人、請求総額は約8億7,300万円となった。
50 原告の請求理由については、証券取引法や民法上の「虚偽記載」、独占禁止法上の「違法勧誘」を根拠としている。根拠法令、提訴相手や提訴理由が県経済同友会訴訟と異なるのは、県経済同友会訴訟の原告は「破たん認定は不当」との認識に立つのに対し、出資被害者の会訴訟の原告は「破たん認定は当然」との認識に立つためである。原告代理人の伊藤茂昭弁護士は、国の破たん認定自体は当然と述べている（下野 2004/08/04：1-3）。
51 「栃木県産業再生委員会」は、県内産業・地域の活性化と地域金融の再生を目的とした県の附属機関である。委員長には藤本信義（宇都宮大学工学部教授）が選任され、「地域金融再生部会」（部会長：須賀英之・那須大学長）と「県内産業・地域活性化部会」（部会長：亀田清・県経済同友会副代表幹事）が設置された。同委員会は、県内経済団体、県内金融団体、政府系機関、政府系金融機関、関係行政機関の役職員、ならびに学識経験者の計30名（のちに33名に増員）の委員によって構成されている。

性化部会」と「地域金融再生部会」の設置を決定し、足銀の池田頭取からは企業再生の取組み状況の説明を受けた（下野 2004/09/14：16）。その後、11月8日には第1回「県内産業・地域活性化部会」、11月10日には第1回「地域金融再生部会」が開催されている。

　福田昭夫知事が自民党議員会の提案に対して強気だったのは、緊急制度融資の創設をはじめ企業再生基金の創設や関係金融機関への要請など、県の取組みに自信を深めていたこともある。9月15日、県内では、「県経済新生計画」の要望に基づき、中小企業金融公庫と国民生活金融公庫が、地域限定で融資条件を緩和した（無担保・第三者保証不要）特別貸付制度が開始された（下野 2004/09/15：16）。こうした制度融資の充実により、企業の資金繰りへの不安はしだいに払拭されつつあった。10月4日、県議会では、足銀特別委員会が開催され、栃木銀行・烏山信用金庫・那須信用組合の関係者から県内の中小企業に対する金融の現状について意見を聴取している（下野 2004/10/05：18）。

　その他、国への要望や関係機関への要請も行われている。10月26日、自民党議員会の足銀問題緊急対策本部の渡辺渡本部長らは、産業再生相や金融庁長官らに地域再生の支援強化を求める要望書を提出した（下野 2004/10/27：26）。10月29日、県は、中小企業等の年末・年度末の資金調達の円滑化及び企業再生への取り組みの促進などを金融機関などに要請した。

3-2. 足銀破綻の原因究明と責任追及

　10月8日、足銀は、預金保険法第115条に基づき、同行が債務超過に至った原因や経営上の問題点などについて「過去問題調査ワーキングチーム」が調査した報告書を金融庁に提出した（足銀 2004）。報告書では、与信ポートフォリオ管理の不整備と不良債権処理の遅れを指摘している（下野 2004/10/09：1, 3, 18）。

　足銀が破綻に至った原因の究明が進む一方、破綻で損害を受けた地元株主の救済は課題に残された。10月12日、県は第14回金融危機対策本部会議を開催し、国が保有するあしぎんFGの優先株主としての権利を放棄し、他の善意の株主に配慮するよう要望することを決定し、福田昭夫知事が首相・

財務相・金融庁長官・日本銀行・預金保険機構・整理回収機構に対して要望した（下野 2004/10/13:26）。10月20日、県内では、出資被害者の会訴訟の第1回口頭弁論が開かれた。被告側のうち足銀は増資時の債務超過や違法勧誘を否認、他は認否を保留している（下野 2004/10/21:1, 2）。

3-3. 知事の交代

　破綻後の対応をめぐる福田昭夫知事と自民党議員会の対立は、知事選で決着を迎えることになる。再選をめざす福田昭夫知事に対し、自由民主党が福田富一宇都宮市長を対立候補に擁立したのである。知事選では県民銀行が争点の一つとなり、県民銀行の設立、受け皿銀行への県の出資を明確に否定する福田昭夫氏に対し、福田富一氏は県民銀行の設立については明言を避けながら、県の出資を含め受け皿のあり方を県産業再生委員会に諮問することを公約とした。そして11月28日、県知事選挙の結果、自由民主党と公明党が推薦する前宇都宮市長の福田富一氏が、民主党と社会民主党が支援する現職の福田昭夫氏を大差で破り当選を果たした（下野 2004/11/29:23; 12/01:1）。

　知事選は、足銀破綻から丸1年の節目でもあった。12月1日、足銀は、2004年度9月期の中間決算を発表したが、最終利益は512億円、債務超過額を421億円圧縮するなど経営再建は順調に推移していた（下野 2004/12/02: 1, 14）。

3-4. 産業再生委員会に受け皿選定の諮問

　知事の交代によって、県では受け皿に関する議論が急に進み始める。12月17日、福田富一知事が、就任後さっそく公約に従い、県産業再生委員会に「足利銀行の望ましい受け皿のあり方」について諮問した。県議会では、自民党議員会と公明党議員会が、県産業再生委員会の委員定数を5名増員する条例改正案を議会に提出した（下野 2004/12/18:28）。12月21日、県では、県産業再生委員会の第2回地域金融再生部会が開催され、足銀の受け皿について一体存続が望ましいことなどが確認された。県議会では、足銀特別委員会が開催され、福田富一知事が県産業再生委員会に足銀の受け皿のあり方を諮問したことを報告した（下野 2004/12/22:1, 22）。12月27日、県議会では、

県産業再生委員会の増員を内容とする条例案の改正を議決した。第3回県産業再生委員会が開催され、福田富一知事が諮問の経緯を説明した（下野 2004/12/28:21）。2005年1月5日、県は、足銀の望ましい受け皿のあり方と望ましい受け皿の実現に向けた県の関与について県民の意見を募集した（下野 2005/01/05:1）[52]。1月11日、県は第15回金融危機対策本部会議を開催している。

3-5. 受け皿論の中間報告

　県産業再生委員会では、県内産業・地域活性化部会が重点テーマを設定する一方、地域金融再生部会は中間報告に向け意見を集約していた。2月1日、第2回県内産業・地域活性化部会が開催され、足銀の一時国有化で最も影響が大きい温泉観光地と建設業の再生を重点的に議論することとなった。他方、2月8日、第4回地域金融再生部会が開催され、足銀の受け皿についてファンド形式での株式譲渡と地域金融機関への一括営業譲渡の2方式を中間報告に併記することとした（下野 2005/02/08:1）。2月23日、第4回県産業再生委員会が開催され、地域金融再生部会から中間報告を受け、足銀の受け皿として、①国内の投資家などを中心とする多数の安定株主の出資を主とする株式譲渡（安定一般株主型）と②共通の営業基盤をもつ地域銀行との合併か営業譲渡（地域銀行合体型）の2案が提示された（下野 2005/02/24:1）。その後、県は、この「足利銀行の望ましい受け皿のあり方」中間報告に関して経済団体と意見交換会を開催している（下野 2005/02/26:28）。

3-6. あしぎんFG更生計画への同意

　足銀の会社更生手続のほうは、更生計画の段階まで進んでいたが、問題は地元株主がどこまで救済されるかであった。1月20日、県は、国が保有するあしぎんFGの優先株主としての権利を放棄し、他の善意の株主に配慮するよう要望することを決定し、福田富一知事が首相・財務相・金融庁長官・

---

[52] 集計結果によると、望ましい受け皿としては「県内金融機関」が9割近くを占め、栃木銀行と足銀の単独存続とに意見が二分されている。実現に向けては「県が関与すべき」との意見が6割を超えている。

預金保険機構・整理回収機構などに対して要望した（下野 2005/01/21:24）。

　監査法人や旧経営陣の責任問題には、一応の結論が出る。監査法人に関しては、1月25日、金融庁は、足銀の監査手続で審査や業務管理体制に不備があったとして、中央青山監査法人を公認会計士法に基づき戒告処分とした（下野 2005/01/26:1）。福田富一知事は、決算と監査をめぐる事実関係が明確にされず残念とのコメントを発表している。また、旧経営陣に関しては、2月2日、足銀は、旧経営陣の責任を追及する内部調査委員会からの報告書提出を受け、臨時取締役会で方向性を協議した結果、刑事告訴は当面見送り、民事上の損害賠償を請求する方針を確認した。2月4日、足銀は、旧経営陣に対し損害賠償を請求する訴訟を宇都宮地裁に提起した[53]（下野 2005/02/05: 1-4）。

　一方、地元株主の救済問題では、解決の糸口をつかむ。3月15日、一般株主に有利な配当方法を採用したあしぎんFGの更生計画案が浮上したのである[54]。問題は国が同意するかどうかであった。県経済同友会訴訟の原告団は、国が更生計画案に賛同した場合、国への訴訟を取り下げることで一致した。3月22日、県は第16回金融危機対策本部会議を開催し、あしぎんFGの更生計画案への同意を決定した。福田富一知事は、定例会見で、議決権の半数以上をもつ国の同意に期待を寄せた（下野 2005/03/23:1）。これを受けて、3月28日、会社更生手続中のあしぎんFG関係人集会が開催され、あしぎんFGの更生計画案が国の同意を得て可決され[55]、東京地裁により認可された[56]。

　4月28日、県経済同友会訴訟の第2回口頭弁論が開かれ、原告側はあし

---

[53] 向江元頭取らによるゴルフ場経営会社「荒川観光開発」への不正融資（ゴルフ場不正融資訴訟）、柳田元頭取らによる建材商社「シモレン」への不正融資（シモレン不正融資訴訟）、飯塚元頭取らによる違法配当（旧経営陣違法配当訴訟）の3件が提訴された。
[54] 優先株の取り扱いについては、あしぎんFGを清算した上で、残余財産を優先株の持ち分に応じて、国7対一般株主3の比率で配当するとみられたが、更生計画案では、あしぎんFGを存続させた上で、子会社の売却益を定款上の配当金額に応じて、国0.94対一般株主3の比率で配当するとしている（下野 2005/03/04:1; 03/16:4）。
[55] 同意理由について国は、法令・約款に則っており、公的資金の適切な管理や国民負担の最小化、経済合理性にかなうと判断したと説明し、裁判への配慮は否定している（下野 2005/03/29:1-2, 26）。

ぎんFG更生計画への特別抗告がなければ、国への訴えを取り下げると表明した（下野2005/04/23:4）。4月29日、あしぎんFGの更生計画の認可決定が確定すると、5月2日、県経済同友会訴訟の原告側は、国への訴えを取り下げ、これにより被告は中央青山監査法人のみとなった（下野2005/05/03:3）。

第2-5節　足銀の受け皿選定と新生足銀への出資

　一時国有化された足銀は、2006年9月から始まった受け皿選定の手続きを経て、野村グループに譲渡が決まり、2008年7月に新銀行として再出発することになる。地元は、受け皿選定にあたり、足銀の単独再生や地域銀行の合体を望み、外資系への譲渡を警戒した。投資グループが受け皿に決まると、地域密着型の経営を求め、地元資本の参加を模索した。本節では、足銀の受け皿選定にあたり栃木県がどのように対応したのかを時系列で整理する。

1. 受け皿選定前の経緯

1-1. 受け皿に関する県議会の意見書と県民会議の要望書

　新知事から足銀の受け皿に関して諮問を受けた県産業再生委員会は、地元の意見を集約し答申をした。この答申に沿って県議会の意見書、県民会議の要望書が採択されていく。

　2005年3月30日、県では、第5回県産業再生委員会が開かれ、「足利銀行の望ましい受け皿のあり方」を知事に答申した。答申では、足銀の受け皿に関し、足銀単独再生と地域銀行合体の2方式を併記した（下野2005/03/31:1）。4月14日、県議会でも、足銀特別委員会が開かれ、足銀の受け皿に関して国に提出する意見書の原案をとりまとめた。意見書の原案では、県産業

---

56 更生会社のあしぎんFGでは、更生計画に基づき子会社を売却し、売却益を優先株主に配当するため、その後、足銀が子会社の足銀総合管理と足銀不動産管理の2社を解散、あしぎんFGが子会社のやしお債権回収を売却、足銀があしぎんFGの子会社のあしぎんシステム開発を子会社化するなど、関連会社の整理が進められた（下野2005/04/01:22; 04/12:20; 04/21:14）。そして、あしぎんFG子会社のあしぎんディーシーカードが足銀子会社の足利信用保証に株式譲渡され、予定された子会社4社の売却を完了し、清算手続に入った（下野2005/10/06:14）。

再生委員会の答申で示された①地域の中核的金融機関としての機能の維持、②受け皿選定過程への県の参画に加え、③受け皿への早期移行が盛り込まれている（下野 2005/04/15:30）。4月16日、自民党県連の定期大会が開催され、足銀の受け皿問題に関して県議会の意見書の原案とほぼ同じ内容の特別決議を採択した。また、県議会自民党議員会の足銀問題緊急対策本部は、県関係の自民党国会議員と協議し、当面は渡辺喜美議員を中心として党本部や金融当局に働きかけるなどの対応策を決めた（下野 2005/04/17:25）。4月18日、福田富一知事と県関係国会議員との懇談会が開かれ、県関係国会議員は、福田富一知事の要請を受け、県緊急経済活性化県民会議（県民会議）の顧問への就任を内諾した[57]。

4月26日、県議会では、臨時会が招集され、「足利銀行の受け皿に関する意見書」が採択された[58]（下野 2005/04/16:30; 04/27:26）。同日、木村好文議長らは、小泉純一郎首相ほか衆参両院議長、財務相・金融相あてに意見書を提出した[59]（下野 2005/04/26:22）。

5月9日、第3回県緊急経済活性化県民会議が開催され、足銀の受け皿に関する要望書を採択した。県民会議の要望書は、県議会の意見書と同様、受け皿への早期移行など3項目を内容としている[60]（下野 2005/05/10:1）。5月10日、福田富一知事は、県議会や県民会議の代表者らとともに、細田博之官房長官と面談し、県民の総意として小泉首相らに対する要望書を提出、5月13日には、同様に伊藤達也金融相、五味廣文金融庁長官、谷垣禎一財務相に対してもそれぞれ要望書を提出した（下野 2005/05/11:1; 05/14:30）。対応した伊藤金融相は、要望書にある選定過程への県の参画について、関係者からの意見聴取は必要であると述べている（下野 2005/05/14:30）。5月17日、

---

[57] 福田昭夫知事時代から就任を依頼していたが、福田昭夫前知事の足銀対応に批判的な自民党の国会議員が就任を留保していた（下野 2005/04/19:1）。
[58] 議会側の請求で臨時会が招集されるのは異例であり、戦後2度目のことだった。
[59] 対応した五味廣文金融庁長官は、意見書にある受け皿への早期移行に関連して、足銀の経営三か年計画にはこだわらないと述べている（下野 2005/04/27:26）。
[60] 移行時期については、経済界の一部が早期移行に難色を示したため、県産業再生委員会の答申では明言を避けたが、県民会議の要望書では「県内経済の安定と中小企業の再生に十分配慮しつつ」との文言を付け加えることで盛り込まれている（下野 2005/05/01:1, 05/10:1）。

伊藤金融相は、衆議院の財務金融委員会で、足銀の受け皿に関し、経営改革の成果が出るにはなお時間を要し、現時点で検討を行う段階にはないと答えたが、①金融機関としての持続可能性、②地域の金融仲介機能の維持、③公的負担の極小化の3点が確認された段階で検討に入る考えも示した。同日、県の第17回県金融危機対策本部では、足銀問題の主な成果について総括が行われた。福田富一知事は、定例記者会見で、国の負担が増えても県内企業を救ってほしいと述べ、公的負担の極小化より県内企業の再生に配慮するよう求めた（下野 2005/05/18：1, 22）。

1-2. 受け皿2案に関する意見調整

　県産業再生委員会の答申では、足銀の受け皿に関して、①株式譲渡による足銀の単独再生と②栃木銀行を想定した地域銀行の合体の2案いずれかまでは絞り込めなかった。そこで、5月18日、県議会自民党議員会の足銀問題緊急対策本部は、足銀の受け皿に関して、県内の信用金庫や信用組合の理事長らから意見を聞いた。新聞報道によれば、理事長らは、信金・信組と共存できる受け皿を望み、栃木銀行との合体案には、シェアの高い銀行が生まれ取引先企業の選択肢が狭まることから、否定的だったという（下野 2005/05/19：26）。

　足銀は、順調に経営を改善させており、5月25日に発表された2005年3月期決算では、債務超過額は5,622億円に圧縮され、不良債権残高は3,983億円に減った。決算発表を受け、金融庁の幹部は、着実に前進していると評価したが、今期が正念場だとして、受け皿の検討には慎重な姿勢を示した。福田富一知事は、計画を上回る再生に安堵しつつ、注視する考えを示した。県関係国会議員からは、経営改善の進展を評価する一方、地域経済の再生や中小企業への融資姿勢に懸念の声も聞かれた（下野 2005/05/26：1, 14；05/27：24）。6月13日、県議会の足銀特別委員会が開かれ、足銀の池田憲人頭取から決算の説明を受けた。池田頭取は、取引先の再生に努めており、ただ不良債権処理を進めるつもりはないことを強調した（下野 2005/06/14：26）。

　足銀の経営改善を受けてか、県内外の金融機関から足銀の受け皿に名乗りを上げる動きが出てきた。6月17日、みずほフィナンシャルグループが受

け皿に名乗りを上げることが報じられると、福田富一知事は、都市銀行が受け皿になることに不安を表した（下野 2005/06/18:1）。地元では、6月29日、栃木銀行の小林辰興頭取が、株主総会で、受け皿に手を挙げることを表明した（下野 2005/06/30:1）。

7月1日、第6回県産業再生委員会が開かれ、県議会の足銀特別委員会と同様、足銀の池田頭取から決算の説明を受けた。委員会では、今後の進め方として、県内産業・地域活性化部会では建設業と観光業の活性化策を集中的に検討し、地域金融再生部会では地域に必要な金融施策の方向性を協議することを確認した（下野 2005/07/02:29）。

7月27日、県議会の足銀特別委員会は、県内経済5団体の代表と非公式に会合を設け、受け皿問題で意見交換を行った。5団体の代表は全員、地銀との合体案ではなく足銀の単独再生案を支持したという。委員会では、県中小企業再生支援協議会から支援状況の説明が行われ、委員からは同協議会の周知を望む意見が出された（下野 2005/07/28:20）。

こうして足銀の受け皿に関しては、栃木銀行が受け皿に意欲を示したものの、県内経済界では、栃木銀行を想定した地銀との合体ではなく、足銀の単独再生に支持が集まった。地元の意見には集約の兆しが見られたが、国の選定作業には進展の様子がなかった。

1-3. 改造内閣への再要望と県・県議会・県民会議の連名

足銀の受け皿に関しては、特に動きはなかったが、10月11日、福田富一知事は、定例記者会見で、外資やメガバンクが支配的少数株主として受け皿になることに疑問を呈し、利益第一主義のファンドが受け皿となることにも反対していた（下野 2005/10/12:26）。

そこで県は、県議会や県民会議とともに国に再び働きかけることにした。10月30日、小泉内閣の改造を機に、福田富一知事は、与謝野馨金融担当大臣ら政府関係者に改めて受け皿の早期移行などを要望することにした。要望書は、5月に行った要望と同じ内容だが、前回とは異なり県・県議会・県緊急経済活性化県民会議の連名で提出することとした。11月21日、県議会の足銀特別委員会では、弁護士を参考人に招きファンドの仕組みを勉強してい

た。同日、福田富一知事は、首相官邸を訪れ、小泉首相あての要望書を提出した。要望活動には、県議会や県経済団体の代表も参加し、県関係国会議員も同席した。福田富一知事は、記者団に対し、意見を言うべき時期との認識を示したが、金融庁長官は、同日の定例記者会見で、受け皿選定に関して、検討を行う段階にはないと答えた。11月24日、福田富一知事は、首相への要望に続き、与謝野金融相や谷垣財務相らに、受け皿選定での県の参画などを要望した。要望活動には、同様に県議会や県経済団体の代表も参加し、県関係国会議員も同席した。11月25日、与謝野金融相は、閣議後の会見で、足銀の受け皿選定に関し、前日の知事らの要望に言及し、県の意見を尊重する考えを明らかにした（下野 2005/11/12:28; 11/17:26; 11/22:26; 11/25:22; 11/26:30）。こうして県・県議会・県民会議の連名による再度の要望に、国も次第に理解を示し始めた。

1-4. 足銀の再生と国の静観

足銀の再生は順調に進み、11月25日に発表された2005年9月期中間決算では、債務超過額は5,008億円に減り、実質業務純益が計画を大幅に上回った。足銀の池田頭取は、いい流れに入ったと手応えを感じ、福田富一知事は、行員らの努力を評価した（下野 2005/11/26:22）。足銀の一時国有化から丸2年が経ち、足銀の経営改善が順調に進む中、11月29日、日銀は特別融資の実施態勢を終了した（下野 2005/11/30:18）。12月14日、県議会の足銀特別委員会では、足銀の幹部から中間決算の説明を受けた。足銀の幹部は、取引先企業の再生が目標であることを強調した（下野 2005/12/15:14）。

これに対し国の受け皿選定の動きは鈍かった。12月16日、自民党の地域金融小委員会が開かれたが、前金融副大臣の七条明委員長は、新聞の取材に対し、足銀は再生の途上にあり、受け皿選定を議論する状況にはないとの認識を示した（下野 2005/12/17:28）。

しかし、金融当局内では受け皿選定方法の検討が進められ、決算発表後の6月頃には選定手続きが始まると、関係者は見ていた。2006年1月10日、渡辺喜美衆院議員は、後援会の会合で、金融庁の本音は国民負担の極小化にあるとし、地域金融が損なわれないよう県民の利益を守る運動を呼びかけた

が（下野 2006/01/03:1; 01/11:24）、一方で、県経済同友会の市川秀夫筆頭代表幹事は、年頭の記者会見で、積極的に提言する段階にないと述べた（下野 2006/1/12:14）。受け皿選定に動きが見られない中、1月20日、県では、第7回県産業再生委員会が開かれ、足銀の池田頭取は、再生支援の総仕上げに意欲を示していた（下野 2006/01/21:30）。1月25日、県議会の足銀特別委員会は、当年度の活動報告をとりまとめ、次年度も引き続き受け皿問題に取り組むこととした（下野 2006/01/26:22）。

年度末に近づくと、政府関係者は、足銀の受け皿に関する発言にいっそう慎重になった。3月4日、谷垣財務相は、自民党県連の会合で、足銀の業績回復の様子を見させてほしいと語り、決算発表直後にも受け皿選定が始まるとの見方を牽制した（下野 2006/03/05:1）。3月6日、小泉首相や与謝野金融相も、参議院の予算委員会で、足銀の受け皿選定の時期に関する質問には明言を避けた（下野 2006/03/07:31）。

こうした中、足銀の清算に関しては、3月16日、東京地裁が、あしぎんFGに対し更生手続の終結を決定した。あしぎんFGは子会社4社の売却益98億円余りを優先株主に配当した。一般優先株主には額面の10.5％が配当されたことになる（下野 2006/03/17:1）。

1-5. 単独再生での意見集約

発言を控える政府関係者とは対照的に、福田富一知事は、定例記者会見で、足銀の受け皿に関する発言を重ねた。4月11日、国への要望内容の検討に着手したことを明らかにし（下野 2006/04/12:22）、5月30日には、メガバンクの傘下になることは願い下げと述べて、県内に本拠地を残し、県内に利益を還元する金融機関であることを受け皿の条件にあげた（下野 2006/05/31:5）。6月5日、与謝野金融相も、衆議院の決算行政監視委員会で、前知事で民主党の福田昭夫議員の質問に対し、県経済を心配する方に受け皿になってほしいと答えている（下野 2006/06/06:5）。

6月13日、県議会の足銀特別委員会では、足銀の池田頭取から2006年3月期決算の説明を受けた。池田頭取は、足銀の受け皿に関して、多額の資金が必要だとし実体を伴った買い手の存在が重要との認識を示した。6月14日、

自民党の地域金融小委員会でも、足銀の池田頭取は、同様に決算などの説明を行った（下野 2006/06/14:6; 06/15:6）。6月16日、県議会では、県産業再生委員会条例を一部改正する条例案が可決され、改正条例では、委員会の存続期間が2年から4年に延長され、委員の再任も定められた。

　国が地元の意向を尊重する姿勢を示していることから、県内では、意見の集約が進められた。6月29日、県内経済5団体は、県経済団体金融対策本部会議を開き、足銀の単独再生が望ましいとの認識で一致、引き続き受け皿に関する要望内容を検討し、意見をまとめて知事に提出することにした（下野 2006/06/29:1; 6/30:14）。7月4日、連合栃木の伍井邦夫会長は、外資色の強い企業が受け皿となることに反対し、知事とも認識が一致しているとした（下野 2006/07/05:6）。7月27日、県議会の足銀特別委員会では、受け皿候補に名乗りをあげていた栃木銀行の小林頭取が、地銀合体案を断念し、単独再生案を支持する考えを表明した。すでに県内経済界は足銀の単独再生で一致しており、これで地元の要望は単独再生で一本化されることが固まった（下野 2006/07/28:1）。8月8日、県では、第8回県産業再生委員会が開かれ、足銀幹部から決算の説明を受けた。任期の延長に伴い、委員長には藤本委員長が再任された（下野 2006/08/09:16）。

　8月28日、県内経済5団体で組織する県経済団体金融対策本部は、足銀の単独再生、本店の県内設置などを求める要望書を、福田富一知事に提出した。要望書では、単独再生の具体的な方法として、株式譲渡方式での選定、特定グループの支配の回避、地元の株式引受けの仕組みをあげ、再生後の経営には、地域に理解のある経営者の確保、取引方針の継続、雇用の安定、公正・公平な監視体制をあげた。同日、県議会の自民党議員会など4会派は、県の補正予算に関する要望書の提出にあわせ、福田富一知事に対し、足銀の受け皿問題に関する県の努力を求めた（下野 2006/08/29:1, 5）。

2. 受け皿選定中の経緯

2-1. 受け皿選定の開始と受皿問題対応本部の設置

　国に受け皿選定の動きが現れたのは、夏の終わり頃である。8月25日、与謝野金融相は、機が熟しつつあると語り（下野 2006/08/26:1）、9月1日、

閣議後の会見で、一時国有化された足銀の譲渡先の選定作業に着手すると発表した。会見で与謝野金融相は、地域経済に配慮する受け皿が望ましいとしつつ、資本の国内外は問わないとの考えを示した。金融庁は、足銀の受け皿選定に関し地域の意見を聞く場として、有識者による作業部会を設置した。これを受け、県も対応本部を立ち上げる。県は第18回金融危機対策本部会議を開催し、知事を本部長とする「栃木県足利銀行受皿問題対応本部」を設置、第1回本部会議を開催した。福田富一知事は、県産業再生委員会と緊急経済活性化県民会議を経て国への要望をとりまとめる方針を示した。県議会足銀特別委員会の渡辺渡委員長も、県・県議会・県民会議の三者で早急に国へ要望に行く考えを示した。県内経済界には歓迎ムードが漂い、県関係国会議員からも安堵の声が聞かれた（下野 2006/09/02:1, 3, 5）。こうして国の受け皿選定の開始とともに、県の対応も金融危機対策から受け皿問題対応へと完全に移行する。

2-2. 金融庁作業部会のヒアリングと地元出資の要望

　受け皿選定の作業部会で地元の要望を聞く機会が設けられると、県内では要望のとりまとめに慌しくなった。9月5日、金融庁の「足利銀行の受け皿選定に関するワーキンググループ」（作業部会）の第1回会合が開かれ、地元の要望を聞く次回会合の日程が決まった。次回会合に向け、県は公募条件などに関する要望内容を詰めることにしたが、県執行部は、初回の要望では総論的な内容にとどめる方針を立てた（下野 2006/09/06:5）。一方、9月7日、県議会の足銀特別委員会でも、要望のとりまとめを決めたが、とりわけ自民党議員会は、県執行部よりも強い姿勢を打ち出す必要があるとして独自の要望案作成を急ぐなど、活発な動きを見せた（下野 2006/09/08:5; 09/09:5）。

　要望にあたり焦点となったのが、地元資本の参加である。9月12日、県議会の足銀特別委員会では、県執行部が、金融庁の作業部会で説明する要望の骨子を示した。骨子は、公募要領や受け皿選定に関し、適正な資産査定や株式譲渡による単独再生などを求める十数項目の要望からなったが、地元出資枠の設定を追加要望するかが焦点となった。会合では、県議会の各会派も、県への要望内容を明らかにした。各会派とも、株式譲渡による単独再生を要

望する点では一致し、県に決意や覚悟を求めた。自民党議員会は、地元に影響する事業計画を開示させるよう県に要望し、民主党系の県民ネット21は、外資系の受け皿を拒否するよう県に要望するとした（下野2006/09/12:1; 09/13:1, 5）。

　9月15日、県内では、第9回県産業再生委員会と第4回県緊急経済活性化県民会議がそれぞれ開かれ、足銀の受け皿選定に関し、「地元資本の参加」を要望することになった。要望書の原案では、地元資本の参加にはふれていなかったが、県内経済界や県議会からは、地元資本が参加できる仕組みが必要との要望が相次いだ。県産業再生委員会などでは、「県の出資」を求める意見もあったが、行政が直接の利害関係者になることを好まない金融庁の意向を受け、県執行部は県の出資には慎重な姿勢を崩さなかった。ところが、こうした県の慎重姿勢に怒ったのが、県民銀行構想を提唱してきた渡辺喜美衆院議員である。県民会議では渡辺喜美衆院議員から決断を迫られ、急きょ要望書の修正を余儀なくされた。同日、県議会の自民党議員会や県民ネット21は、それぞれ金融庁作業部会への要望書を知事に渡した（下野2006/09/16:1, 7）。9月18日、要望書の再検討を求められた県執行部は、思案の結果「公民の地元資本の参入」という文言を要望書に盛り込み、県の出資に含みをもたせることにした。福田富一知事は、新聞の取材に対し、県の出資には今後の展開で対応していくと答えている（下野2006/09/19:1; 10/04: 5）。

　9月19日、県は第2回足銀受皿問題対応本部会議を開催し、福田富一知事は、金融庁の作業部会の第2回会合に出席して、足銀の公募要領と受け皿選定に関して要望を行った[61]。福田富一知事は、要望後の記者会見で、与謝野金融相が今後も地元の意見を聞くと約束したことを明らかにし、また県の出資については受け皿銀行や県民からの求めに応じて検討する旨を述べた（下野2006/09/20:1, 5）。

---

61 具体的には、公募要領に関しては、応募理由などの公募条件や足銀のデューデリジェンスを要望し、また受け皿選定に関しては、地域銀行としての新銀行の形態や経営戦略について株式譲渡による単独再生や地域密着型金融の機能強化などを要望、新銀行に対するガバナンスや地域の関与等については検査の実施や地元資本の参入などを要望した。

2-3. 新内閣への要望と国会議員との連携

　国では、首相が交代して安倍内閣に代わったが、金融庁の方針に変更はなかった。9月26日、第1次安倍内閣の発足に伴い、金融担当大臣には与謝野に代わり山本有二衆院議員が就任、同副大臣には地元選出の渡辺喜美衆院議員が就任した。山本金融相は、記者会見で、足銀の受け皿選定に関し、①金融機関としての持続可能性、②地域における金融仲介機能の発揮、③公的負担の極小化の3点を堅持すると強調した（下野 2006/09/27:5; 09/28:1, 5）。

　一方、県では、国政に関与する機会が増えたことから、国会議員との連携が必要となってきた。9月29日、福田富一知事が、県議会の一般質問で、足銀の受け皿選定に関し地元の要望を反映させるには、国会議員との連携強化が不可欠との指摘を受け、県関係国会議員、県議会、県の三者による懇談の場を設けると答えた（下野 2006/09/30:5）。10月4日、県議会の足利特別委員会では、足銀の受け皿に関する要望項目の実現を国に求める意見書がまとめられ、10月10日、本会議で可決された（下野 2006/10/05:5; 10/11:1）。10月11日、県は第3回足銀受皿問題対応本部会議を開催し、10月16日、福田富一知事らは、首相官邸や財務省、金融庁を訪れ、下村博文官房副長官、尾身幸次財務相、山本金融相らに、足銀の受け皿に関する要望活動を行った。要望活動には、知事のほか県議会や県経済団体の代表も参加し、県関係国会議員も同席した（下野 2006/10/17:1, 8）。

　こうした働きかけを受けてか、金融庁は、足銀の受け皿選定の基本的視点の一つである「公的負担の極小化」を「公的負担の適正化」に改め、金額の多寡に限らず総合的に評価できるよう検討を行う（下野 2006/10/19:1）。10月19日、金融庁では、足銀の受け皿選定に関する作業部会の第3回会合が開かれた。結局、山本金融相は、記者会見で、基本的視点自体に変更はないとしたが、譲渡金額以外の条件も評価する考えを示した（下野 2006/10/28:5）。また金融庁は、応募企業の経営に影響が出るような情報は非公開とする方針を示した。福田富一知事は、情報公開を求めつつも、初期段階での情報制限には一定の理解を示した（下野 2006/10/25:5）。

2-4. 受け皿の公募開始と地元説明の優先

　受け皿の応募が始まると、公募要領には地元の要望が盛り込まれており、金融庁の地元への配慮がうかがわれた。11月2日、山本金融相は、閣議後の会見で、足銀の受け皿の公募を開始すると発表した[62]。公募要領に関し、福田富一知事や県議会の関係者は、「地域における金融仲介機能の発揮」など地元の要望が盛り込まれていることを評価した。この日、金融庁の信用機構対応室長は、関東財務局宇都宮財務事務所に出向き地元で説明を行った。金融庁の幹部が在京より地元の報道機関向けの説明会を優先するのは異例のことであり、地元への配慮がうかがわれた（下野 2006/11/03:1, 7, 14）。受け皿候補は非公表とされたが、新聞報道では、横浜銀行などの地銀連合、栃木銀行と大和証券グループの連合、野村証券グループなどの名前があがっていた（下野 2006/10/28:1; 11/03:1; 11/04:1; 11/08:1; 11/09:5; 11/18:10）。11月6日、福田富一知事は、記者会見で、国や応募企業に守秘義務が課されることに理解を示しつつ、事業計画の内容確認など必要な情報提供を随時金融庁に求める考えを示した（下野 2006/11/07:5）。11月15日、県執行部は、県議会の足銀特別委員会で、公募要領に関し、「明確なコミットメント」という文言が盛り込まれたことは、地域における金融仲介機能の発揮が受け皿の公約になるとの考えを示した（下野 2006/11/16:5）。

　公募要領ではまた、足銀の企業価値の適正な評価をあげているが、この頃、足銀は順調に経営を改善していた。11月23日、足銀は、2006年度9月中間決算を発表し、債務超過額は3,602億円と破綻直後に比べて半減、不良債権残高は2,263億円にまで減った。足銀の池田頭取は、現状を「心臓破りの丘」に例えながらも計画達成に意気込みを表し、福田富一知事は、目標を上回る実績に再生が着実に進捗しているとし、山本金融相は、経営努力が実を結んでいると評価した（下野 2006/11/23:1, 10; 11/25:5）。

---

[62] 公募要領では、受け皿に求める基本的条件として、①金融機関としての持続可能性と質の高い経営管理の確保、②地域における金融仲介機能の発揮、③企業価値の適正な評価をあげ、また、受け皿候補には応募の事実などを公表しないことを求めた。

2-5. 第1次審査の開始と三者懇談会

　受け皿の応募状況に地元関係者は気を揉んだ。12月3日、山本金融相は、渡辺金融副大臣の後援会会合で、足銀の受け皿に関し、地銀連合が有力との見方を牽制したが（下野 2006/12/04:4）、一方で、12月8日、県選出の船田元衆議院議員は、後援会会合で、地銀連合の支持を表明した（下野 2006/12/09:5）。さまざまな憶測が飛び交う中、12月15日、受け皿の公募が締め切られた。12月19日、山本金融相は、閣議後の会見で、複数の応募があったことを認め、地元の納得を得ながらも市場原理に基づき選定する考えを示した（下野 2006/12/20:5）。こうした公募の動きと並んで、県内では、12月13日、県議会の足銀特別委員会で、受け皿移行を前に不良債権処理を急がないよう要望すべきとの要請を受け、12月20日、県は足銀に対し、中小企業の支援を堅持するよう要望を出していた（下野 2006/12/21:5）。

　一方、国会議員との連携強化のため、国会議員・県・県議会の三者懇談会が設けられた。12月25日、県関係国会議員と県議会代表、県執行部は、足銀の受け皿選定に関し、要望の実現に向け地元が一丸となるため、「三者懇談会」の第1回会合を開いた。会合では、国会議員からは、事業計画への要望に関し、行員の雇用継続や企業育成の取組み、行名の維持などを要望するよう県に注文が相次いだ。ただ、「オール栃木」をアピールしたものの、具体的な連携策への言及はなかった（下野 2006/12/26:1, 5）。福田富一知事は、翌日の記者会見で、金融庁作業部会での要望として、受け皿移行後の行員の雇用継続を検討する考えを示した（下野 2006/12/27:5）。

　県関係国会議員に関しては、受け皿選定に関わりそうな出来事が年末にあった。12月28日、事務所費問題で引責辞任にした大臣に代わり、渡辺金融副大臣が行政改革担当大臣に就任したのである。地元政界では、渡辺氏の大臣就任を歓迎する一方、受け皿選定が本格化する矢先の退任を残念がる声も聞かれた（下野 2006/12/29:1, 6）。

　2007年1月6日、山本金融相は、栃木県を訪れ、知事らとの懇談会で、足銀の受け皿選定に関し、外資を排除しないことを断りつつ、地元の意見を聞く機会を得たいと述べた（下野 2007/01/07:1）。1月9日、県は第4回足銀受皿問題対応本部会議を開催した。1月23日、福田富一知事は、記者会見で、

外資の応募があるとの報道にふれ、外資が支配的株主になることへの警戒感を表した（下野 2007/01/24:1）。

2-6. 事業計画書の項目と重点5項目の要望

　金融庁による足銀の受け皿選定作業は、第2段階に移ろうとしていた。1月24日、金融庁は、足銀の受け皿選定に関する作業部会の第4回会合を開き、事業計画書に盛り込むべき項目を検討した（下野 2007/01/25:1 参照）。

　この事業計画書に関して、県では外資への警戒などから重点5項目を要望することにした。1月25日、県議会の足銀特別委員会では、県執行部が、足銀の受け皿選定に関し、金融庁作業部会の次回ヒアリングで知事が説明する国への要望試案を示した[63]。

　1月30日、金融庁は、足銀の受け皿候補に対し事業計画を提出するよう求めた。応募者の中には第1次審査を通らなかった者もいた。また翌日、金融庁は、事業計画書に盛り込むべき項目を公表した[64]（下野 2007/01/31:1; 02/01:10）。

　2月2日、県産業再生委員会の地域金融再生部会が開かれ、金融庁作業部会による2回目のヒアリングで知事が説明する県の要望内容について審議を行った。部会では、資本構成の重要性を指摘し、地元資本の参入が必要との意見が出た（下野 2007/02/03:5）。

　2月5日、県関係国会議員と県議会代表、県執行部の第2回三者懇談会が開かれ、県の要望内容について意見交換を行った。懇談会では、国会議員からは、外資中心の受け皿に否定的な意見が相次いだ。県議会代表や知事から国会議員へは、要望の実現に向け地元の足並みをそろえるため、要望書への連名などの要望が出された（下野 2007/02/06:1, 5）。

---

[63] 要望試案では、重点項目として、①足銀の機能や資産・組織・人材等の引継ぎ、②地域密着型金融の機能強化、③中小企業の育成と企業再生、④地元資本の参入、⑤長期的・安定的経営の5つをあげた。このうち足銀の機能や人材の継承については、雇用継続を求める三者懇談会での意見を反映したものであり、長期的・安定的経営については、外資中心の受け皿や単独の受け皿を警戒する知事の意向をふまえたものである（下野 2007/01/26:1）。

[64] 事業計画書には、譲受けの枠組み、責任ある経営体制や適切な業務運営、財務の健全性向上、地域での金融仲介機能の発揮に関する方策などを盛り込むべきこととされた。

2月8日、県は第5回足銀受皿問題対応本部会議を開催し、福田富一知事は、金融庁作業部会の第5回会合に出席して、重点要望項目を説明した。会合には、有識者のほか山本金融相、五味金融庁長官らが出席、県側からは須藤揮一郎副知事と麻生利正出納長が同席した。福田富一知事は、重点5項目のうち特に地元資本の参入と安定的な経営の2点を強調し、地元資本が一定程度参入できるよう求め、また外資系主体の受け皿には懸念を表した（下野2007/02/09:5）。2月9日、山本金融相は、閣議後の会見で、地元からの2度目の要望について、事業計画書の審査にあたり参考にしたいと語った（下野2007/02/10:5）。2月14日、福田富一知事は、県関係国会議員の同席のもと、大村秀章金融副大臣とも会談し、足銀の受け皿選定に関する要望を行った（下野2007/02/15:5）。2月26日、県関係国会議員は、山本金融相に対し連名で要望書を提出した[65]。また要望の際には、外資中心の受け皿への懸念も伝えられたが（下野2007/02/27:5）、翌日、山本金融相は、閣議後の会見で、外資中心の受け皿への懸念に関し、内外無差別という原則論は徹底しており、外資そのものよりも短期的な投資のほうに地元の懸念があるとの見方を示した（下野2007/02/28:5）。3月7日、県議会の足銀特別委員会では、請願や陳情の審議が行われている。

3月30日、金融庁は、事業計画書の受付を締め切り、第1次審査を通過した全候補から計画書の提出を受けた。山本金融相は、閣議後の会見で、審査には相当な期間が必要との見通しを述べ、福田富一知事は、厳正な審査を求める談話を出した（下野2007/03/31:1）。

2-7. 第2次審査の開始と情報開示の要望

選定段階が進むにつれ、選定作業がなかなか見えないことに地元では不安が募り始める。4月10日、県は第6回県足銀受皿問題対応本部を開催し、足銀の受け皿選定に関し、第2次審査で県の要望に沿って候補の絞込みがなされるよう、県・県議会・県民会議が一体となって要望活動を行うことを決

---

[65] 要望書は、①長期的・安定的経営、②地域密着型経営、③足銀との連続性、④新規ビジネスモデルの重視を求め、要望書には、閣僚の渡辺行革相を除いた自公民3党の議員が与野党の垣根を超えて名を連ねた。

めた（下野 2007/04/11:1）。第2次審査に地元の関心が集まる中、金融庁の幹部は、新聞の取材に対し、第2次審査に要する期間や絞り込む候補者数については明言を避けている（下野 2007/04/13:1, 14）。

　4月16日、県内では、第5回県緊急経済活性化県民会議が開かれ、足銀の受け皿選定に関し、県・県議会・県民会議の連名で関係閣僚らに要望することを確認した。要望案では、過去2回にわたり具体的な要望を行ってきたため、今回は抽象的な要望にとどめていたが、会議の出席者からは、具体的な項目を盛り込むべきとか、いっそうの情報開示を求めるべきといった意見が出された（下野 2007/04/17:5）。4月23日、福田富一知事は、県・県議会・県民会議の連名の要望書を、山本金融相、下村官房副長官、尾身財務相に提出した。要望活動には、県議会や県経済団体の代表も参加し、県関係国会議員も同行した。要望では、県民会議での意見をふまえ、重点5項目を再掲したほか、さらなる情報開示を求めていたが、山本金融相は、受け皿候補の情報開示には難色を示し、翌日の会見でも、情報非開示の理由を知事らに説明して理解を得たとの認識を示した（下野 2007/04/24:3; 04/25:5）。

　5月17日、県議会では臨時会が開かれ、福田富一知事は、足銀の受け皿問題への対応にオール栃木体制で臨むと所信を述べ、また足銀特別委員会は、6月定例会を待たずに、5月下旬の会合で、足銀に決算の説明を求めることを決めた（下野 2007/05/18:5）。5月18日、衆議院の総務委員会では、福田昭夫議員が、大村金融副大臣に対し、足銀の経営計画の進捗状況や受け皿候補を公表しない理由をたずねている（下野 2007/05/19:5）。

　一方、5月21日、足銀は、経営計画の最終年となる2007年3月期決算を発表した。債務超過額は3,048億円と国有化直後の半分以下まで圧縮、不良債権残高は1,829億円へと減少した。足銀の池田頭取は、予定数値を上回り、受け皿への譲渡に自信をのぞかせた（下野 2007/05/22:1）。山本金融相も、翌日の閣議後の会見で、目標を上回る実績を評価した（下野 2007/05/23:12）。

　5月25日、福田富一知事は、県内経済団体の会合で、足銀の受け皿選定に関し、資金力を理由に利益追求の外資系が中心となった受け皿を選定することのないよう、改めて国に要望する考えを示していた（下野 2007/05/26:5）。5月29日、県は第7回足銀受皿問題対応本部会議を開催した。5月30日、

県議会の足銀特別委員会では、足銀の幹部を招き、決算の説明を受けた（下野 2007/05/31:5）。6月4日、県関係国会議員、県議会代表、県執行部の第3回三者懇談会が開かれ、国会議員に対しては、金融庁に再度の要望活動を求める提案があり、国会議員からは、県に積極的な情報収集を求める注文が付いた（下野 2007/06/05:5）。情報収集を求めた背景には、金融庁の選定作業が遅れているとの憶測が出たからである。足銀の池田頭取も、受け皿候補が多いことから、受け皿決定の時期がずれ込むとの見方を示した（下野 2007/06/07:11）。

2-8. 事業計画書の審査と計画担保の要望

　事業計画書が県の要望に沿っていたとしても、実際に実行されなければ意味がない。6月13日、福田富一知事は、県議会本会議で、県の要望に沿った事業計画が受け皿移行後も確実に実行されるよう、条件設定と指導監督の必要性に言及した（下野 2007/06/14:1）。

　6月21日、県議会の足銀特別委員会では、県信用保証協会から、県内中小企業への信用保証状況の説明を受けた。同協会は、代位弁済額の減少などから足銀破綻の影響は長引かなかったと分析している（下野 2007/06/22:12）。

　7月10日、福田富一知事は、定例記者会見で、足銀の受け皿選定作業に関し、最終局面はそう遠くないとの認識を示したうえで、国に再度の要望を行う必要があると述べた（下野 2007/07/11:5）。7月20日、福田富一知事と県議会議長は、金融庁を訪れ、新任の佐藤隆文金融庁長官らに、足銀の受け皿選定に関し地元の要望に配慮するよう改めて要請し、佐藤長官は、知事の意向に理解を示しつつ、慎重に時間をかけて審査を行っていると説明した（下野 2007/07/21:5）。

　8月6日、県では、第10回県産業再生委員会が開かれ、県は、受け皿移行後も国に監視機能を確保することなどを求める要望項目を例示した[66]。委員会では、地元資本の参入への配慮を要望に入れるよう意見が出たため、要

---

[66] 要望例では、①地域密着型金融が担保される受け皿の選定、②事業計画書の履行を担保するための監視機能の確保と契約での条件設定、③支障のない範囲での事業計画の開示が示された。県は、監視機能として国の株式の一時保有、契約条件として株式上場前の株式譲渡制限を例に挙げた。

望項目への追加を検討することになった（下野 2007/08/07:5）。

2-9. 渡辺金融相の就任と長引く作業

　金融庁主導で進められる選定作業に手を出しあぐねる地元に朗報が舞い込んだ。8月27日、国では安倍改造内閣が発足し、地元選出の渡辺行革相が、金融担当大臣を兼務することになったのである。渡辺金融相は、新聞の取材に対し、国務大臣は地元利益を代表する立場ではないと答えたが、足銀の受け皿選定が大詰めを迎える中、福田富一知事は、県の要望実現に大きな力となると述べるなど、県内政財界では、地域事情を知る大臣の就任に期待が高まった（下野 2007/08/28:1, 3, 4）。8月31日、福田富一知事と県議会議長は、さっそく金融庁を訪れたが、面会に応じた渡辺金融相は、立場をわきまえてか、受け皿選定には慎重に対応すると答えた（下野 2007/09/01:5）。

　9月3日、県議会の足銀特別委員会が開かれ、県執行部は、受け皿選定の第3段階で示す要望案を提示した。要望案には、従来の要望内容や県産業再生委員会での意見をふまえ、受け皿と県が協議する場の設置や、受け皿が事業計画を履行しない場合の契約解除などを盛り込んだ（下野 2007/09/04:5）。

　9月5日、森山眞弓衆院議員らは、渡辺金融相を訪ね、県関係国会議員全員の連名で要望書を手渡した。要望書は、2月に山本前金融相に提出したものと同じ内容だったが、明らかに渡辺金融相の就任に期待を寄せていた（下野 2007/09/07:5）。

　足銀の受け皿選定開始から1年が経過した。当初の予定は最終決定までおおむね1年としていたが、金融庁は、慎重に審査を進めていた。9月11日、県は第8回足銀受皿問題対応本部会議を開催した。福田富一知事は、定例記者会見で、多少の遅れがあっても慎重な審査を望むと述べ、第3段階でも時間を要するのではないかとの見通しを示した（下野 2007/09/12:5）。

　ところが翌日、こうした見通しを危うくする出来事が起こる。9月12日、安倍首相が突然の辞任を表明したのである。組閣を終えて臨時国会が始まったばかりというタイミングでの辞意に、県内政界には戸惑いが広がり、県内経済界からも驚きの声が上がった。慎重な審査に加えて不透明な政治情勢から、県内関係者の間では、受け皿決定は年末以降にずれ込むとの見方が広が

った（下野 2007/09/13:5, 14; 09/16:1）。

2-10. 第3次審査の開始と地元出資問題の調整

　そして受け皿選定作業はいよいよ最終段階を迎える。最終的な受け皿候補に残ったのは地銀連合と野村グループである。第2次審査に続く最終選考では、足銀の企業価値を適正に評価したうえで、株式買取り額や経営陣などで競い合うことになる。9月21日、渡辺金融相は、記者会見で、最終決定を行う第3段階に移行すると発表した。候補者名は公表されなかったが、新聞報道によると、横浜銀行を中心とする地銀連合と、野村証券系の投資グループの2陣営に絞り込まれた。栃木銀行・大和証券のグループとみずほ証券系ファンドのグループは落選し、地元が再三懸念を表明してきた外資系中心の3グループも残らなかった。同日、金融庁は、通過した候補に対し、譲受け条件と事業計画書を提出するよう求めた[67]。県内関係者は、外資系グループの落選を地元要望の反映と好意的に受け止めたが、地元候補の栃木銀行・大和証券グループが外れたことには発言を控えた（下野 2007/09/21:1; 09/22:1, 2, 5）。9月22日、渡辺金融相は、自民党県連の役員会で、地元の利益は自分たちで守るよう、地元に奮起を促した（下野 2007/09/23:4）。

　安倍内閣での最後の定例会見で、仕掛かり中の仕事に未練を語っていた渡辺金融相だったが、9月25日、安倍内閣に代わり福田康夫内閣が発足し、渡辺金融相は再任されることになった（下野 2007/09/26:3）。同日、福田富一知事は、県議会の本会議で、足銀の受け皿選定に関し、公的負担の極小化を重視した審査への不安などを指摘し、譲受け額だけで受け皿を決めないことなど、新内閣発足後早期に要望を行う意向を示した（下野 2007/09/26:5）。

　受け皿選定が最終段階に入り、県としてもそれまで先送りされてきた地元出資問題について判断が迫られた。10月2日、県議会の足銀特別委員会では、足銀の受け皿選定に関し、最終段階での要望事項について議論を行った。委員会では、地元資本の参入に関し県に積極的な取組みを求める声が相次ぎ、

---

[67] 譲受け条件では、譲受け額や資本増強額、資金の調達方法や調達先など、また事業計画書には、経営陣などを盛り込むことが求められている。

また決議を通じて県議会としての考えを示すことにした。県執行部は、県の関与には難色を示し経済団体の協力に期待を寄せたが、委員からは、出資方法など具体的な要望を示さない県執行部の姿勢に不満が出た（下野2007/10/03:5）。10月10日、県は第9回足銀受皿問題対応本部会議を開催し、福田富一知事は、定例記者会見で、足銀の受け皿への地元資本の参入に関し、地元資本比率が高いほど適切だとしつつ、多くの県民が安定株主として参画することが重要だと述べた。また、受け皿の資本政策が明らかにならなければ具体的な対応は難しいと、従来どおりの説明を繰り返した（下野2007/10/11:5）。

　県は、①地元資本の参入、②受け皿決定後の事業計画等の開示、③国等の監視機能の確保の3項目を国に要望する方針を固めると（下野2007/10/13:1）、10月15日、第6回県緊急経済活性化県民会議が開かれ、上記3項目を国に要望することを決めた。会議では、地元資本の参入について意見が集中した。県議会からは、県や経済団体に出資の旗振り役を期待する声が出ていたが、県関係国会議員は慎重論を唱え、経済団体は個々の企業で判断すべき問題だと述べた。県議会代表から、経済界と率直に意見交換する場を設定したいとの提案が出されると、県執行部も協議に参加することになり、詳細は県民会議の会長である知事に一任されることになった（下野2007/10/16:1, 10）。

　10月19日、福田富一知事らは、金融庁の渡辺金融相を訪ね、最終段階を迎えた足銀の受け皿選定に関し、地元資本の参入に配慮した受け皿選定など3項目の要望書を手渡した。要望書は、県と県議会、県緊急経済活性化県民会議の連名であり、県議会議長や県経済団体代表者、県関係国会議員らも同行した。渡辺金融相は、最終選考では国民負担の極小化がより具体性を帯びると述べ、2陣営が示す足銀の買収額が判断の際に重視されることを示唆した（下野2007/10/20:1）。

　この頃、国会では、衆議院議員となった福田昭夫と金融相となった渡辺喜美の間で遺恨試合が繰り広げられている。10月24日、衆議院の財務金融委員会では、福田昭夫議員が、足銀の破綻処理に関し、渡辺金融相に対し質問を行った。福田議員は、金融庁は担保の評価方法を変えて無理やり債務超過にした、一号措置にしていれば足銀は自力で再建できたと主張したが、渡辺

金融相は、金融検査マニュアルの定めるとおりに評価し、債務超過となった足銀には一号措置は適用できなかったと、従来の政府見解を繰り返した。また、福田議員は、渡辺金融相が足銀の破綻直後に盛んに提唱していた県民銀行構想を批判したが、渡辺金融相は非常時対応プランだったと理解を求めた（下野 2007/10/25:7; 11/02:6）。

10月31日、福田富一知事らは、首相官邸と財務省を訪れ、福田康夫首相や額賀福志郎財務相らに、先の渡辺金融相の時と同様に、要望書を提出した（下野 2007/11/01:5）。

11月5日、県、県議会、県内経済5団体の代表者は、県民会議での提案に基づき、非公式に会合を設けた。会合では、焦点となった地元資本の参入について率直に意見交換を行ったが、公式の協議は、受け皿の事業計画書の内容が判明した段階で行うこととした（下野 2007/11/06:5）。

2-11. 買収価格の交渉、地元出資の先導不在

国は、最終的な受け皿候補との間で買収価格を交渉する。11月22日、足銀の受け皿候補として最終選考に残った地銀連合と野村グループは、金融庁に譲受条件等を提出した[68]。渡辺金融相は、厳正かつ公正に審査を行うと述べ、福田富一知事は、地元要望の考慮を強く期待し、審査の行方を見守ると話した。地銀連合は、買収総額を3,100億円とする方向で最終調整に入り、このうち地元出資枠として100億円を設けたと報じられており、買収規模が3,000億円を超える争奪戦になると見込まれたが、野村グループは、買収総額に地銀連合を下回る2,900億円を提示したと報じられた。投資回収利益を考慮して買収額を圧縮したものとみられた（下野 2007/11/17:1; 11/18:1; 11/21:1; 11/23:1, 5; 11/29:1）。

こうして受け皿候補がそれぞれ足銀の値踏みをする中、11月26日、足銀は、2007年9月中間決算を発表した。受け皿譲渡時に公的資金で穴埋めされる

---

68 地銀連合は、横浜・千葉・常陽・東邦・群馬・八十二・山梨中央・静岡の地方銀行8行に、日興シティグループ証券が協力し、地域金融に明るい。他方、野村グループは、野村証券系投資会社の野村プリンシパル・ファイナンスと、国内投資ファンドのネクスト・キャピタル・パートナーズ（ネクスト）を中核とし、投資や事業再生を得意とする。

債務超過額は2,900億円まで減り、公的負担額はさらに圧縮された。足銀の池田頭取は、脇を固めた決算と自ら評し、福田富一知事も、着実な再生の取組みを称えた。渡辺金融相も、順調に推移しているとの認識を示した（下野2007/11/27:1, 10; 11/28:5）。11月29日、県議会の足銀特別委員会では、足銀の受け皿との協議にあたり、オール栃木をアピールするねらいから、地元側の窓口を県緊急経済活性化県民会議に一本化するとの方針を確認した。委員会では、両陣営が提示した買収額が低いことへの不満も出たが、中間決算の説明のため出席していた足銀の幹部は感想を避けた（下野2007/11/30:1）。

12月10日、福田富一知事は、県議会の代表質問で、足銀の受け皿決定後の対応について、受け皿と直接協議できるよう要請するとの考えを示した。自民党系の議員からは、地元資本の参入について、基金を準備すべきとの提案も出たが（下野2007/12/11:16）、須藤副知事は、翌日の一般質問で、県が出資の旗振り役となることをあらためて否定した（下野2007/12/12:10）。

一方、金融庁は、両陣営が示した買収総額などの譲受け条件について慎重に審査を進め[69]、公的負担を最小化すべく、各陣営と金額交渉に入った。12月21日、渡辺金融相は、閣議後の会見で、足銀の譲渡先決定の時期は年内にこだわらない考えを示した（下野2007/12/21:1; 12/22:5）。

2008年1月10日、県経済同友会の板橋敏雄筆頭代表幹事は、年頭の記者会見で、足銀の受け皿への地元資本の参入について、経済団体が新銀行を掣肘するのは良くないと述べ、経済団体が出資の旗振り役となることに否定的な見解を示した（下野2008/01/11:10）。このように地元出資問題に関しては、行政も経済界も出資の旗振り役となることを拒んだ。

1月13日、渡辺金融相は、新聞の取材に対し、受け皿候補との交渉に時間がかかるため、足銀の受け皿決定が翌月以降になるとの見通しを明らかにした（下野2008/01/14:1）。2月2日、船田衆院議員も、後援会の会合で、新銀行の発足が年度当初に間に合わないという金融庁長官の話を伝えた（下野2008/02/03:4）。2月12日、福田富一知事は、定例記者会見で、新銀行の発

---

[69] 買収総額は、政府が保有する足銀株の買取り額と経営安定のための資本増強額の合計だが、このうち株式買取り額は債務超過の穴埋めに回るため、株式買取り額が高いほど公的負担は軽減されることになる。

足が遅れても県内経済への影響はないとの考えを示した（下野 2008/02/13:5）。
2月19日、渡辺金融相は、閣議後の記者会見で、受け皿決定の遅れについて、国民負担を極小化する観点から、受け皿候補と契約交渉していると述べた。同日、麻生副知事らは、足銀の池田頭取を訪ね、県民生活や地域経済に配慮した業務運営の継続を要望し、移行期でも不良債権処理を急がないよう求めている（下野 2008/02/20:1, 5）。

3. 受け皿選定後の経緯

3-1. 受け皿の決定と地元関係者の安堵

　足銀の経営破綻から4年半近くが経ち、ついに受け皿が決まる。3月14日、金融庁は、足銀を野村グループに譲渡すると発表した。同日昼、福田富一知事は、渡辺金融相から携帯電話に連絡を受けた。麻生副知事も、金融庁から呼び出しを受け、金融庁幹部から詳しい説明を受けた。同日午後、県庁を訪れた足銀の池田頭取は、知事や県議会議長らと相次ぎ会談した。そして夕方、臨時の知事記者会見が開かれ、福田富一知事は、地元が懸念した外資主体の受け皿ではなく、国内資本を中心に株式譲渡方式で単独再生が確保されており、県産業再生委員会の答申とも合致し、知事ヒアリングなどでの要望を配慮したものと高く評価した。一方で、地元として新銀行の経営姿勢に懸念があれば、野村グループや国に協議を申し入れる考えも明らかにした。県議会の石坂真一議長は、新生足銀に地域経済の牽引役を期待し、渡辺特別委員長は、今後も監視が必要と語った。それまで地銀連合が有力視されていたため、野村グループという決定を意外に受け止めた議会関係者も少なくなかった。同日夜、渡辺金融相は、参議院予算委員会後の会見で、足銀株の譲受金額が決め手になったことを明かした[70]。

　野村グループは、決定を受け、受け皿となる銀行持株会社を設立して資金

---

[70] 新聞報道によると、野村グループによる買収総額は、株式の譲受けに1,200億円、資本の増強に1,600億円、合計2,800億円だった。野村グループは、買収総額ではライバルの地銀連合の提示額3,100億円を下回ったが、株式譲受額を交渉過程で1,200億円に上積みし、地銀連合の提示額を上回ったとみられる。預金保険機構は、足銀株の譲渡時に、足銀の債務超過額から野村グループへの株式譲渡額を差し引いた分を穴埋めするが、金融庁は、穴埋め分は預金保険料から賄える見通しで、税金の投入で国民負担が生じる可能性は低いとした。

を調達する。足銀は、7月をめどに特別危機管理を終了し新銀行に移行する。移行後の頭取には元商工中金理事の藤沢智氏が就任する予定で、足銀の名称や行員は移行後も引き継がれることになった。藤沢氏は商工中金理事として北関東や東北を担当し、中小企業金融や地域経済に明るいと目された。渡辺金融相は、受け皿決定に当たり、地元から要望のあった職員の継続雇用などを含め総合的に判断したと答えている（下野 2008/03/14: 号外 1; 03/15:1, 3, 5, 7, 16）。

翌3月15日、足銀の池田頭取は、新聞の取材に対し、受け皿決定に安堵の心境を語り、野村グループのベンチャー企業育成に期待を寄せた。両陣営からの続投要請を断った経緯を明らかにし、新銀行には体質改善を続け、小口金融を忘れないよう要望した。また地元出資枠は歓迎するが、割当てや県の出資には反対との持論を述べた（下野 2008/03/16:1, 4）。

3-2. 野村グループと地元の協議

受け皿決定を受け、県はさっそく野村グループとの協議を模索する。3月17日、福田富一知事と県議会議長は、金融庁を訪れ、渡辺金融相と懇談した。渡辺金融相は、在任中の受け皿決定に安堵し、県には新銀行の経営陣と協議の場をもち支援するよう注文した。同日、県議会の足銀特別委員会では、県執行部から野村グループの事業計画書の説明がなされた。議員からは事業計画の詳細をたずねる質問が出たが、須藤副知事は、近く野村グループの責任者と会って説明を受けると答えた。委員会では、受け皿移行に向け、県には受け皿との協議の場を設けるよう、足銀には取引先企業の経営改善を進めるよう、受け皿には具体的な事業計画を明らかにするよう、それぞれ提言する報告書案が承認された（下野 2008/03/18:1, 5）。3月19日、県議会の議会運営委員会では、足銀の受け皿移行に関する意見書を提案することを決めた。意見書では、地域の中核的金融機関の継承、取引先企業の慎重な資産査定、受け皿と県等の早期の意見交換などを求めている（下野 2008/03/20:5）。同日、野村グループの投資会社、野村フィナンシャル・パートナーズ（野村FP）の永松昌一社長は、県庁を訪れ、福田富一知事ら県執行部、石坂真一議長ら県議会代表を表敬訪問し、会談では早急に担当者を決め協議の場をもつこと

を確認した（下野 2008/03/20:5）。3月24日、県執行部、県議会、県内経済5団体の代表者が県議会で会合を開き、野村グループが受け入れを表明した地元出資について対応を協議した（下野 2008/03/25:5）。3月25日、福田富一知事は、定例記者会見で、野村グループとの具体的な協議は次年度からとの見通しを示した。また前日の会合では、具体的な対応は野村グループの考え方を聞いてからということになり、経済団体の考え方をまとめてもらうよう県から要請したと述べた（下野 2008/03/26:5）。新年度になり、4月9日、野村グループと県の間で初めての意見交換が行われた。野村グループの担当者が県庁を訪れ、福田富一知事ら県執行部に事業計画書の概要を説明した。県は、地元資本の受入れについて質問したが、野村グループは、今後地元と相談していきたいと答えた（下野 2008/04/10:5）。

3-3. 足利HDの設立と県民向けの説明

野村グループは、持株会社を設立するにあたり地域密着型金融の推進を表明するなど、地元の不安の払拭に努めている。

4月11日、野村グループは、足銀株を保有する預金保険機構と株式売買契約を結んだ[71]。野村FPの永松社長は、記者会見で、新銀行の経営方針は現経営陣と変わらないことを強調、付加価値の高いサービスには意欲を示し、年度後半には詳細な中期経営計画を発表する意向を明らかにした。福田富一知事は、地域密着型金融の路線を継続することを期待するとの談話を出した。同日夕方、足利HDの藤沢智社長は、県庁を表敬訪問し、福田富一知事や副知事らと会談した。福田富一知事は、藤沢社長に、県民の不安を払拭するメッセージの発信を求めた（下野 2008/04/11:1；04/12:1, 12）。

野村グループは、事業計画書で50～100億円の地元出資枠を設けた。県は、野村グループと協議を始めるにあたり、経済団体に意見集約を求めていたが、地元経済界の意見は分かれていた。県経済同友会の板橋筆頭代表幹事は、新聞の取材に対し、地元企業が独自の判断で出資すべきとし、経済団体に旗振

---

71 契約を締結したのは、預金保険機構、野村グループ、足利ホールディングス（足利HD）、足銀の四者である。野村グループは、銀行持ち株会社として足利HDを設立しており、足利HDは、預金保険機構から足銀株を譲り受け、足銀を子会社化する。

り役はできないと語った。一方、県産業再生委員会地域金融再生部会の須賀英之部会長は、地元経済団体が出資に協力する姿勢を示すべきと答えている（下野 2008/04/16：10）。

4月21日、衆議院の決算委員会では、福田昭夫議員が、渡辺金融相に対し、足銀の受け皿が野村グループに決定した経緯を問いただした。渡辺金融相は、野村グループを支持する大臣の意向が働いたとする報道について、事実無根と反論した。また県の出資については、かつては県民銀行構想を提案したが、当時の福田昭夫知事に拒否されたと答弁した（下野 2008/04/22：5）。

4月22日、福田富一知事は、定例記者会見で、地元出資枠に関し、野村グループとの具体的な協議はまだ先になるとの見方を示し、適切に対応していきたいと答えた（下野 2008/04/23：10）。県議会では、昨年度までの足銀特別委員会に代わり、足銀問題等地域活性化対策特別委員会（足銀等特別委員会）が設置され、委員長には引き続き渡辺渡議員が就任した。4月24日、同委員会が開かれ、新銀行移行期における県内金融情勢の調査と地域経済の活性化対策が重点テーマに設定された（下野 2008/04/25：5）。

5月13日、福田富一知事は、定例記者会見で、野村グループに求めている県民向けの説明に期待感を示した（下野 2008/05/14：5）。5月16日、金融庁は、野村グループが設立した銀行持株会社の足利HDを認可した。渡辺金融相は、地域経済への貢献を期待し、足利HDの藤沢社長は、地域密着型金融の推進に決意を述べた。足利HDの経営陣には、地元からは足銀社外取締役で宇都宮商工会議所会頭の簗郁夫氏らが社外取締役に就任することになった（下野 2008/05/17：1, 13；05/21：10）。

5月20日、足銀は、2008年3月期決算を発表した。債務超過額は2,637億円となり、実質業務純益は減益となったが計画を上回った。野村FPの永松社長は、福田富一知事との会談後、記者会見を行い、足銀を全力で支援すると誓い、知事が求める県民へのメッセージ発信に応えた。永松社長は、国有化最後となる同行の決算発表を受け、引継ぎ作業を本格化させるとした。証券系の地銀に対する地元の警戒感には心配ないと答え、地元財界人を引き続き社外取締役に起用し、地元の意見を反映させる意向を述べた（下野 2008/05/21：1, 10）。

3-4. 野村グループと県の勉強会と地元出資の課題

　地元出資問題についても、具体的な検討が進められたが、課題も明らかになってきた。

　5月21日、足利HDと足銀は、預金保険機構に対し、新銀行移行時に債務超過額を穴埋めする金銭贈与の申請を行い、また不良債権の買取り申請も行った（下野2008/05/22:1）。6月6日、預金保険機構は、運営委員会を開き、足利HDと足銀が申請した債務超過額の穴埋めとして、申請どおり2,603億円の金銭贈与を決定した。資金援助に要する費用は預金保険料で賄われ、納税者の負担は生じないことになった。また同機構は、整理回収機構を通じた足銀の不良債権の買取りも決め、過去の買取りを含めると計2,800件、簿価5,922億円の不良債権を999億円で買い取ることになった（下野2008/06/07:1;06/17:12）。

　一方、6月4日、福田富一知事は、県議会の代表・一般質問で、新生足銀への地元出資に関し、野村グループが提案した勉強会で検討を重ね、最終的には県緊急経済活性化県民会議で地元の考えをまとめたいと答えた。6月6日、野村グループと県執行部は、新生足銀の地元出資問題で、実務レベルの勉強会を初めて開き、増資に関わる法令等について意見交換を行った（下野2008/06/05:5; 06/07:11）。

　6月10日、衆議院の総務委員会では、福田昭夫議員が、足銀の受け皿決定の経緯に関し、投資会社に銀行経営を任せることに疑問を呈し、また野村グループと地銀連合の買収条件の違いを情報公開すべきと唱えたが、山本明彦金融副大臣は、経営方針や経営陣が引き継がれることを強調し、金融庁幹部も、特定の候補を選ぶよう圧力を受けたことはないと答えている（下野2008/06/11:5）。

　6月11日、県議会の足銀等特別委員会では、野村FPの永松社長が参考人として出席した。永松社長は、足利HDへの出資状況などを説明し、地元出資に関しては、毀損株主への対応に苦慮していると語った。野村グループは、足銀の買収資金2,900億円を、足利HDの普通株1,350億円と、劣後ローンや優先株等1,550億円で調達する。普通株は、野村FPとネクストが過半を保有し、残りを生損保や銀行といった機関投資家などから調達し、地元

出資枠も設けている。地元出資の方法には、公募や第三者割当などがあるが、未公開株を公募で行うのは難しく、第三者割当では割当てかたが問題となる。加えて、足銀の破綻で損失を被った旧株主に配慮するとなると、問題はさらに複雑になるからである（下野 2008/06/12:5; 06/14:5）。地元出資以外では、他の地方銀行からも出資を募ったが、受け皿を争った地銀連合からの出資は千葉銀行だけにとどまった。野村グループの出資比率が高まり、野村色が強まることになった（下野 2008/06/19:1; 06/28:1）。

3-5. 新生足銀の始動と新中期計画への注目

　予想外に長期に及んだ国有化は終了し、新生足銀が始動すると、地元の注目は新生足銀が示す新中期計画に集まった。6月30日、預金保険機構は、足銀に債務超過相当額2,603億円を金銭贈与し、足銀の債務超過は解消された[72]。足銀の池田頭取は、記者会見で、役職員をねぎらいながら4年7か月にわたる再建をふり返った。こうして同日、足銀は国有化を終了した（下野 2008/07/01:1, 4, 10）。

　7月1日、預金保険機構は、足利HDに足銀株を1,200億円で譲渡し、足利HDは、足銀を完全子会社するとともに、1,600億円の資本増強を行った。同日午後、足利HDと足銀の株主総会が開かれ、池田頭取が退任し、藤沢氏が足利HD社長と足銀頭取に就任した。夕方、藤沢頭取は、足銀本店で記者会見を行い、地域金融は地域経済と運命共同体と述べ、地域密着型金融への抱負を語った。一方、池田前頭取は、福田富一知事らへの挨拶回りを終えると、足銀創業の地、足利市を訪れ、足利商工会議所の会頭から感謝状が贈られた。同日、渡辺金融相は、閣議後の会見で、最先端のビジネスモデルを発揮してほしいと新銀行に期待を寄せた（下野 2008/07/02:1, 2, 3, 5, 7, 10）。7月7日、県関係国会議員と県議会代表、県執行部の三者懇談会が開かれ、国会議員からは新銀行への期待と不安の声が上がったが、福田富一知事は新銀行が策定する新中期計画に注目する考えを示した（下野 2008/07/08:5）。

---

[72] 金銭贈与費用から株式売却代金等を引いた差額1,452億円は、預金保険機構が預金保険料から賄うことになるが、仮に足銀を廃業させた場合に預金保護のために支払うペイオフコスト6,206億円に比べれば大幅に圧縮されたことになる。

野村グループの各投資者も、新聞の取材に対し今後の見通しや方針を語った。ネクストの立石寿雄社長は、ファンドの組成期間6年以内に全株式を売却する方針を示し、ジャフコの木下秀一執行役員は、要請があればベンチャー企業支援のノウハウ提供に応じると述べた。野村FPの永松社長は、相乗効果などを総合判断した投資であることを明らかにした（下野 2008/07/26:10; 07/29:10; 07/30:16）。足銀の藤沢頭取は、新聞の取材に対し、収益力を上げるため収入源の多様化と業務の拡大が不可欠との認識を示し、また、地元経済界の会合では、商社機能を備えたシンクタンクを設置したいとの意向を明らかにした（下野 2008/07/31:1, 11）。その後、足銀は、取締役会で、シンクタンク準備室の設置やIT戦略推進室の新設を柱とする機構改革を実施することを決めている（下野 2008/09/26:5）。

　8月27日、足銀は、2008年6月末の臨時決算を発表し、国有化期間の最終的な債務超過額は2,565億円となった。公的負担額の確定に伴い、足銀は、金銭贈与との差額38億円を返還することになり、9月17日、預金保険機構は、運営委員会で、足銀への金銭贈与の減額を決定した（下野 2008/08/28:5; 09/18:10）。

3-6. 経済情勢の悪化と地元出資の見送り

　新生足銀は順調に動き始めたかに思えたが、その矢先の2008年9月、米国投資銀行の経営破綻を引き金とする世界的な金融危機、いわゆるリーマン・ショックが起こる。11月25日、足銀は、2008年9月中間決算を発表した。世界的な金融危機に伴う景気悪化で不良債権処理費用が増え、国有化以降の堅実路線のおかげで大きな痛手はなかったものの、経常利益は半減した。足銀の藤沢頭取は、記者会見で、野村グループが策定した事業計画の達成は難しいと答え、中期経営計画で下方修正する考えを示した。また、足利HDの自己資本比率が低下したため、主要株主の野村FPと資本増強の協議に入ったことを明らかにした（下野 2008/11/26:1, 12）。

　11月26日、福田富一知事は、定例記者会見で、足銀の地元出資について、経済環境の悪化から客観情勢は厳しいとの見方を示した（下野 2008/11/27:13）。11月27日、県議会の足銀等特別委員会では、県執行部が、野村グ

ープとの勉強会で検討してきた地元出資の形態について説明した[73]。県内経済界からは、当初「私募」が現実的との声も上がっていたが（下野2008/11/28:1)、50人未満に割り当てる私募で50～100億円の地元出資枠を埋めるとなると、1人1億円以上を出資しなければならない。経済情勢の悪化から、野村グループと県内経済5団体は、非公式の協議で、年度内の地元出資を見送ることで合意した。2009年1月5日、福田富一知事は、記者会見で、新たな事業計画に地元出資を盛り込んでもらい、引き続き取り組む姿勢を示した。1月16日、野村FPの永松社長らは、県内経済代表や県議会議長、県知事らに、地元出資の年度内見送りを正式に提案した（下野2009/01/06:6; 01/15:5)。

　1月28日、県議会の足銀等特別委員会は、引き続き足銀の事業計画の履行状況を注視するよう県に提言する報告書をまとめ、足銀の破綻直後から続いてきた足銀関連の特別委員会は、当年度で活動を終えることになった（下野2009/01/29:5)。

3-7.　中期経営計画と地域貢献

　足銀は、野村グループが策定した事業計画に代わる、新たな中期経営計画を策定した。2月18日、福田富一知事は、定例記者会見で、足銀の中期経営計画に関連し、貸し剥しや貸し渋りがないよう中小企業への支援を求めた（下野2009/02/19:5)。2月25日、足銀は、中期経営計画を発表した。計画では、貸出金や投資信託の大幅増加を見込んだ当初の事業計画を下方修正し、預金など個人金融資産の増加による収益力の強化を打ち出した。栃木県をマザーマーケットと位置づけ基盤を固めるとともに、地元出資に関しては、引き続き協議することが盛り込まれた（下野2009/03/05:10; 03/06:10)。また計画には、地域経済への発展に貢献することがうたわれ、3月24日には、足銀の

---

[73] 出資形態は公募・募集・私募に分けられるが、不特定から募集する「公募」は、幅広い投資家から多額の資金を調達できるが、有価証券届出書等の作成が必要となる。対照的に、少数の投資家に割り当てる「私募」は、コストや時間の制約は少ないが、対象を限定するため手続に透明性と客観性が求められる。多数の投資家に割り当てる「募集」は、地域の利害関係者を中心に勧誘できるが、公募と同様の手続を要し、私募と同様に透明性や客観性も求められる。

藤沢頭取が宇都宮商工会議所の副会頭に就任し（下野 2009/03/25:10）、4月4日には、あしぎん総合研究所を設立した（下野 2009/04/08:10）。福田富一知事は、定例記者会見で、こうした一連の取組みを評価した（下野 2009/06/24:9）。

3-8. 地元出資の中止と地域連携の代替案

6月26日、野村グループと県内経済5団体は、5か月ぶりに会合を開き、地元出資への対応を協議した。野村グループは地元出資枠を設けたものの出資方法に妙案がない。地元企業も不況で出資に応じる余裕がない。こうした膠着状況で、新聞報道によれば、野村グループは、上場時の公募の際に県内での勧誘に力を入れて地元株主を多くする工夫を提案したという。福田富一知事も、記者会見で、地元出資に応じるには厳しい経済環境だという経済団体の意見に理解を示し、県議会の代表質問では、具体的な提案を受けて県産業再生委員会などで結論を出していく考えを示した（下野 2009/06/19:1; 07/02:10; 09/03:1; 09/09:1; 09/26:10）。10月14日、野村FPの永松社長は、県公館で、県内経済団体代表、県議会議長、県執行部などと協議を行い、地元出資の中止と代替案を提案した。提案では、地元出資に代わり地元関与を担保するため、足利HDと足銀への地元財界人の社外取締役就任の継続、県や経済界と連携を強めるための検討の場の設置、足利HD社長と県内経済5団体代表と懇談の場の設置など5項目が示された（下野 2009/10/15:1）。10月21日には、県産業再生委員会、11月2日には、県緊急経済活性化県民会議が開かれ、野村グループから提案された足利HDへの地元出資の中止が正式に了承された[74]。これを受け足利HDは、地元出資枠を取り下げ、代替案を盛り込んだ事業計画の変更を金融庁に申請することになった（下野 2009/11/03:9）。

11月13日、足利HDの藤沢社長は、決算発表の記者会見で、県や経済界と連携する企画を検討するため、ワーキンググループを発足させる考えを明

---

[74] 県産業再生委員会は、この地元出資中止の了承を最後に活動を休止し、翌年には正式に廃止された（下野 2010/05/21:5 参照）。

らかにし、足銀・野村グループ・県の三者による「地域経済活性化研究会」を立ち上げた。研究会では、観光、食と農、環境を軸に個別テーマを絞り、1年後をめどに具体策を取りまとめることになった（下野 2009/11/14:1; 12/16:10）。2010年8月には、食品産業の振興を図る県の「フードバレーとちぎ」構想で、県と足銀、野村証券は、「『食と農』企業支援プロジェクト推進協議会」（仮称）を設置する方針を固めた。同協議会は、産学官連携による新商品開発を促すため、宇都宮大学と企業の共同研究を支援する。また、県は、足銀などと出資して「フードバレーとちぎ農商工ファンド」（仮称）を組成する方針を固め、農商工連携による新商品開発などを支援することにした（下野 2010/08/19:1; 08/20:1）。2010年10月26日、県と足銀、野村証券は「『食と農』企業支援プロジェクト推進協議会」を設立し、会長に足銀の藤沢頭取が選出された（下野 2010/10/27:11）。

　こうして、足銀破綻直後に唱えられた県民銀行構想に端を発する地元出資問題は、地元からの要望書や受け皿の事業計画書に埋め込まれながら長く引きずることになったが、旗振り役の不在、制度的・財政的な制約などから次第に行き詰まり、地元財界人の経営参画、県との共同プロジェクトや県内経済界との懇談会といった形式的な地元関与に落ち着いた。

第2-6節　小括：政治問題化した受け皿選定

　足銀は多額の不良債権処理で増資を迫られ、栃木県は二度にわたり増資に協力した。初回は知事の専決処分で処理したが、市民団体から監査請求を受けたこともあり、二度目は県内各市との協調、県議会での審議を経て出資した。栃木県は増資に協力して同行の破綻を回避しつつ、ペイオフ対策として公金管理運用方針を作成したが、公金リスク管理マニュアルは公金保全のみを目的とした。破綻前、運用方針やマニュアルを作成するなど、金融危機への準備を組織内で分担したことについては、段階的統制モデルによって説明できる。しかし、増資協力に関しては、職員の主導によるものではなく、必ずしもこのモデルには当てはまらない。

足銀の一時国有化後、栃木県は金融危機対策本部を設置し、中小企業向け緊急制度融資枠を創設した。県議会も足銀問題対策特別委員会を設置し、県議会最大会派は緊急対策本部、経済団体は特別委員会をそれぞれ設置し、関係機関の連絡協議会も発足した。既存制度の拡充で対応する県に対し、地元の有力国会議員が県民銀行と産業再生委員会の創設を提案するが、知事は反対する。受け皿をめぐる政治的余波は長引き、選挙では対立候補を擁立されて、現職知事は落選することになる。破綻直後、知事を本部長とする対策本部を設置するなど、金融危機への応急対応を首長が主導したことについては、段階的統制モデルによって説明できる。しかし、破綻直後から浮上した県民銀行構想に関しては、首長の主導によるものではなく、このモデルに当てはまるものではない。

足銀の受け皿選定までの間、地元経済界や議会最大会派の提言を受け、栃木県は企業再生ファンドを創設、産業再生委員会を設置した。増資に協力した地元企業は株主保護を要望、国を提訴し、国は一般株主に有利な更生計画案に同意した。国の受け皿選定作業に対し、栃木県は受皿問題対応本部を設置し、緊急経済活性化県民会議等を通じて地元意見を集約し、要望を反映させた。破綻後、自民党議員会が提言を行うなど、金融危機の復旧・復興に向け議員が利害を調整したことについては、段階的統制モデルによって説明できる。一方、県経済同友会など利益集団が積極的に関与したことについては、このモデルでは説明がつかない。

新生足銀への経営移行後、栃木県は受け皿となった野村グループと地元出資問題を検討したが、新銀行東京の失敗や世界金融不況の余波で地元出資は中止され、他の地元関与策が模索された。足銀破綻を教訓に、受け皿銀行に地元資本が参加する動きなど、金融危機の予防・減災策が検討されたことについては、段階的統制モデルによって説明できる。しかし実際には、地元出資は中止されており、教訓が制度に反映されたわけではない。

危機後の対応をみると、足銀破綻後、知事は対策本部（金融危機対策本部、受皿問題対応本部）を設置し、県議会も特別委員会（足銀問題対策特別委員会）を設置した。政治アクターの関与に関しては、議員（自民党議員会）の他に、利益集団（県経済同友会）も主要アクターとなっている。社会的な合意形成

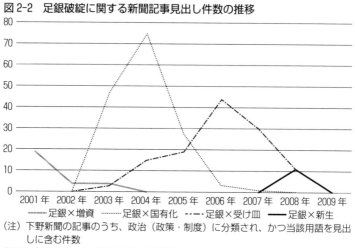

図 2-2　足銀破綻に関する新聞記事見出し件数の推移

（注）下野新聞の記事のうち、政治（政策・制度）に分類され、かつ当該用語を見出しに含む件数
（出所）「日経テレコン 21」を用いて筆者作成

に関しては、有識者会議（県産業再生委員会）とは別に、関係者会議（緊急経済活性化県民会議、三者懇談会）が開催され、地元の合意形成に寄与している。

　危機の余波に関しては、足銀破綻の場合、特に受け皿問題をめぐりアクター間の対立が尾を引き、首長が落選している。

　こうした危機後の対応や余波の特徴は、他の危機事例においても共通するのだろうか。そこで次章では、同じ金融危機の事例として、北海道拓殖銀行の経営破綻をめぐる北海道の対応を見ることにしたい。

表2-1 足銀増資問題の主な経過

	金融等の動き	自治体の動き
1999/05/25	足銀が増資計画を発表	
1999/06/21		知事が県議会で増資協力を表明 宇都宮市長が市議会で増資協力を表明
1999/06/24		宇都宮市議会常任委員会で可決
1999/08/11		県議会常任委員会で専決処分を了承
1999/08/18		知事が専決処分で足銀優先株を取得
1999/08/20		市民団体が県・宇都宮市に監査請求
1999/09/02	足銀が公的資金を申請	
2000/11/19		知事選で福田昭夫が現職を破り当選
2001/08/02	足銀が業績予想を下方修正	
2001/09/27		知事が県議会で増資協力に前向き表明
2001/10/16	足銀が増資を要請	
2001/10/19	宇都宮信用金庫が経営破綻	
2001/10/29	足銀が県・市に増資協力を要請	
2001/11/06		県内経済団体が県に増資協力を要望
2001/11/11		市民団体が公金増資の意見を募集
2001/11/17		宇都宮市長が市議会で増資協力を表明
2001/11/21		県議会自民党議員会に足銀頭取が説明 県幹部が県選出国会議員に方針を説明
2001/11/22	足銀が中間決算赤字を発表	
2001/11/27		県市の増資協力と出資総額が判明
2001/11/30		県議会4会派に足銀頭取が説明
2001/12/05		市民団体が県に増資非協力を要請
2001/12/12	足銀前会長が出資を表明	
2001/12/14		県議会常任委員会で頭取を参考人招致
2001/12/17		宇都宮市議会常任委員会で頭取を招致
2001/12/21		知事が足銀に経営諮問委員選任を要請 宇都宮市議会が足銀銀行に要望書
2001/12/25		要請先の全自治体の増資協力が決定
2002/01/09	足銀が増資計画達成を発表	
2002/01/16		県市長会が足銀に経営諮問委員を推薦
2002/01/31	足銀が増資完了を発表	
2002/02/04		市民団体が県出資の監査請求で陳述 宇都宮市議が市出資の監査を請求
2002/03/08		栃木市民が市出資の監査を請求

(出所) 下野新聞の報道を参考に筆者作成

表 2-2 足銀国有化後の主な経過

年月日	金融等の動き	自治体の動き
2003/11/29	国が足銀の一時国有化を決定	県金融危機対策本部を設置 各党、市長会・町村会が知事へ要望
2003/11/30		経済5団体が知事へ要望、県が関係機関へ協力を要請、特別金融相談窓口を設置
2003/12/01	預金保険機構が株式を強制取得	県が首相等へ支援を要望
2003/12/02	足銀関係省庁等連絡会議を設置	県が監査法人に質問状を提出
2003/12/04	衆院財務金融委員会で審議	
2003/12/05	参院財政金融委員会で審議	県議会で制度融資補正予算案を可決
2003/12/10	県金融・経済安定連絡協議会を設置	
2003/12/12		県議会で足銀問題対策特別委員会を設置
2003/12/16	足銀に池田新頭取が就任	
2003/12/18		県議会・足銀問題対策特別委員会を開催
2003/12/25		あしぎんFGが会社更生法適用を申請
2004/01/14	衆院財務金融委員会で参考人招致	
2004/01/15	参院財政金融委員会で参考人招致	緊急セーフティネット資金の融資枠を拡大
2004/01/26	あしぎんFG株の上場を廃止	
2004/01/27		県緊急経済活性化県民会議①を開催
2004/02/06	足銀が経営計画を発表	
2004/02/13	足銀が内部調査委員会等を設置	
2004/03/01		県と県民会議が首相等へ要望書を提出
2004/03/25		県経済同友会が県へ提言書を提出
2004/03/26		自民党県議会が県へ提言書を提出
2004/03/29		県緊急経済活性化県民会議②を開催
2004/05/24		県緊急経済活性化県民大会を開催
2004/05/28	県経済同友会会員企業らが国と中央青山監査法人を提訴	県議会が産業再生委員会設置条例を可決
2004/06/04	産業再生機構が初の取引先支援を決定	
2004/06/11	足銀が決算と新経営計画を発表	
2004/06/21		県経済新生計画の認定を取得
2004/07/09	とちぎインベストメントパートナーズを設立	

2004/08/03	足銀出資被害者の会会員が足銀と旧経営陣、中央青山監査法人を提訴	
2004/08/04		県産業再生委員会を開催、県内産業・地域活性化と地域金融の再生を諮問
2004/11/28		知事選で福田富一が現職を破り当選
2004/12/17		県産業再生委員会に足銀の受け皿を諮問
2005/03/22		県があしぎんFGの更生計画案に同意
2005/03/28	あしぎんFGの更生計画案の認可決定	

(出典) 栃木県金融危機対策本部会議資料ほか各種資料をもとに作成

表2-3 足銀受け皿問題の主な経過

	金融等の動き	自治体の動き
2005/03/30		県産業再生委員会が足銀の受け皿を答申
2005/04/19		県民会議の顧問に県選出国会議員が就任
2005/04/26		県議会が意見書を採択、首相等に提出
2005/05/09		県緊急経済活性化県民会議③を開催
2005/05/10		県・県議会・県民会議が首相等へ要望書を提出
2005/05/13		県・県議会・県民会議が金融相等へ要望書を提出
2005/05/25	足銀が17年3月期決算を公表	
2005/11/21		県・県議会・県民会議が首相等へ要望書を提出
2005/11/24		県・県議会・県民会議が金融相等へ要望書を提出
2006/01/20		県産業再生委員会が産業・地域活性化策を答申
2006/05/24	足銀が18年3月期決算を公表	
2006/06/23		県産業再生委員会の任期を延長
2006/08/28		県経済5団体が知事に要望書を提出
2006/09/01	金融相が受皿選定開始を表明	県足銀受皿問題対応本部会議を開催
2006/09/05	金融庁作業部会が初会合	
2006/09/15		県緊急経済活性化県民会議④を開催
2006/09/19	金融庁作業部会が知事ヒア①	

2006/10/16	産業再生機構の支援が終了	県・県議会・県民会議が首相等へ要望書を提出
2006/11/02	金融庁が受け皿公募を開始	
2006/11/22	足銀が18年9月期決算を公表	
2006/12/15	公募を締切、1次審査を開始	
2006/12/25		県・県議会・県関係国会議員が三者懇談会①
2007/01/30	1次審査が終了、受皿候補に事業計画書の提出を要請	
2007/02/05		県・県議会・県関係国会議員が三者懇談会②
2007/02/08	金融庁作業部会が知事ヒア②	
2007/02/26		県関係国会議員が金融相に要望書を提出
2007/03/30	計画書の提出期限、2次審査	
2007/04/16		県緊急経済活性化県民会議⑤を開催
2007/04/23		県・県議会・県民会議が首相等へ要望書を提出
2007/05/21	足銀が19年3月期決算を公表	
2007/06/04		県・県議会・県関係国会議員が三者懇談会③
2007/09/05		県関係国会議員が金融相に要望書を提出
2007/09/21	2次審査が終了、受皿候補に譲受条件等の提出を要請	
2007/10/15		県緊急経済活性化県民会議⑥を開催
2007/10/19		県・県議会・県民会議が金融相等へ要望書を提出
2007/10/31		県・県議会・県民会議が首相等へ要望書を提出
2007/11/22	譲受条件等の提出期限、3次審査を開始	
2008/03/14	野村グループに受け皿決定	
2008/04/11	株式売買契約書の締結	
2008/05/20	足銀が20年3月期決算を公表	

(出所) 下野新聞の報道等を参考に筆者作成

第3章　拓銀破綻をめぐる北海道の対応

　足銀破綻が栃木県政に政治的余波をもたらしたのは、金融危機という危機の特質によるものなのか。もしそうだとすれば、他の金融危機でも、足銀破綻と同様に政治的余波が生じているはずである。本章では、足銀破綻をめぐる栃木県の対応を比較するために、北海道拓殖銀行の経営破綻をめぐる北海道の対応を事例に取り上げることにする。

第3-1節　北海道の地域状況

　拓銀の経営破綻をめぐる北海道の対応を記述するにあたり、まずは当時の北海道の政治・行政状況、金融・経済環境を概観しておきたい。

1. 北海道の政治・行政

　当時の北海道知事、堀達也は、道庁職員から副知事を経て、1995年の知事選に立候補し、伊東秀子を破り初当選した。北海道政では、日本社会党と自由民主党が勢力を競い合い、知事選も事実上、保革一騎打ちの争いが続いてきた。ところが国政では、1994年に自社さ連立政権が誕生し、自民党と社会党が与党を組むことになる。このことが知事選にも微妙な影響をもたらした。自民党が元社会党代議士の伊東秀子を推薦する一方、社会党は国政野党の新進党などとともに横路孝弘の後継候補である堀達也を推薦するという複雑な構図を招いた。このため1期目の堀道政は、連合を支持基盤とし、道議会最大会派の自民党を野党としていた。しかし、1999年の知事選では、

与野党相乗りのもと再選を果たしている。

2. 北海道の金融・経済

　拓銀の経営破綻当時、北海道を地盤とする金融機関には、都市銀行の北海道拓殖銀行（拓銀）、地方銀行の北海道銀行（道銀）、第二地方銀行の北洋銀行、札幌銀行などがあった。

　北海道拓殖銀行は、戦前に特殊銀行として発足、戦後は普通銀行へ転換し、都市銀行ではあるが、北海道と道内市町村の指定金融機関として北海道との結びつきが強い。バブル期は、山内宏頭取のもと、鈴木茂会長、佐藤安彦副頭取、海道弘司常務のいわゆるSSKトリオが拡大路線を推し進めたといわれる。バブル崩壊後は、巨額の不良債権で経営危機が表面化し、河谷禎昌頭取が経営を引き継いだものの、決算承認銀行として大蔵省の管理下に置かれるようになった（北海道新聞 2000）。

　道内第2位の北海道銀行は、戦後に誕生した地方銀行である。当時は元大蔵省証券局長の藤田恒郎が頭取を務めていた。道銀も、拓銀とのし烈な競争から過剰融資に走り、バブル崩壊で多額の不良債権を抱えたが、積極的なリストラを進めていた。

　道内第3位の北洋銀行は、戦前に無尽会社として発足、戦後は北洋相互銀行に改組され、後に普通銀行に転換した。当時は元日本銀行考査局次長の武井正直が同行の頭取を務めていた。拓銀や道銀とは異なり、土地投機への貸付は行わないとの方針を貫いたため財務内容は良かったが、経営規模は拓銀よりはるかに小さかった。

　北海道の経済団体には、道内の商工会議所を会員とする北海道商工会議所連合会（道商連）、道内の企業・団体等で構成される北海道経済連合会（道経連）、道内の使用者を代表する北海道経営者協会（道経協）、道内の企業経営者が個人で参加する北海道経済同友会（道同友会）などがあり、道内経済4団体ともよばれた。

第3-2節　拓銀の経営悪化と道銀との合併延期

バブル崩壊後、北海道拓殖銀行は経営危機に陥り、北海道銀行との合併交渉も難航した。拓銀の経営危機に対し北海道はどのように対応していたのか。

1. 拓銀と道銀の合併合意と地元の期待

1997年4月1日午前、北海道拓殖銀行の河谷禎昌頭取と北海道銀行の藤田恒郎頭取は、札幌市内のホテルで共同記者会見を行い、1年後をめどに対等合併するとの基本合意を正式に発表した。会見後、両行の頭取は、北海道の堀達也知事と札幌市の桂信雄市長を訪問した。両行の合併について正式に報告を受けた堀知事は、前向きの判断と受け止め、道経済の牽引車として新銀行に強い期待感を表した。大蔵省の三塚博大臣や日本銀行の松下康雄総裁は、両行の経営判断を高く評価するとの談話を発表したが、株価が前日より下がるなど株式市場からの評価は芳しくなかった（道新1997/04/01：E3；04/02：M8）。

2. 交渉の停滞と地元の懸念

4月10日、拓銀と道銀は、両行の副頭取を委員長とする合併委員会を設置した。4月23日に第1回会合を開き、5月中に合理化計画を策定する方針を立てたもの、拓銀の不良債権をめぐる両行の認識の違いから、合理化計画の策定は6月以降へとずれ込んでいった。6月23日、道銀の藤田頭取は不良債権の実態把握を主張し、7月14日、両行は、監査法人による共同監査の実施に合意したと発表した。しかし合併協議を前向きに進める表向きの動きとは裏腹に、道銀は拓銀に合併延期の検討を再三にわたり申し入れており、7月上旬以降、実際の合併交渉は暗礁に乗り上げていた（道新1997/09/12：M11）。

8月14日と15日、合併交渉の難航を危惧した北海道の堀知事は、両行の頭取と個別に会談し、合併の進捗状況をたずねた（道新1997/08/17：M1）。堀知事から現状報告を受けた北海道開発庁の稲垣実男長官も、8月19日、閣

議後の記者会見で、熱意をもって合併交渉を進めてほしいと述べた。同日、北海道経済連合会の戸田一夫会長、北海道商工会議所連合会の伊藤義郎会頭ら道内の経済4団体の首脳は、札幌市内のホテルに堀知事を招いて会合を開き、難航している合併交渉について意見を交換し、道経済や道民の懸念を解消するためにも交渉の進展が必要との認識で一致した（道新1997/08/19：E1）。

3. 両行の合併延期と道の傍観

　地元の後押しを受け、両行の頭取が合併委員会の委員長に就任するといった体裁を取り繕うものの、ついに9月12日、拓銀の河谷頭取と道銀の藤田頭取は、共同で記者会見を行い、合併の延期を発表した。延期は半年をめどと説明したが、これは合併期日を明示しないと信用不安が起きるという大蔵省の意向を受けたものだった（北海道新聞2000：102）。北海道の堀知事は、延期は残念だが今後も合併に向け鋭意努力を期待するとの談話を発表した。道としては民間企業の支援に税金は使えないとの方針もあり、丸山達男副知事は、当面は事態を静観する考えを示した（道新1997/09/13：M2）。

　拓銀と道銀の合併問題は、道議会でも取り上げられた。堀知事は、9月30日と10月2日、道議会で、できるかぎり努力したいと答弁したものの、具体策に言及することはなかった。道には銀行に対する直接的な指導・監督権限はないことから、道経済部の幹部も、新聞の取材に「あくまで両行の努力に期待するだけ」と述べている（道新1997/10/04：M4）。

4. 拓銀の増資計画と地元経済界の協力姿勢

　合併延期の発表と同時に、拓銀は、1998年3月期決算で不良債権3,500億円を前倒しで処理することとし、不良債権処理に向け自己資本を増強するため、関係金融機関に対し総額1,500億円の増資協力を要請すると発表した。しかし、増資への協力を打診された大手生命保険会社には、拓銀のリストラ努力が足りないとの不満が根強く、増資協力に難色を示す金融機関が相次いだ（道新1997/09/18：M1, 8）。生命保険協会の会長は、地元経済界などが増資問題に率先して対応すべきとの見解を示した（道新1997/09/20：M9）。道内経

済団体の首脳らも意見交換を重ねて、道商連の伊藤会頭は、地元経済界としても拓銀の増資に応じる意向を明らかにした。地元経済界から多額の出資を期待できるわけではなかったが、地元経済界の協力姿勢が関係金融機関の協力を得る呼び水となることが期待された（道新 1999/11/01：E2；11/02：M9）。

一方、関係金融機関の注目は、10月中旬に始まった大蔵省の拓銀に対する検査に集まっていた。大蔵省検査で不良債権の実態が客観的に明らかになれば、関係金融機関も増資協力を判断しやすくなる。また、増資が実現し不良債権処理が進めば、不良債権に関する認識の相違で難航した合併交渉にも進展が期待される。大蔵省も、通常なら極秘の検査結果を関係金融機関に伝えることを容認した（道新 1999/10/14：E1, M8；10/15：M11）。しかしこの検査結果を待たずに、事態は急展開することになる。

第3-3節　拓銀の経営破綻と地元企業への緊急融資

拓銀が経営破綻すると、金融当局の主導で北洋銀行への営業譲渡が決定する。北海道は拓銀の経営破綻に対しどのように対応したのか。

1. 拓銀の経営危機と水面下の破綻処理

11月、準大手証券の三洋証券が経営破綻し、短期金融市場で国内初の債務不履行が起こると、信用不安のある拓銀は短期金融市場からの資金調達が難しくなった。11月14日、拓銀は資金繰りが難航し、日銀に預け入れなければならない準備預金の積み立てにも不足した。週明けの営業中に資金ショートを起こせば、手形の決済資金を用意できない企業が続出し、北海道経済は大混乱に陥るおそれがある。急きょ上京した拓銀の河谷頭取は、危機的な状況を説明されて営業継続を断念、大蔵省の幹部を交えて破綻処理の協議を始めた。拓銀は、大蔵省の意向に従い営業譲渡を決断したものの、受け皿銀行については大蔵省の勧める道銀を退け、北洋銀行を希望した。道銀に対しては合併交渉でしこりが残る一方、北洋銀行に関しては日銀が全面的な協力を約束したからである。11月15日、日銀出身である北洋銀行の武井正直頭

取は、大蔵省や日銀の幹部から電話で決断を迫られ譲受けを決断した。11月16日午後、拓銀は、東京で臨時取締役会を開き、北洋銀行への営業譲渡と、道銀との合併の白紙撤回を決めた。拓銀では取付け騒ぎに備えて道内各支店に現金の搬送が行われた。金融当局は北海道警察に拓銀本支店への警備を要請、道警はただちに各方面本部に万全を期すよう指示を出した（北海道新聞2000：86-121, 124-127）。

2. 拓銀の破綻と北洋銀への営業譲渡

そして週明けの11月17日、ついに拓銀の経営破綻と北洋銀行への営業譲渡を発表する日を迎えた。早朝、拓銀が報道各社に記者会見の予定を知らせると、拓銀破綻との速報が流れた。前夜、拓銀の河谷頭取から電話で連絡を受けていた道経連の戸田会長は、新聞の取材に対し、経済界として北洋銀行への出資も検討すると答えた。午前8時20分、拓銀の河谷頭取は、拓銀本店で記者会見を行い、北洋銀行への営業譲渡を発表した。河谷頭取は会見で、地域経済の混乱を回避するためには他の金融機関に承継してもらうのが最善の方策と説明した。同時に、道銀との合併の白紙撤回、頭取以下の引責辞任予定を発表した。同時刻、大蔵省の三塚大臣、日銀の松下総裁も記者会見を行い、大蔵省銀行局長や道財務局長、道商連会頭など各方面で記者会見が続いた。午前9時半、北洋銀行の武井頭取は、北洋銀本店で記者会見を行い、金融当局からの強い要請に基づき道経済のため数時間で決断したと答えた（道新1997/11/17：E2）。

3. 金融当局の対応と政界の反応

拓銀の経営破綻を受け、日本銀行は、市場からの資金調達が困難となる一方、預金の流出が懸念される拓銀に対し無担保の特別融資を実行した（日銀法25条）。大蔵省は、拓銀に対し不良債権の確実な回収や新規融資の厳格な審査を求める業務改善命令を出した（銀行法26条）。さらに通商産業省と大蔵省は、商工組合中央金庫、中小金融公庫、国民金融公庫に対し中小企業向け融資で手続の迅速化や担保要件の緩和などの配慮を文書で要請した。道財務局長と日銀札幌支店長は、札幌市内の金融機関に対し協力を要請した。一

方、政界では、橋本内閣を退陣に追い込みたい新進党や民主党など国政野党が、政府責任を厳しく追及する構えを見せた。民主党北海道は、金融問題対策本部を設置した（道新1997/11/18：M2, 3, 4, 11）。

4. 道の緊急連絡会議と道議会の質疑

　破綻当日、北海道の堀知事は、出張中で不在だったが、談話を通じて、預金は全額保護されると安心を促し、良識ある行動を道民に求めた。道庁自体も、指定金融機関として拓銀に公金の出納を任せ、預金や短期借入金も多かったが、拓銀が営業を継続し、預金も保護されることから、丸山達男副知事は、当面は指定金融機関の変更を行わず、北洋銀行への営業譲渡の状況を見て判断する方針を示した。同日午前8時、北海道の丸山達男、西村博司両副知事と山口博司経済部長らは緊急に会議を開き、道経済への影響を最小限に抑える必要があるとの認識で一致、庁内に経済部を窓口とする「金融対策緊急連絡会議」を設け、今後の対応を協議することにした。緊急連絡会議に先立ち、道経連の戸田会長と道商連の伊藤会頭は、道庁を訪れて道に最大限の対応を求め、丸山副知事も万全の対応を行うと答えた。午前9時から開かれた緊急連絡会議の初会合では、協議の結果、当面は中小企業向けの制度融資を拡充し、必要な予算を12月の補正予算案に計上することとした。具体的には、中小企業向けの制度融資について融資総額の拡大や融資条件の緩和を行い、北海道信用保証協会にも円滑な保証を要請、道内で行う特別移動相談も拓銀破綻対策と位置づけることにした。午前11時過ぎ、北洋銀行の武井頭取が道庁を訪れ、丸山副知事に拓銀から営業譲渡を受けると報告した（道新1997/11/17：E2, 3）。堀知事自身が拓銀の河谷頭取と会って公式に経過説明を受け、また北洋銀行の武井頭取とも会い道内金融システムの安定を求めたのは、破綻翌日のことだった（道新1997/11/19：M4）。

　11月18日、自民党道連・道議会自民党と新進党道連はそれぞれ、拓銀の経営破綻を受け対策本部を設置した（道新1997/11/19：M3）。道議会の決算特別委員会では、道総合企画部長が、自治体の資金調達への影響に関し、道内市町村に資金調達の多様化を指導するとの方針を示した（道新1997/11/18：E1）。また緊急に開かれた経済委員会では、道内経済への影響を懸念する委

員に対し、道経済部長が、中小企業向け融資制度を新設するなど万全の対策を強調した。道に続き道内市町村も対応に乗り出した。函館市は、市の関係幹部で構成される「拓銀問題対策連絡会議」を発足させ（道新1997/11/19: M4）、北海道新聞社の調査によれば、道内34市のうち13市が貸付制度の新設や融資枠の拡大、融資利率の引下げなどを検討していた（道新1997/11/21: M11）。11月20日、共産党道委員会は、北海道の西村副知事に対し、中小企業向け低利融資の創設などを申し入れた。堀知事は、道議会の決算特別委員会で、総額1千億円の緊急融資枠「金融変動緊急対策特別資金」を新設する方針を公式に表明し、また知事を本部長とする全庁的な対策組織を早急に設置する意向を示した（道新1997/11/21: M3, 4）。

5. 中小企業の資金繰りと地元経済界からの要請

拓銀は、営業譲渡までの期間、通常どおり営業を継続するが、大蔵省の業務改善命令により資産を劣化させる融資を行えなくなる。そのため道内経済界では、中小企業への融資打切りに対する懸念が強まった。11月19日、北海道の丸山副知事は、道財務局長と日銀札幌支店長を訪れ、拓銀の経営破綻に関連し、道の制度融資を拡充する方針を伝えたうえで、中小企業への資金繰りが悪化しないよう、融資の評価にあたり道内事情に配慮するよう要請した（道新1997/11/20: M3）。一方、堀知事は大蔵省を訪れ、銀行局幹部に対し拓銀の取引先企業の経営安定や信用秩序の維持へ配慮を求めた（道新1997/11/22: M11）。11月20日、道商連の伊藤会頭は、都内の会合で、通商産業省の堀内光雄大臣に対し道内中小企業への政府系金融機関の融資枠拡大などを要望した（道新1997/11/21: M10）。

6. 道の緊急対策本部と関係機関の連絡会

11月25日、北海道は、拓銀の経営破綻に関し、道内経済や道民生活への影響に効果的に対応するため、知事を本部長とする「金融環境変動緊急対策本部」を設置し初会議を開いた。同本部は、西村副知事と各部長、出納長、教育庁企画総務部長、道警警務部長で組織し、中小企業金融や雇用安定、消費者保護など総合的な対策に取り組むとともに、全支庁に地方本部を設け、

各管内で情報収集を行うこととなった（道新1997/11/25：E1, 2）。道はこの日、緊急金融経済対策関係分として850億円を盛り込んだ補正予算案も発表している。

同日、道はまた、道財務局など関係機関からなる「金融問題連絡会」を設置し初会合を開いた。同連絡会は、道、道財務局、道通産局、日銀札幌支店、政府系金融機関、道信用保証協会、道経連などの14団体で構成されている（道新1997/11/26：M4）。11月27日、道経連、道商連など道内の経済8団体は、大蔵省・建設省・北海道開発庁など関係省庁と政府系金融機関に対し金融・財政両面で地場企業対策を講じるよう要望を行った（道新1997/11/28：M9）。

7. 従業員の雇用と地元労働界からの要請

11月25日、拓銀と北洋銀行は、営業譲渡を円滑に進めるための引継ぎ委員会を発足させた。同委員会のもとで、北洋銀行が引き継ぐ店舗や従業員の範囲、システムの統合などが話し合われることになったが、地元労働界では、従業員の雇用に不安が広がっていた。北海道労働組合総連合（道労連）は、北海道の堀知事あてに、非常勤を含む従業員の雇用保障などを盛り込んだ要求書を提出した（道新1997/11/26：M4）。11月26日、拓銀は、従業員の再就職先を確保する雇用対策センターを行内に設置する一方、合併を見すえて採用を控えてきた道銀は、拓銀からの受入れを含め中途採用を行うと発表した（道新1997/11/27：M1）。11月28日、連合北海道の雇用対策本部は、拓銀破綻問題で特別委員会を設け、道の丸山副知事に対し、道の対策や関係機関への働きかけを申し入れることにした（道新1997/11/29：M3）。12月1日、堀知事は、記者会見で、道としても雇用対策を進めるため道職員の社会人採用枠の拡大を検討する考えを明らかにした（道新1997/12/01：E1）。12月5日、労働省は、大手金融機関の経営破綻による失業拡大を防止するため、雇用調整助成金に関する大型倒産の指定基準を緩和し（道新1997/12/5：E2）、12月9日には拓銀を指定して、拓銀の関連企業が雇用調整を実施した場合に助成を受けられるようにした（道新1997/12/9：E2）。

8. 年末の資金繰りと経営相談、緊急融資、代金支払い

　年末に入ると、企業では賞与の支払いや歳末商戦の商品仕入れなどで資金需要が高まる。そのため中小企業の資金繰りの悪化が予想された。道庁にも数多くの相談が寄せられていたため、道は、12月中「金融変動緊急中小企業経営相談室」を庁内に設け、休日返上で相談を受け付けることとした（道新1997/11/28：M9）。11月28日、道は、道の融資制度を取り扱う金融機関の担当者を対象に新しい制度融資の説明会を開いた（道新1997/11/29：M3）。12月2日、道議会では、議会初日の本会議冒頭で、緊急金融経済対策関連の補正予算が先議され可決された。関連予算850億円の内訳は、中小企業向けの新規融資枠が800億円、公共工事の前倒し発注等が50億円だった（道新1997/12/2：M4参照）。関連予算の可決前に説明会を開催したり、災害対策以外で予算案を先議したりするのは、いずれも異例のことである。また堀知事は、道議会で、公共工事代金の早期支払期間を短縮し、年内に工事代金を支払えるようにしたいと述べた（道新1997/12/2：E2）。道は、工事代金の早期支払い方針を受け、中断していた拓銀からの一時借入れを再開する方針を固めた。自治体は、予算不足を補うため金融機関から一時的に資金を調達することがある。道は、指定金融機関である拓銀から資金の5割を調達していたが、拓銀が合併破談後の預金流出で貸出資金を調達しにくくなったため、道は調達先を拓銀から全国信用金庫連合会（全信連）に切替えていた。ところが破綻後、拓銀が日銀特融で逆に信用力が高まり資金を調達しやすくなったことから、拓銀は道に再開を申し出ていた（道新1997/12/4：M11）。

　関連予算の可決を受けて、緊急融資制度も本格的に動き始める。道は、12月3日から本庁や各支庁で「金融変動緊急対策特別資金」の案内冊子を配布し、12月5日から19日まで道内14か所で2回目の「特別移動中小企業経営相談室」を開催した（道新1997/12/4：M11）。また堀知事は、12月8日、道議会で、融資の保証を行う北海道信用保証協会に追加出資を行う意向を正式に表明した（道新1997/12/09：M4）。

第3-4節　北洋銀等への営業譲渡と債権の引継ぎ

　北洋銀行への営業譲渡にあたっては、債権の引継ぎなどが問題となった。こうした関係者の利害に関わる問題はどのようにして解決されていったのか。

1. 国会の参考人招致と自民党の聞き取り調査

　国会では、拓銀と山一証券の経営破綻問題で、拓銀の河谷前頭取と山一証券前会長に対する参考人質疑が行われることになった。12月9日、国会の参考人質疑に先立ち、自民党の金融システム安定化対策小委員会は、拓銀破綻の実態と道内経済への影響を把握するため、党本部に拓銀の河谷前頭取、鷲田頭取代行を呼び、また北海道の堀知事をはじめ道内関係者からも聞き取り調査を行った。北海道の堀知事は、増資が必要と見込まれる北洋銀行について公的資金による経営基盤の強化を要請した。道経連の戸田会長、道商連の伊藤会頭、道経協の武井会長らは、自民党の山崎拓政調会長に対し、拓銀の融資先企業への貸付の弾力化、北洋銀行の増資への公的資金の投入などを要望した（道新1997/12/09：E1, 2）。参考人質疑が行われた衆議院の予算委員会では、河谷前頭取は、経営破綻による金融不安を陳謝するとともに具体的な不良債権額を認めたが、過去の融資に法令違反は見当たらないと述べて経営者の法的責任を否定した（道新1997/12/9：E1, 2）。

2. 中堅企業対策、関係機関との協議

　12月11日、北海道の堀知事は、道庁で臨時記者会見を行い、拓銀破綻に伴う金融不安に関して、中堅企業対策が課題であると述べた。中小企業の場合は、道や国の融資制度を活用すれば年末年始の資金需要は乗り越えられる。しかし中堅企業の場合は、中小企業融資の対象に入らない一方、傘下企業への影響が大きいと考えられたからである。堀知事は、通産省の貸し渋り対策が中堅企業も対象としていることに期待を示しつつ、今後も国に中堅企業への配慮を求める意向を示した（道新1997/12/12：M3）。翌日12月12日、堀知事は、拓銀・道銀・北洋銀行・札幌銀行の道内4行の首脳を道庁に招き、道

議会議長や副知事の同席のもと金融懇談会を開催した。この懇談会で、堀知事は中小企業や中堅企業への円滑な融資の実施を要請し、銀行側も道と協力して対応することで一致した。一方、銀行側からは道財政による積極的な景気対策を要請し、堀知事も来年度予算での対応に前向きな姿勢を示した（道新1997/12/12：E1）。また同日、道は、道内の経済団体や労働団体などと「緊急雇用問題連絡会議」の初会合を開き、道内の雇用情勢を話し合っている（道新1997/12/13：M4）。12月16日、民主党の金融危機対策本部の調査団は、地元関係者から聞き取りを行い、中堅企業が政府系金融機関から運転資金の融資を受けられるよう法改正を国会に提案する考えを示した（道新1997/12/17：M4）。

3. 大蔵省の資産査定と拓銀債権の引継ぎ

12月25日、大蔵省は、拓銀の債務超過額が8,400億円に達し、不良債権総額が2兆2,900億円に上るとの資産査定の結果を発表した。拓銀の河谷頭取が国会で認めた不良債権額と食い違うのは、半年未満の延滞債権を含めるなど大蔵省の査定が銀行業界の基準と異なるためである。また同省は、拓銀の債務超過分の穴埋めに劣後ローンを繰り入れるよう生保など関係者と協議に入る方針を示した。さらに翌日、同省は、過去の経営陣の責任を追及するため、拓銀に対し調査委員会を設置するよう業務改善命令を出した（道新1997/12/26：M1, 3, 10；12/27：M9）。12月26日、拓銀は、1997年9月中間決算を発表し、経常赤字は約1兆2,000億円、債務超過額は9,018億円を計上した。大幅な経常赤字は不良債権を完全に処理するためであり、債務超過額が大蔵省検査より多いのは株式の評価損を含めたためである（道新1997/12/27：M1, 3）。同日、一方の北洋銀行は、拓銀から引き継ぐ資産は1兆5,000億円から2兆円程度になるとの見通しを明らかにし、拓銀からの営業譲渡は翌年10月をめどとし、2,000人余りの人員と100余りの店舗を引き継ぐ方針を表明した。大蔵省の資産査定をもとに、拓銀の不良債権は預金保険機構下の整理回収銀行が買い取り、正常債権は北洋銀行が引き継ぐことになるが、北洋銀行は、道内経済への影響にかんがみ正常債権以外の債権も一部を引き継ぎ、当該企業を支援する考えを示した（道新1997/12/27：M9）。拓銀

は、北海道の第三セクター 31 社に対し計 8 億円を超える出資を行っていたが、これら出資分を北洋銀行が引き継ぐかは定かでなかった。1998 年 1 月 6 日、道議会の経済委員会では、道と拓銀が出資する第三セクターの厳しい経営実態が明らかにされ、議員が道執行部の対応を問いただす場面もあった（道新 1998/01/06：M4；01/07：M4）。過去の経営責任を追及するよう拓銀に命じた大蔵省だったが、その大蔵省も過去の監督責任を追及される事態に陥った。1 月 26 日、大蔵省金融検査部の検査官が収賄容疑で逮捕され、過去の大蔵省検査の際、不良債権の査定に手心を加える見返りに、拓銀から接待を受けていたことが明るみになったのである（道新 1998/01/27：M1）。こうした汚職事件をよそに、北洋銀行は、不良債権の引継ぎをめぐり預金保険機構と交渉に入っていた。整理回収銀行は新規融資を行わないため、北洋銀行が引き継がなかった融資先企業は資金繰りに行き詰まる。2 月 12 日、自民党は、北海道の堀知事の要請を受け、道内企業への対策を講じるため、「北海道金融不況対策小委員会」を発足させた。堀知事は、同小委員会の初会合で、拓銀の融資先企業が北洋銀行に円滑に引き継がれるよう支援を要請した（道新 1998/02/13：M3；02/19：M2）。

4. 拓銀本州店舗の譲渡先決定

2 月 17 日、中央信託銀行は、拓銀から本州店舗の一括営業譲渡を受ける協議に入ったと発表した。未定だった本州部分の譲渡先が決まったことで、営業譲渡全体の枠組みが固まり、具体的な調整作業にも弾みがついた。北海道の堀知事は、本州店舗の受け皿決定を喜び、北洋銀行への円滑な営業譲渡にも期待を寄せた（道新 1998/02/18：M1, 3, 9）。

5. 回収懸念債権の割引譲渡

銀行の債権は、正常債権のほか、回収に懸念のある第 2 分類債権、回収が困難な第 3 分類債権、回収が不能な第 4 分類債権に分けられる。通常の破綻処理では、受け皿銀行は正常債権だけを簿価で買い取り、不良債権は整理回収銀行がリスクに応じ割り引かれた時価で買い取る。北洋銀行が債権を引き継がなければ、融資先企業は資金繰りに行き詰まるが、他方、引き継いだ債

権が焦げ付けば、北洋銀行自体の経営を揺るがしかねない。そこで北洋銀行は、拓銀の道内分の第2分類債権を簿価より低い時価で買い取ることにした（道新 1998/02/13：M3）。これに対し大蔵省は、不良債権の割引譲渡には応じるものの、割引率はあくまで整理回収銀行の時価買取りと同じ条件だとした。北洋銀行が多くの債権を引き継げるよう割引率を高くすれば、それだけ公的資金による穴埋め額がかさむからである（道新 1998/02/25：M1）。自民党は、北洋銀行だけでは荷が重いと判断し、道銀や札幌銀行にも第2分類債権の引継ぎを呼びかけることにした。2月25日、自民党の北海道金融不況対策小委員会は、道内金融機関と関係当局による協議機関を設置することで一致し、また、道内金融機関が第2分類債権を譲り受けやすいよう割引率を弾力的に設定すべきとした（道新 1998/02/26：M1,3）。2月26日、北洋銀行は、第2分類債権の引継ぎについて小規模企業への債権は原則引き継ぎ、多額融資先の場合は道内の企業、再建計画の策定、関係金融機関の協調支援を条件にできる限り引き継ぐとの方針を示した（道新 1998/02/27：M1）。

6. 劣後債等の全額保護

　銀行の債務には、弁済順位の低い劣後債や劣後ローンがある。劣後債は、普通債券と普通株式の中間に位置する点で、配当順位の高い優先株と似ているが、経営破綻の場合、優先株主は保護されないのに対し、劣後債権者は保護されることがある。拓銀は債務超過のため劣後債が弁済される可能性は低い。拓銀の劣後債を保有する金融機関は、営業譲渡では債務返済は免除されない、債務不履行になれば信用不安が生じると全額保護を訴えた。しかし大蔵省は、劣後債等はリスクが高い分、利回りも高いこと、劣後債等を保護すると穴埋めの公費負担が増えることを理由に全額保護には消極的な姿勢を示した。3月6日、自民党の北海道金融不況対策小委員会は、北海道信用金庫協会の要請を受け、道内の信用金庫などが保有する拓銀の劣後債等を全額保護するよう大蔵省や預金保険機構、関係金融機関などに要請する方針を固め、3月7日、同小委員会の持永和見委員長が、道内経済8団体主催の「景気浮揚・金融安定化緊急総決起大会」で表明した（道新 1998/03/07：M1,3）。その後、大蔵省は、債権の一部を放棄させるのは法的に困難と判断し、拓銀の受

け皿である北洋銀行と中央信託銀行の増資を引き受ける資金に充てることを条件に、拓銀の劣後債等を全額保護することにした（道新 1998/04/10：M1；04/14：M3）。

7. 道内関係機関の協議

3月19日、道内の行政機関や経済団体は、拓銀から北洋銀行などへの取引先の円滑な引継ぎを目的に「北海道金融問題協議会」を発足させた。同協議会には、北海道をはじめ、道財務局、道商工会議所連合会のほか、日銀札幌支店、道信用金庫協会、道信用組合協会など18団体が参加した（道新 1998/03/19：M2）。3月27日、北海道の堀知事は、道内主要金融機関の幹部と懇談会を開き、拓銀の第2分類債権の引継ぎについて意見交換を行った。堀知事は、整理回収銀行が引き継ぐ債権の回収について返済猶予など弾力的な運用を大蔵省に要請していることを明らかにした（道新 1998/03/27：M10）。

8. 営業譲渡の準備と拓銀最後の株主総会

拓銀から北洋銀行などへの営業譲渡の時期は当初の予定よりずれ込むことになった。大蔵省の検査が長引き、最終的な資産評価に手間取っていたからである（道新 1998/04/21：M3）。5月25日、整理回収銀行は、拓銀本店内に準備事務局を開設し、営業譲渡後の体制づくりを始めた（道新 1998/05/25：E2）。5月26日午前、拓銀は、北洋銀行と北洋銀行本店で11月16日をめどとする営業譲渡契約を締結し、同日午後には中央信託銀行とも中央信託銀行本店で同様の契約を締結した。これに伴い東京証券取引所では、拓銀株の上場の廃止が決まった（道新 1998/05/26：E1；05/27：M9）。5月28日、北海道金融問題協議会の第2回会合が、道内に拠点をもつ金融機関を加えて開かれた。北洋銀行は会合で、拓銀の抵当権の移転登記など債権譲渡作業を前倒しして始める方針を示した（道新 1998/05/29：M9）。また、5月29日、北洋銀行の武井頭取は、拓銀から譲り受ける貸出債権などの資産内容を審査する委員会を、公認会計士や弁護士などで構成される第三者機関として設置することを明らかにした（道新 1998/05/30：M1）。6月25日、札幌の屋内競技場「真駒内アイスアリーナ」では、拓銀には最後となる株主総会が開かれ、拓銀の営

業譲渡と解散の特別決議が承認された（道新 1998/06/26：E1）。

9. 政府・自民党の橋渡し銀行構想

　政府・自民党では、破綻した金融機関を引き継ぐ民間の受け皿銀行が現れない場合の対策として、一時的に業務を代行する公的な受け皿銀行（ブリッジバンク）の導入を検討していた。橋本龍太郎首相は、「ブリッジバンク構想」を早急に具体化するよう大蔵大臣や金融監督庁長官らに指示し、自民党内でも幹事長、政調会長、金融再生トータルプラン推進特別調査会長らが結論を早めることを決めた。自民党の北海道金融不況対策小委員会からは、拓銀の第2分類債権のうち北洋銀行などが引継ぎに応じない債権をブリッジバンクで引き継ぐよう要望が出ていたため、合わせて検討されることになった。6月28日、大蔵省は、自民党の金融再生トータルプラン推進特別調査会に、ブリッジバンク構想に関して、健全な借り手を審査委員会で認定するなどの基本方針を提示した。北海道選出議員は、拓銀の第2分類債権への適用を求めたが、同調査会幹部や大蔵省幹部は、拓銀の場合は、すでに民間の受け皿銀行がある、営業譲渡が間近で間に合わない、北洋銀行が引継ぎを拒む融資先企業は健全な借り手とはいえないなどから、ブリッジバンク構想の適用には消極的な考えを示した。6月29日、自民党と大蔵省、金融監督庁は、北洋銀行が引継ぎに応じない拓銀の第2分類債権の企業救済策はブリッジバンク構想とは別枠で対応することとし、具体的には、第2分類債権の譲渡価格を大幅割引する、政府系金融機関や信用保証協会を活用するなどの案が浮上した。7月3日、自民党の北海道金融不況対策小委員会は、これらの企業救済策を協議した。北海道東北開発公庫は運転資金の融資が制限されているなど、政府系金融機関による引継ぎは制度的に困難として断念し、譲渡価格の大幅割引で当面対応することにした。同小委員会で、北洋銀行の高向副頭取は、第2分類債権の引継ぎ条件として譲渡価格の8～9割引を求めており、要求どおり大幅割引が認められても、建設業などの多額融資先は他の金融機関にも引継ぎを頼まざるを得ないとの見解を示した。7月8日、自民党の臨時経済対策協議会は、譲渡価格の大幅割引で北洋銀行などが第2分類債権を引き継ぎやすくする、債権引継ぎに関する金融機関同士の調整に北海道金融

問題協議会を活用するとの救済策を了承した（道新1998/06/24:M2; 06/27: M1, 2; 06/29:M1; 06/30:M2, E1; 07/01:M10; 07/03:M11, E1; 07/04:M10; 07/08:E2）。

10. 道銀・札幌銀行の債権引継ぎと公的資金の投入

7月22日、金融監督庁は、拓銀に対し同行の清算に向けた最終検査に着手した。この検査は、北洋銀行と中央信託銀行による買取額や預金保険機構からの贈与額を固めるためのものなので、貸出債権などの資産査定だけである（道新1998/07/22:E2）。検査の結果、拓銀の債務超過額は1兆5,000億円前後、総資産は6兆8,196億円となった（道新1998/09/08:M1; 10/07:M7）。北洋銀行は、拓銀から総額1兆8,500億円の債権を引き継ぎ、うち正常債権は約1兆6,500億円、第2分類債権は3分の2にあたる約2,000億円を引き継ぐことになった（道新1998/09/05:M1）。また道銀や札幌銀行も、公的資金による資本注入を前提に、拓銀の第2分類債権の約700億円を引き継ぐ意向が明らかになった（道新1998/09/17:M1）。これを受けて北海道は、両行の自己資本比率の低下を懸念し、公的資金による資本注入について特段の配慮を政府・自民党に要望した。9月18日、また道は、道銀と札幌銀行に対する道の各種基金の預託額を上積みする方針を示した（道新1998/09/19:M4）。10月1日午前、道議会では、拓銀の債権を引き継ぐ金融機関に公的資金の導入を求める意見書を可決した。これを受けて同日午後、道と道議会の幹部は、政府・自民党や野党の道選出国会議員に意見書を提出した（道新1998/10/01:E2; 10/02:M4）。10月2日、自民党は、受け皿銀行に準じる金融機関への公的資金投入を明示した金融システム早期健全化対策案に盛り込んだ（道新1998/10/03:M2）。拓銀債権の引継ぎでは、地崎工業と丸井今井向け債権の引継ぎと再建問題が焦点となったが、両社とも北洋銀行・道銀・札幌銀行の道内3行をはじめ道内外の金融機関による協調支援態勢が整った（道新1998/10/10:M1; 10/30:M1）。

11. 預金保険機構への援助申請と拓銀の営業終了

10月14日、拓銀と北洋銀行、中央信託銀行は、拓銀の破綻処理と営業譲

渡に伴う資金援助を預金保険機構に申請し（道新1998/10/15：M1）、10月29日、預金保険機構は、受け皿銀行の北洋銀行と中央信託銀行に総額1兆7,900億円の資金援助を行うことを決定した（道新1998/10/30：M1）。そして破綻から1年後の1998年11月13日、北海道拓殖銀行は、営業を終了し、1世紀近い歴史に幕を下ろした。北海道の堀知事は、談話を発表し破綻以来の行員の苦労をねぎらった（道新1998/11/14：M10）。

12. 地崎工業の救済と堀知事の再選

　堀知事は、翌年1999年4月の知事選で再選を果たした。堀知事は、社会党などに加えて自民党などからも推薦を受け、道知事選では初の与野党相乗りとなった。堀知事が野党の取込みに成功したのは、拓銀破綻の余波で経営危機に陥った道内大手建設会社、地崎工業の再建に積極的に動いたからだと言われる。北海道は、拓銀自体の再建では脇役に徹したものの、地崎工業の支援には、知事自ら北洋銀行頭取の説得に乗り出し、副知事の仲介で道内3行が協調融資に合意した。こうした道の積極的な関与は、与野党相乗りをねらう堀の再選戦略だったとされる。先代社長が自民党の有力代議士だった地崎工業は道内きっての「政治銘柄」であり、同社の救済は自民党の琴線にふれるものだったからである（北海道新聞2000：203-235）。

第3-5節　道銀の経営悪化と地元企業の増資協力

　道内には、経営破綻した拓銀以外にも、経営に苦しむ金融機関があった。拓銀破綻の経験はその後の金融危機に活かされたのだろうか。

1. 道銀の経営危機と優先株による第三者割当増資

　拓銀が経営破綻した後も、道内では道銀が不良債権に苦しんでいた。1999年3月26日、道銀は、多額の不良債権処理に伴い自己資本が目減りし、自己資本比率が国内基準の4％を割り込むとの見通しを発表した（道新1999/03/27M：1）。

道銀は、資本増強のため約400億円の増資を計画し、半分の200億円程度を道内企業から調達することとした。4月1日、道銀の藤田頭取は取引先の親睦団体に増資協力を要請し、主要取引先も協力の意向を示した（道新1999/04/02M:1）。4月19日、道銀は、取締役会で400億円を上限に主要取引先を対象として第三者割当方式により優先株を発行する案を決定した（道新1999/04/20M:11）。これを受け、4月23日、検討を先送りしていた道経連や道商連など道内経済4団体の首脳らも、各団体の会員企業に増資協力を促すことを申し合わせた（道新1999/04/06M:11；04/23E:1）。その後、多数の取引先企業が増資協力を内諾し、道銀をメーンバンクとしない道内トップ企業の北海道電力も増資協力の方針を固めた（道新1999/04/28M:3；05/01M:1）。

2.　早期是正措置の発動と経営改善計画の提出

　5月21日、金融監督庁は、道銀に対し早期是正措置を発動し、資本増強を求める業務改善命令を出したものの、道銀は、すでに増資計画のめどが付いたことから、公的資金注入の申請を見送ることにした（道新1999/05/08E2；05/13M:1；05/21M:1；05/22:1, 10）。

　道銀は、同行が指定金融機関を務める道内自治体にも増資協力を要請し、関係自治体に出資の動きが広がった（道新1999/05/19M:1；05/22M:21；06/09M:11；06/12M:21；06/16M:4；06/23M:25；06/24M:8；06/26M:22）。道内の主要取引先企業が次々と優先株引受けの方針を表明するなか、道の助成団体や道の関連団体も、資金の運用先として優先株購入を検討するようになったが（道新1999/05/27E:2；05/28M:11；05/28E:5；06/01M:3；06/01E:1）、道自体は、経営支援のための出資は行わず、札幌市の桂市長も、市として出資する考えを否定している（道新1999/06/04M:8）。

　6月4日、道銀は、自己資本比率の回復見込みなどを盛り込んだ経営改善計画を金融監督庁に提出した（道新1999/06/05M:10）。6月22日、道銀は、優先株の発行総額が538億円余りに達し、自己資本比率が5％台に回復する見通しであると発表し、6月29日、株主総会後の取締役会で優先株の発行を正式に決定した。出資者は道内の取引先企業を中心に2045企業・個人に上り、道内の自治体では9町が計3.1億円を出資した。最終的には537億円

余りの払込みがあった（道新 1999/06/23M:1; 06/30M:11; 07/01M:3; 07/30M:1）。

3. 市場評価の低迷と公的資金注入の申請

こうして自助努力による資本増強で、道銀の自己資本比率は国内基準を上回る 5.68％に回復したものの、業界水準をなお下回り、株価も低迷していた。そこで、11月19日、道銀は、公的資金による資本増強を申請することとし、2000年2月24日には、金融再生委員会から内定通知を受けた。3月3日、道銀は、公的資金の注入を正式に申請するとともに、無配を決め、経営健全化計画をとりまとめた（道新 1999/11/20M:1, 11; 2000/02/25M:3; 03/03E:1; 3/04M:1, 10, 11）。同計画では、資本注入後の自己資本比率を 8.18％と見込んでいたが、この頃には、地銀の自己資本比率は国際基準並みの 8％が健全行の目安とされるようになっていた。3月31日、道銀は、公的資金による約 450億円の資本注入を受け、経営危機は回避されることとなった（道新 2000/03/10M:10; 03/15M:11; 03/31M:11）。

第3-6節　小括：政治問題化しなかった受け皿選定

拓銀は巨額の不良債権で経営危機に陥り、道銀と合併で合意したものの交渉は難航した。知事は両行の頭取から事情聴取を行うなどしたが、両行の合併交渉は大蔵省の管理下にあり、北海道には銀行に対する指導監督権限がないため、合併への関与には消極的だった。破綻前、北海道は、栃木県と異なり、拓銀の経営危機には必ずしも積極的に関与しているわけではなかった。

拓銀が資金繰りに行き詰まると、一部関係者による水面下の交渉で北洋銀行への営業譲渡が決定した。破綻発表後、北海道は庁内に緊急連絡会議を設け当面の対応を決定した。地元企業対策を不安視する地元政財界に対し、北海道は中小企業向け制度融資を拡充した。北海道は財務局など関係機関からなる連絡会を発足させ、庁内には緊急対策本部を設置した。破綻直後、北海道は、制度融資を拡充し、知事を本部長とする対策本部を設置するなど、金

融危機への応急対応は、足銀破綻の場合と同様、首長が主導している。

拓銀破綻後、関連倒産が相次ぎ金融不安が広がった。北海道は地元金融機関との懇談会で中堅企業対策を要請し、地元経済・労働団体との連絡会議では雇用問題を協議した。劣後債等の全額保護を求める地元金融機関、不良債権の大幅割引譲渡を求める北洋銀行に対し、穴埋めの公的負担を減らしたい大蔵省は抵抗したが、知事の要請を受け自民党内に発足した対策小委員会が調整に乗り出し地元の要望を実現した。債権引継ぎ問題では地元行政機関・経済団体による協議会が発足した。橋渡し銀行構想も検討されたが、譲渡価格の割引と引継ぎ金融機関への公的資金投入で処理された。このように復旧・復興では、議員や利益集団が利害を調整し、関係者会議で地元の合意形成も図られている。

拓銀が北洋銀行等に無事営業譲渡され、危機は沈静化した。その後、道銀も経営危機に瀕したが、拓銀破綻の教訓から道内企業が増資に協力し、破綻は回避された。金融破綻法制は次第に整備されたが、金融行政が国に一元化されたこともあり、私企業の救済に公金は支出しないという道の方針は終始一貫しており、北海道の金融危機対応は制度的に発展していない。

危機後の対応をみると、拓銀破綻後、知事は対策本部（金融環境変動緊急対策本部）を設置しているが、足銀破綻の場合とは異なり、道議会は特別委員会を設置していない。政治アクターの関与に関しては、足銀破綻の場合と同様に、議員（自民党小委員会）の他、利益集団（道商連、道労連）も主要アクターとなっている。社会的な合意形成に関しては、有識者会議は設置されていないものの、関係者会議（金融懇談会、金融問題協議会）が開催され、合意形成に寄与している。

危機の余波に関しては、拓銀破綻の場合は、足銀破綻の場合と異なり、受け皿問題をめぐる政治的余波は短く、北海道は栃木県と同じく首長と議会が対立する分割政府だったにもかかわらず、選挙では政争を避け、現職知事は再選を果たしている。

足銀破綻と拓銀破綻の事例を比較してわかることは、同じ金融危機でも同じように政治的余波が生じるわけではないということである。では、なぜ拓銀破綻では、足銀破綻の場合とは異なり、危機の政治的余波が長引かなかっ

たのか。

　足銀破綻と拓銀破綻が最も異なる点の一つは、金融破綻法制が整備されていたかどうかということである。足銀破綻の場合、金融破綻法制の整備によって受け皿選定には猶予があり、地元には関与の機会があった。これに対し、拓銀破綻の場合、金融破綻法制が未整備だったため、受け皿選定は短期決戦となり、一部の金融当局者が決めることになった。拓銀破綻と足銀破綻の場合は、政治アクターの関与が制限されているかどうかという広がりの違いが政治的余波の違いにつながったと考えられる。

表3-1 拓銀破綻の主な経過

	金融等の動き	自治体の動き
1997/04/01	拓銀と道銀が合併で基本合意	
	不良債権処理めぐり両行対立	
1997/07/11	道銀側が合併延期を提案	
1997/08/15		知事が両頭取から状況報告
1997/09/12	合併延期と拓銀の増資計画を発表	
1997/10/13	大蔵省検査が開始	
1997/11/17	拓銀が破綻、北洋銀への営業譲渡を発表、日銀が特融実施、大蔵省が業務改善命令	道が金融対策緊急連絡会議を開催
1997/11/18		道議会経済委員会で質疑
1997/11/20		知事が金融変動緊急対策特別資金の新設を表明
1997/11/25		道が金融環境変動緊急対策本部、金融問題連絡会を設置
1997/11/26	拓銀が雇用対策センターを設置	
1997/12/02		道議会が緊急金融経済対策関連の補正予算を可決
1997/12/09	衆院予算委で前頭取を参考人聴取 自民党が知事や経済団体から聴取	
1997/12/12		知事が道内主要行と懇談 道が緊急雇用問題連絡会議を開催
1997/12/25	大蔵省が拓銀の不良債権額を公表	
1998/02/12	自民党北海道金融不況対策小委員会で知事が債権引継の支援を要請	
1998/02/17	拓銀の本州店舗、中央信託銀への譲渡が決定	
1998/02/25	自民党小委が協議機関設置の方針	
1998/02/26	北洋銀が第2分類債権引継の方針	
1998/03/06	自民党小委が劣後債等保護の方針	
1998/03/19		北海道金融問題協議会が発足
1998/03/27		知事が道内主要金融機関と懇談
1998/05/26	拓銀が北洋銀・中央信託銀と営業譲渡契約	
1998/06/25	拓銀が最後の株主総会を開催	
1998/06/29	自民党・大蔵省はブリッジバンクと別枠で検討	
1998/07/03	自民党小委が債権大幅割引の方針	
1998/07/22	金融監督庁が拓銀清算の検査	
	道銀・札銀も債権引継の意向	
1998/09/18		道が道銀・札銀に預託上積み方針
1998/10/01		道議会が公的資金投入の意見書
1998/10/29	預金保険機構が資金援助を決定	
1998/11/16	北洋銀・中央信託銀に営業譲渡	

（出所）北海道新聞の報道を参考に筆者作成

第4章 福島第一原発事故をめぐる栃木県の対応

　政治的余波が金融危機という危機の特質によるものではないとすれば、他の危機でも同様に政治的余波が生じうるのだろうか。そこで本章では、同じ自治体で対応した他の危機の事例として、東日本大震災・福島第一原発事故をめぐる栃木県の対応を取り上げ、比較することにする。

第4-1節　震災・原発事故対応の制度

　地震災害などの自然災害、原子力災害などの事故災害に対し、政府はどのように対応するのか。東日本大震災は、地震、津波及び原子力発電所事故が重なる複合災害となり、甚大な被害が広範囲にわたり発生する未曽有の大規模災害となった。この大震災を機に、わが国の災害対策法制は大幅に見直された。本節では、東日本大震災及び福島第一原発事故を記述する前提として、原子力防災や復興支援を含め災害対策全般を視野に、震災前後の制度変更にも留意しながら、震災・原発事故に対応する基本的な枠組みを概説する。

1.　防災行政機関の概要

1-1.　防災行政機関

　わが国の防災行政に関しては、内閣府特命担当大臣（防災担当大臣）のもと、内閣府の「政策統括官（防災担当）」が事務を所掌している。また、重要政策に関する会議の一つとして、内閣総理大臣を会長とする「中央防災会議」が設置されている（災害対策基本法11条以下）。地方自治体には、知事を会長

とする「地方防災会議」が設置されている（同法 14 条以下）。

1-2. 原子力防災行政機関

原子力防災行政に関しては、内閣府特命担当大臣（原子力防災担当大臣）のもと、内閣府の「政策統括官（原子力防災担当）」が事務を所掌している。歴代の原子力防災担当大臣は、環境大臣が兼任してきた。また、閣僚級の会合として「原子力防災会議」が設置されている（原子力基本法第 3 条の 3）。

福島第一原発事故当時、原子力の安全確保に関しては、経済産業省の「原子力安全・保安院」が、電力会社に対し発電用原子炉の安全規制を行っており、内閣府の審議会である「原子力安全委員会」が、原子炉の安全審査を二重に審査する形をとっていた。

しかし、福島第一原発事故では、原子力の安全規制が十分に機能しなかったとの批判が高まり、2012 年 9 月、経済産業省の「原子力安全・保安院」と内閣府の「原子力安全委員会」は廃止され、環境省の外局として「原子力規制委員会」が新たに設置された。「原子力規制庁」が同委員会の事務局を担っている。

1-3. 復興行政機関

東日本大震災の復興に関しては、復興大臣のもと、時限的に設置されている「復興庁」が所管している。復興庁は、復興施策に関する企画立案・総合調整、復興に関する行政事務を行う。復興庁の地方機関として、岩手・宮城・福島に「復興局」が設けられている。また、閣僚級会合の「復興推進会議」と有識者会議の「復興推進委員会」が置かれている。

東日本大震災後、政府には、内閣総理大臣を本部長とする「東日本大震災復興対策本部」が設置され、有識者による「東日本大震災復興構想会議」などが創設された。その後、2012 年 2 月、「復興庁」の発足に伴い、これらは廃止され、それぞれ復興推進会議や復興推進委員会などに引き継がれた。

2. 災害対策法制の概要

2-1. 災害対策法制

　災害への対応は、「災害対策基本法（災対法）」に定められている。同法に基づき、中央防災会議は、「防災基本計画」を作成・公表する（災対法34条）。防災基本計画に基づき、指定行政機関と指定公共機関は、「防災業務計画」を作成し、都道府県と市町村の地方防災会議は、「地域防災計画」を作成する（災対法36, 39, 40, 42条）。

　災害対策基本法の定めでは、災害が発生しまたは災害が発生するおそれがある場合、都道府県知事は、「都道府県災害対策本部」を設置することができる（災対法23条）。また、内閣総理大臣は、非常災害が発生した場合、防災担当大臣等の国務大臣を本部長とする「非常災害対策本部」を設置することができ（災対法24条以下）、著しく異常かつ激甚な非常災害の場合は、内閣総理大臣を本部長とする「緊急災害対策本部」を設置することができる（災対法28条の2以下）。緊急災害対策本部が設置された例は、「東北地方太平洋沖地震」が初めてである[75]。

2-2. 原子力災害対策法制

　原発事故など原子力災害への対応に関しては、原子力災害の特殊性にかんがみ、災害対策基本法の特別法として「原子力災害対策特別措置法（原災法）」が制定されている。同法は、1999年9月の東海村JCO臨界事故をきっかけに制定されたものである。

　原子力災害対策特別措置法により、原子炉の運転等により放射性物質等が異常な水準で原子力事業所外に放出された場合、内閣総理大臣は、直ちに「原

---

[75] その他の災害対策法制には、激甚災害に指定し、地方自治体の災害復旧事業への国庫補助や中小企業事業者への保証に特別の措置を講じる「激甚災害に対処するための特別の財政援助等に関する法律（激甚災害法）」、都道府県が被災市町村に避難所や応急仮設住宅の設置など応急的な救助を行う「災害救助法」、災害犠牲者の遺族等に弔慰金等を支給する「災害弔慰金の支給等に関する法律」、住宅が全半壊した被災世帯に生活再建のための支援金を支給する「被災者生活再建支援法」などがある。激甚災害法に関しては、2011年5月に東日本大震災に関する特別法として「東日本大震災に対処するための特別の財政援助及び助成に関する法律（東日本大震災財特法）」が制定されている。

子力緊急事態宣言」を行い、内閣総理大臣を本部長とする「原子力災害対策本部」を設置する（原災法15〜17条）。原子力緊急事態宣言が発動され、原子力災害対策本部が設置された例は、「福島第一原発事故」が初めてである。福島第一原発事故後、原子力規制委員会が「原子力災害対策指針」を策定することが法定化された（原災法6条の2）。

原発事故の損害賠償に関しては、「原子力損害の賠償に関する法律（原賠法）」がある。

また、福島第一原発事故による放射性物質で汚染された廃棄物の処理や土壌等の除染に関しては、2011年8月、「放射性物質汚染対処特別措置法」が制定されている。

2-3. 復興対策法制

東日本大震災の復興に関しては、2011年6月、「東日本大震災復興基本法（復興基本法）」が制定され、復興債の発行など復興資金確保のための措置や復興特別区域制度の整備などの基本的な施策、東日本大震災復興対策本部や東日本大震災復興構想会議などの設置、復興庁の設置に関する基本方針が定められた。同年12月、「復興庁設置法」が制定され、2012年2月に「復興庁」が発足した。復興庁は、2020年度末までの期間限定で設けられ、各省庁にまたがる復興関連施策を統括し、復興特別区域の認定や復興交付金の配分などを行う[76]。

---

[76] その他、2012年6月、「東京電力原子力事故により被災した子どもをはじめとする住民等の生活を守り支えるための被災者の生活支援等に関する施策の推進に関する法律（原発事故子ども・被災者支援法）」が超党派の議員立法により制定され、政府は、福島第一原発事故の被災者、特に子どもに配慮した生活支援施策に関する基本方針をとりまとめることとなった。また、2013年6月、「大規模災害からの復興に関する法律」が制定され、国の復興対策本部の設置や復興基本方針の策定、都道府県復興方針や市町村復興計画の作成、復興計画等における特別措置、災害復旧事業に係る工事等の国の代行などが定められている。

第4-2節　栃木県の地域状況

東日本大震災と福島第一原発事故をめぐる栃木県の対応を記述するあたり、栃木県の政治・行政状況、自然・社会環境を概観しておきたい。

1. 栃木県の政治・行政

栃木県知事の福田富一は、宇都宮市議会議員、栃木県議会議員、宇都宮市長を経て、2004年、自由民主党・公明党の推薦を受けて知事選に立候補し、現職の福田昭夫を破り初当選、その後も再選を果たしている。一方、落選した福田昭夫はその後、国政に転じ、民主党の公認を受けて2005年の衆院選に立候補し初当選を飾ってからは、自民党の西川公也と争いながら、連続で当選を果たしている。地元選出の国会議員に関しては、2009年に渡辺喜美衆院議員が、党執行部と仲違いをして自民党を離党し、みんなの党を結党した。同党は、自民・民主両党と距離を置く第三極として一時は党勢を拡大したものの、内部対立で幹事長らが集団で離党し、渡辺喜美も政治資金問題で党代表を辞任して、解党に至っている。

県内にある矢板市と塩谷町は、原発事故後、放射性物質に汚染された廃棄物の処分場候補地となるが、選定当時の矢板市長は遠藤忠、塩谷町長は見形和久が務めていた。渡辺喜美は矢板市を含む栃木3区の選出、福田昭夫は塩谷町を含む栃木2区の選出である。

2. 栃木県の自然・社会

栃木県は、関東地方の北部に位置する内陸県である。県北東部に位置し福島県に接する那須町は、福島第一原発から100km圏内にあり、従来は原発事故による直接的な影響はないとされてきたが、福島第一原発事故で放出された放射性物質の蓄積が確認されて、農畜産業や観光業に風評被害が発生した。また、県北中央に位置する矢板市と塩谷町は、指定廃棄物の処分場候補地となるが、両市町にまたがる高原山には、環境省の名水百選にも選ばれた「尚仁沢湧水」がある。

第4-3節　地域防災計画の作成と放射性物質事故・災害対応

　栃木県は、防災基本計画に基づき、地域防災計画を作成している。東日本大震災・福島第一原発事故以前、栃木県は災害にどのように対応していたのか。

1. 地域防災計画の平成11年度修正、平成13年度修正

　「栃木県地域防災計画は」、1963年に作成されて以降、随時修正が加えられてきたが、近年は数年おきに修正が行われている。平成11年度の修正では、共通対策編と個別災害対策編に分け、後者では災害を風水害、道路や鉄道などの公共施設等災害、毒物・劇物などの危険物施設等災害、大規模火災、林野火災、火山災害の6つに分類し、それぞれ個別に具体的な対応策を盛り込んだ（下野1999/08/10:1）。

　平成13年度には震災対策編の修正もなされ、災害ボランティアの登録制度を設けることや実践的な防災訓練を行うことなどが新たに盛り込まれた（下野2002/01/17:3）。

　県地域防災計画では、放射性物質・危険物等事故への対策が示されているが、放射性物質事故に関しては、2003年3月に「放射性物質事故・災害対応マニュアル」が策定されている。同マニュアルは、福島県や茨城県にある原子力事業所の事故については「両県とも『防災施設を重点的に充実すべき地域の範囲』（以下「EPZ」という。）を各施設から最大10km以内としていることから、本県への直接的な影響はないと考えられる」とし、もっぱら放射性物質の輸送中の事故と取扱施設における事故を想定したものとなっていた（栃木県2003:27）。

2. 地域防災計画の平成16年度修正

　平成16年度修正では、計画構成と被害想定などが見直された。風水害等対策編は、事象ごとの対策を充実させるため、総論と、各論の風水害・雪害対策編、火山災害対策編、火災・事故災害対策編を設け、さらに火災・事故

災害対策編は、火災対策、交通関係事故災害対策、放射性物質・危険物等事故対策に分けられた。

地震被害想定に関しては、最新の手法に基づき被害想定が見直された結果、宇都宮市直下型地震について、人的被害の想定は大幅に増えた（栃木県 2005）。

3. 地域防災計画の平成22年度修正

平成22年度修正では、防災基本計画の修正を受けて、緊急地震速報の本格導入に伴う通信施設・設備の充実などを記載、近年の災害被害をふまえた対策の強化として、ゲリラ豪雨などに伴う孤立集落災害への対応などが計画に反映された（栃木県 2010）。

震災・原発事故当時の栃木県地域防災計画は、①総論、②風水害・雪害対策編、③火山災害対策編、④火災・事故災害対策編（火災対策、交通関係事故災害対策、放射性物質・危険物等事故対策）、⑤震災対策編、の5つで構成されており、災害ごとに予防、応急対策、復旧・復興の対応策が示されている[77]。

同計画の震災対策編によれば、県内に最大震度6弱以上の地震が発生したときには、知事を本部長とする災害対策本部を自動的に設置し、災害応急対策を実施することになっている[78]（栃木県 2010：105）。

第4-4節　福島第一原発事故の発生と風評被害の払拭

2011年3月、東北地方太平洋沖地震が発生すると、地震に伴う津波によ

---

[77] 例えば震災対策編の場合、予防に関しては、防災意識の高揚、地域防災の充実・ボランティア連携強化、防災訓練の実施など24節、応急対策に関しては、活動体制の確立、情報の収集・伝達及び通信確保対策、相互応援協力・派遣要請など23節、復旧・復興に関しては、復旧・復興の基本的方向の決定など3節の項目があげられている。

[78] 震度4以上の地震が発生した場合には、消防防災課等が注意体制をとり、震度5の地震した場合には、危機管理監を本部長とする災害警戒本部を設置し、震度6以上の地震が発生した場合には、知事を本部長とする災害対策本部を設置することになっている。

り東日本一帯では甚大な被害が発生し、東京電力福島第一原子力発電所（以下、福島第一原発）では深刻な原子力事故が発生した。東日本大震災・福島第一原発事故に、栃木県はどのように対応したのか。

1. 震災直後の応急対応

1-1. 地震の発生、県災害対策本部の設置、自衛隊への災害派遣要請

　地震発生直後、栃木県は直ちに災害対策本部を設置し、自衛隊に災害派遣を要請した。2011年3月11日14時46分、三陸沖を震源とする「東北地方太平洋沖地震」が発生し、宮城県栗原市では震度7を観測し、福島県相馬市では9.3m以上の大津波を観測した。政府は直ちに官邸対策室を設置し、緊急参集チームを召集、内閣総理大臣を本部長とする「緊急災害対策本部」を設置した。東電福島第一原発の原子炉は地震により自動停止したが、津波による浸水で冷却用の電源を喪失した。同夜、政府は、東電福島第一原発について「原子力緊急事態宣言」を発令し、原発から半径3km圏内の住民に避難指示、3〜10km圏内の住民に屋内退避指示がなされた。栃木県内でも、宇都宮市など5市町で震度6強を観測した。栃木県は直ちに「栃木県災害対策本部」を設置し、16時には第1回県災害対策本部会議を開催した[79]。夕方から晩にかけて、県は、自衛隊に対し災害派遣として真岡市などへの給水支援を要請した。20時に、県は第2回県災害対策本部会議を開催し、芳賀町で死者、大規模な停電が発生、鉄道はJR全線で不通、道路が各所で寸断といった県内の被害状況等を確認した。

1-2. 原発事故の発生、避難状況の把握

　翌日、隣県で原発事故が発生するなか、県は被災状況の把握に追われた。翌3月12日午前、政府は原発周辺住民への避難指示を半径3km圏内から10km圏内に拡大したが、午後には福島第一原発1号機で水素爆発が発生し、避難指示はさらに20km圏内に拡大した。県内では、深夜と早朝、昼前に、県は、

---

[79]「栃木県災害対策本部」は、知事、副知事、各部局長、危機管理監、教育長、警察本部長によって構成され、県民生活部消防防災課が事務局となっている。

自衛隊に対し災害派遣としてさらに矢板市などへの給水支援も要請した。県警は、同日午前、県内の東北自動車道を緊急交通路に指定し、当面は緊急車両以外通行できなくなった（下野 2011/03/13:3）。この日、県は、午前と午後の2回、県災害対策本部会議を開催した。朝の第3回本部会議では、バスの運休や水道の断水など新たに判明した被害状況を確認したほか、避難所の開設や消防学校からの物資供給など県内の避難状況を確認し、福田富一知事はトイレなど公共施設の開放を指示した（下野 2011/03/12 号外:2）。夕方の第4回本部会議では、緊急消防援助隊など他県への応援状況、災害拠点病院での電気復旧などを確認した。会議後、知事から県民に対し冷静な対応や協力を呼びかけるメッセージを発表している。自民党県連、民主党県連、公明党県本部はそれぞれ対策本部を設置し、自民党と民主党の両県連は被災者支援などを求める緊急要望書を知事に提出した（下野 2011/03/13:4）。また、この日午後、矢板市の一部地区で住民に対し初の避難勧告が発令された。

　3月13日、政府は東日本大震災の激甚災害指定を持ち回り閣議で決定したと発表した。東京電力は発電所の被災で電力の供給不足に陥ったため、地域ごとに輪番で停電を行う「計画停電」を翌日から実施すると発表した。早朝、県は自衛隊に対し災害派遣としてさらに茂木町への給水支援も要請した。前日に続きこの日も、県は午前と午後の2回、県災害対策本部会議を開催した。この日の本部会議では、鉄道の一部運転再開などの復旧状況、簡易トイレや毛布、非常食の供給などの避難状況を確認している。福島県などからの避難が本格化する中、朝の第5回本部会議では、原発事故関連の対応策を検討し、県は各市町に対し、避難所に他県被災者の受入れが可能か調査を依頼した。第6回本部会議では、計画停電に関し、県幹部から東電に対し情報の早期提供を求める要望が相次いだ。県警本部は信号消灯時の交通整理など対策を徹底するとした（下野 2011/03/14:1-4, 7）。

1-3. 計画停電の実施、避難勧告の拡大

　発災3日後、計画停電が始まり、避難勧告が広がるなど、発災直後の混乱はなお続いていた。3月14日、福島第一原発では、3号機でも水素爆発が発生して原子炉建屋が損壊した。同日、東京電力は計画停電を開始したが、栃

木県内は初日の実施を免れた。停電に備えて、各警察署は交差点に人員を配置し、病院は自家発電に切り替え、鉄道各社は運転を見合わせるなどしたが、東電栃木支店の説明は二転三転し、停電の見送りに肩透かしを食った県民には困惑が広がった。公明党県本部はライフラインの整備、病院への電力供給の配慮などを求める要望書を知事に提出した（下野 2011/03/15:1, 3, 7）。この日、午前に那須烏山市の一部地区、午後には大田原市、市貝町の一部地区で住民に対し避難勧告が発令された[80]。

　3月15日、福島第一原発では、2号機で異音が発生、4号機で火災が発生するなどトラブルが相次ぎ、原発周辺半径20〜30km圏内の住民に屋内退避指示がなされた。原発事故が深刻化し国民の不安が募るなか、政府と東京電力は「福島原発事故対策統合本部」を設置した。県内では、自民党県連等や共産党県委員会が放射能測定など原発事故への危機管理を求める要望書を知事に提出した。県議会の閉会日、本来なら翌月の県議選に向けて動き出すところだが、震災直後の選挙戦に候補者らも戸惑いを見せる（下野 2011/03/16:5）。県は第7回県災害対策本部会議を開催し、宇都宮市への災害救助法の適用を決定、被災地での緊急消防援助隊の救助・捜索活動などを確認した。また同日、県内で計画停電が初めて実施された。県は国に対し震災に伴う計画停電の適切な実施と燃料の安定供給の確保を緊急に要請した。

1-4. 燃料不足の深刻化、災害救助法の適用拡大

　県内では燃料や電力の不足状態が続き、3月16日、県石油商業組合は不急の給油を控えるよう消費者に要請し、福田富一知事は県内の経済団体に節電への協力を要請した（下野 2011/03/17:1, 5）。

　3月17日、放射性物質の放出が続く福島第一原発では、3号機の燃料プールに自衛隊による放水が行われた。県内では、県が放射線量の測定地点を増設した（下野 2011/03/18:3）。また、宇都宮市に続き小山市など県内14市町へも災害救助法の適用が決定された。同日、県は国等に対し、震災に伴う燃料の安定供給や計画停電の適切な実施、ごみ処理等に必要な燃料の優先配

---

[80] 県内の避難勧告はその後も拡大し、最終的には計5市3町13地区となった。

分を緊急に要請している。

1-5. 福島県からの避難者受入れ

　原発事故が深刻な状況となり、県は福島県から避難者を受け入れることになる。3月18日、原子力安全・保安院は福島第一原発事故の深刻度について、米スリーマイル島原発事故に並ぶ、国際評価尺度（INES）のレベル5と発表した。県は第8回県災害対策本部会議を開催し、被災地での緊急消防援助隊の活動状況や被災地からの医師派遣要請への対応状況などを確認するとともに、福島県飯舘村民の一括受入れを決定した。県と県医師会は被災地からの入院患者の受入れ体制を強化し、県は、被災者の支援と避難者の受入れに対処するため、仮設住宅や避難所の設置にかかる補正予算を専決処分し、救援物資の受入れ窓口を設置して避難所に配る保存食などを企業から募集した（下野 2011/03/19：3, 5）。翌3月19日、被災者生活再建支援法の遡及適用が決定された。県内では、福島県飯舘村から多数の避難者が鹿沼市内の施設に到着した（下野 2011/03/20：1）。

1-6. 放射性物質の検出、農産物の出荷制限

　3月20日、県は第9回県災害対策本部会議を開催し、被災者生活再建支援法の遡及適用、福島県飯舘村からの避難者受入れなどを確認した。しかし、原発事故の影響は県内にも現れ始める。前日、福島県産の原乳と茨城県産の野菜から、食品衛生法の暫定規制値を超える放射性物質が検出されていたが、県内でも同日、農産物の放射性物質検査の結果、ホウレンソウとカキナで暫定規制値を上回る放射性物質が検出された。県は出荷自粛を要請し、翌3月21日には、国の指示を受けこれらの出荷を制限した。県は国に対し、原発事故に伴う農産物の出荷制限にかかる農業者等への支援を緊急に要望、3月24日にも、原発事故に伴う農業者等の不安解消を重ねて要望している。しかし、その後も放射性物質の検出は続き、3月25日、シュンギクから基準値を上回る放射性物質が検出され、県は出荷自粛を要請、6月には鹿沼市・大田原市の生茶葉、7月には栃木市の荒茶の出荷を制限している。

1-7. 被災者支援義援金の設立、水道水の摂取制限

　放射性物質による汚染の疑いは、農産物だけでなく水道水にも及ぶ。3月24日、福島第一原発では、外部電源との接続で電力供給が可能となり、電気系統による冷却が開始されたが、復旧作業中の作業員の被曝も確認された。県は東京都の浄水場で国の基準値を上回る放射性物質が検出されたことを受け、県内水道水の検査結果を発表したが、いずれも国の基準値を下回っていた（下野 2011/03/25：1）。

　3月25日、原発周辺では半径20〜30km圏内で屋内退避している住民にも自主避難が促された。同日、県は第10回県災害対策本部会議を開催し、被災者支援義援金（とちまる募金）の設立、県備蓄品の提供などを確認した。県内では水道水の放射性物質検査の結果、宇都宮市と野木町で乳児の基準値を超える水道水が採取されたため、両市町は乳児の水道水摂取を一時制限した。共産党県委員会は水道水調査の徹底を、自民党県連は出荷停止農家への融資制度創設などを知事に申し入れ、JA栃木中央会は民主党、自民党両県連に県産農産物の風評被害防止を求めた（下野 2011/03/26：1, 4, 8）。

　3月26日、原発の放水口付近の海水から高濃度の放射性物質が検出された。県内水道水の放射性物質は基準値を下回っていたものの、県は国に対し、原発事故に伴う飲用水等への影響に関し統一指針の策定や規制値の早期設定を緊急に要望した。3月28日には、栃木県を含む8都県が国に対し、農産物の風評被害対策や流通円滑化を求める緊急要望書を提出し、出荷制限に関し解除基準の明確化や地域設定の細分化などを要望した。

1-8. 農業緊急支援資金の設置、自衛隊の撤収

　年度末、被災者の生活不安が残る中、自衛隊の活動には一区切りがつけられる。県外からの避難者に関しては、公明党県本部が旅館やホテルを避難所に活用するなどの緊急提言を知事に申し入れており（下野 2011/03/25：5）、3月29日、県は第11回県災害対策本部会議を開催し、一時避難所から宿泊施設や県営住宅への移転を促す方針を決定した（下野 2011/03/30：5）。また県は、災害による農作物被害に対し「県農漁業災害対策措置条例」の適用を決定するとともに、同条例が対象としない出荷停止処分や風評被害に関して「がん

ばろう"とちぎの農業"緊急支援資金」を新設した（下野 2011/03/30:1）。震災の影響で就職内定者や労働者が企業から自宅待機を命じられる例が相次いだため、栃木労働局は「学生等震災特別相談窓口」を設置し、県労働組合総連合（県労連）は「労働相談110番」を実施した。県は中央労働金庫と協力し、被災勤労者向けに生活資金の融資制度を創設した（下野 2011/03/30:2, 4）。同日夕方、県から自衛隊に災害派遣部隊の撤収が要請された。3月30日、福田富一知事は県市長会長・県町村会長とともに関係省庁を訪問し、県・県市長会・県町村会の連名で国に対し、震災にかかる緊急要請書を提出した。同日、民主党県連は原発被害に関する緊急要望書を知事宛に提出した。また、震災による自粛ムードなどで観光客が激減する中、県観光物産協会は県に対し観光振興に関する要望書を提出している（下野 2011/03/31:5, 9）。

2. 原発事故被害対策

2-1. 観光業への風評被害、観光安全宣言

　春の行楽シーズンを迎え、農産物や水道水の安全性は確認されても、風評被害が懸念された。県内水道水の放射性物質検査では、宇都宮市の浄水場で取水が一時停止されたが、国の基準値を下回っていた。県産農産物の放射性物質検査でも、路地ホウレンソウ以外の品目は国の基準値を下回った（下野 2011/04/01:3）。その後、4月14日にカキナとシュンギク、4月27日にはホウレンソウの出荷制限が解除されている。不安を払拭するため、4月1日、県は「食品及び飲用水の安全性等に関する相談窓口」を設置、4月5日の第12回県災害対策本部会議では、「とちぎ観光安全宣言」を決定した。

2-2. 農業損害の賠償請求

　原発事故による損害の賠償に関しては、4月11日、原子力損害賠償法に基づき、文部科学省に原子力損害賠償紛争審査会が設置された。農業損害に関しては、4月15日、JAグループを中心に「東京電力原発事故農畜産物損害賠償対策栃木県協議会」が設立され、県内の農業損害を取りまとめ東電に請求していくことになった。県は、4月14日に農政課内に原子力農業損害対策チームを発足させ、各農業振興事務所に相談窓口を設置している。

2-3. 義援金の配分、県震災復興推進本部の設置

　震災から1か月、4月11日の第13回県災害対策本部会議では災害救助法適用の延長などを確認したが、県は災害復旧から震災復興へと軸足を移し始める。4月19日、県は国に対し、原発事故に伴う観光業への支援等を緊急に要望、翌4月20日には、緊急雇用創出事業の要件緩和を要望した。同日、県は第14回県災害対策本部会議を開催し、総合相談窓口の相談受付実績などを確認している。4月21日には、第1回県義援金配分委員会が開催され、日本赤十字社などを通じて寄せられた義援金、とちまる募金の配分が決定された。

　4月27日、県は、第1回栃木県震災復興推進本部会議を開催し、風評被害への対策や被災企業への支援など各部局の取組みを協議した[81]。4月28日には、国に対し、原発事故に伴う牧草の生産・利用に関して緊急に要望をしている。

　5月9日、県は、被災者等の支援、被災県有施設の復旧、震災で影響を受けた県内観光地の振興対策に対処するため、補正予算を編成し、5月10日には、国に対し、震災に伴い特別の財政援助を受けられる特定被災地方公共団体の追加指定を緊急に要請した。

2-4. 校庭等の放射線量の測定

　放射線の影響に関しては、学校などで放射線量の測定が行われた。5月11日の第15回県災害対策本部会議では、汚泥焼却灰から放射性物質が検出された県下水道資源化工場周辺での放射線量測定が指示され（下野2011/05/12: 2）、5月13日からは、県内の教育機関等を対象に校庭の空間放射線量を測定する調査が実施された。一部地域の学校では高い放射線量が検出され、5月25日、県は国に対し、原発事故に伴う校舎・校庭の安全・安心の確保を緊急に要望している。

81「栃木県震災復興推進本部」の構成員は県災害対策本部と同様であるが、事務局は総合政策部総合政策課となっている。県災害対策本部が県内の復旧対策や他県被災者への支援を目的とするのに対し、同推進本部は、県民生活の安定化や経済産業活動の回復、災害に強い地域づくりを目的とする。

6月6・7日と20・21日には、教育機関等のうち5月の調査で一定以上の放射線量を測定した那須塩原市と那須町の施設について追跡調査が実施された。県は、6月9日、両市町と連名で国に対し、児童生徒が学校で受ける放射線量の低減に向けた当面の対応、原発事故に伴う水道水の安全・安心の確保を緊急に要望、6月27日には学校設置者が行う放射線量の低減対策を支援するため、追加補正予算を措置した。その後、土壌処理が完了した施設については、8月末に確認調査が実施されている。

2-5. 県議会災害対策特別委員会の設置、補正予算の編成

震災からの復旧・復興に向けた取組みも本格化する。5月16日、県は避難生活者のためのワンストップ電話相談窓口を災害対策本部内に設置した。5月20日の第2回県震災復興推進本部会議では、夏の全県的な節電の取組を決定、5月31日の第3回本部会議では、県外からの避難者に対する就労意向の調査、観光・物産等の風評被害対策などに取り組むことを決定した。

一方、県議会でも、5月16日に第1回栃木県議会災害対策特別委員会を開催し、正副委員長を選出、6月1日の第2回委員会では、「被災者の生活支援、公共施設の復旧及び経済産業の復興」と「災害に強い地域づくり」が重点テーマに設定された。

6月2日、県は国の補正予算に呼応して、道路・農業用施設の復旧や地すべり対策、被災者の生活再建、震災で影響を受けた県内中小企業の経営安定や失業者への支援に対処するため、補正予算を編成した。6月8日、第16回県災害対策本部会議では、県外からの避難者に応急仮設住宅として民間賃貸住宅の借上げ提供が決定され、義援金配分の迅速化も指示された（下野2011/06/09:1）。

2-6. 災害廃棄物処理計画、国への提案・要望活動

6月29日、第4回県震災復興推進本部会議では、災害廃棄物処理計画の策定、節電トライアルの実施結果が報告されるとともに、農耕地土壌放射性物質濃度分布マップの作成、農地での放射性物質の影響軽減に向けた試験研究などに取り組むことを決定した。

また県は、国に対し東日本大震災に関する提案・要望として原子力災害対策など 15 項目を決定し、6 月 30 日から 7 月 13 日にかけて各省庁に要望活動を行っている。

2-7. 肉牛から放射性物質の検出

　放射性物質による農産物の汚染は、稲わらを通じてついに肉牛にも広がった。7 月 22 日、県は国と東京電力に対し、原発事故による農業損害への対策を要望したが、同日、東京都の検査で那須塩原市の農家が出荷した肉牛から放射性物質が検出されたことが判明、7 月 25 日、県は汚染稲わらの給与が原因であるとの分析結果を報告した。その後の調査で、日光市や那須町の農家でも稲わらから放射性物質が検出された。

　7 月 27 日には、県は国に対し、原発事故に伴う牛肉の安全確保等を緊急に要望した。7 月 28 日、県は肉牛の放射性物質の全戸検査を実施したが、暫定規制値を上回る放射性物質は検出されなかった。しかし、翌 7 月 29 日、大阪市の検査で日光市の農家が出荷した肉牛から放射性物質が検出されてしまう（下野 2011/07/30：1-2）。

2-8. 観光シーズンの誘客対策、肉牛の出荷停止

　夏の観光シーズンで風評被害を払拭したい矢先、県は肉牛の出荷停止をよぎなくされる。8 月 1 日、第 5 回県震災復興推進本部会議では、観光・物産に関する風評被害を払拭するため、引き続き県内外において観光イベント等を開催することを決定した。しかし、県産牛から放射性物質が相次いで検出された問題で、8 月 2 日、県は国の指示を受け、福島県・岩手県に続き、牛の県外移動と出荷を停止することになった。

　8 月 5 日、栃木・茨城両県は、知事・議長の連名で国に対し、風評被害払拭のためメディアを駆使した誘客対策、原発事故に伴う農畜産物等の安全性確保を緊急に要望した。

2-9. 全頭検査と肉牛の出荷再開

　汚染牛肉の判明は相次ぎ、8 月 5 日には東京都の検査で、翌 8 月 6 日には

新潟県の検査で、那須町の農家が出荷した肉牛から放射性物質を検出したことが判明した（下野 2011/08/07:2）。その後も、8月11日、稲わらの全戸立入調査の結果、43戸で汚染稲わらを使用した疑いが判明した。埼玉県の検査では大田原市の農家が出荷した牛肉から放射性物質を検出し、8月13日にはこの農家から汚染稲わらを給餌した疑いのある牛が182頭も出荷されたことが判明した。

　県は、8月10日、出荷停止解除に向け、全頭検査と飼養管理徹底を柱とする品質管理計画を作成し、8月19日には、牛肉の安全管理や飼養管理、出荷制限で影響を受けた牛飼養農家への支援に対処するため、補正予算を専決処分した。そして8月25日、県の出荷・検査方針に基づき管理される牛については県外移動と出荷の制限が解除され、3週間ぶりにようやく出荷が再開された。出荷停止の一部解除を受け、8月29日から肉牛の放射性物質の全頭検査が開始されている。

2-10. 補正予算や共同の要望活動

　夏過ぎには、国の動きに合わせた補正予算や要望活動なども行われており、9月9日、第17回県災害対策本部会議では、放射性物質に汚染された廃棄物の一時保管場所が議題となったが（下野 2011/09/10:1）[82]、同日、県は、国の補正予算に呼応して、震災からの復旧・復興への取組を中心に補正予算を編成した。その後、11月18日にも震災復興推進基金の造成などに対処するため補正予算を編成している。

　また、関係団体の連名による要望も行われ、10月7日には、県・県議会・県市長会・県市議会議長会・県町村会・県町村議会議長会の連名で、国に対し東日本大震災からの復興推進に関する要望書を提出し、10月12日には、岩手県・宮城県・福島県・栃木県の連名で、国に対し県産牛肉の安全宣言等を要望、11月21日にも、茨城県・栃木県・群馬県・宮城県の連名で、原発事故に関し隣接県への支援を要望している。

---

[82] 県災害対策本部はその後半年間、休止状態となり、第18回県災害対策本部会議が開催されたのは、震災1周年にあたる2012年3月11日のことである。

2-11. 災害対策特別委員会の活動

　この間、県議会の災害対策特別委員会も、定期的に開催され、幅広く活動している。6月23日の第3回委員会では、現地調査として仮設住宅、土砂災害危険箇所、瓦礫仮置き場、被災中学校を訪問、7月7日の第4回委員会では、県内調査として観光地の風評被害、小学校で放射線量の測定と表土除去の対応、医療機関の被災状況と震災時の対応などを調査した。7月26日の第5回委員会では、震災と原発事故の農業や商工業への影響、対応状況と課題について、農業団体や商工業団体から意見を聴取、8月3日・4日の第6回委員会では、県外調査として新潟県を訪問した。8月31日の第7回委員会では、原発事故の損害賠償に係る国の対応、9月12日の第8回委員会では、商工業及び農業の放射能対策と県地域防災計画の見直しを検討した。10月7日の第9回委員会では、地域防災計画の原子力災害対策編の新設、原子力災害対応マニュアルの整備などが報告され、11月29日の第10回委員会では、県内17市町が地域防災計画に原子力災害対策編を新設する方針などが報告された。

2-12. 放射線健康影響有識者会議の設置

　放射性物質の問題に関しては、議会とは別に、有識者による会議で専門的に検証されることになる。10月26日、県は、福島第一原発事故による放射性物質が県民の健康に与える影響を検証するため、「放射線による健康影響に関する有識者会議」を設置し、委員を選任した（下野2011/10/27:1）[83]。10月29日、県の第1回放射線健康影響有識者会議が開催され、会議の運営に関しては、自由な意見交換や円滑な議論のため、一部非公開とすることに決めたが（下野2011/10/30:1-2）、放射線による健康への影響を考える県内の5市民団体は、会議の公開などを求め委員の人選を問いただす文書を知事らに提出した（下野2011/12/02:5）。

---

[83]「放射線による健康影響に関する有識者会議」は、放射線医学・放射線管理、腫瘍学、小児科学、毒性学、リスクコミュニケーションの6分野7名の委員で構成されている（栃木県2013:83）。

2-13. 林産物や野生鳥獣から放射性物質検出

秋になると、原木栽培の農産物から放射性物質が相次ぎ検出され、再び問題となる。10月20日に那須塩原市、11月11日に日光市で原木ナメコの出荷自粛を要請、10月21日の鹿沼市を皮切りに各地で原木クリタケの出荷自粛を要請した。11月14日には国の指示を受けてこれらの出荷を制限した。11月25日以降、矢板市などで乾シイタケの出荷自粛を要請した。

冬には野生鳥獣からも放射性物質が検出された。12月2日には、県は国の指示を受けて県内全域でイノシシ肉とシカ肉の出荷を制限した。

2-14. 観光振興・復興県民会議の設立、復興支援事業の要望

観光振興や復興に関しては、地域一丸となって取り組むため、県民会議が設立された。11月22日、県は第6回県震災復興推進本部会議で「栃木県観光振興・復興県民会議」の設立を決定し[84]、12月9日、県議会の第11回災害対策特別委員会で報告をした。

12月13日、県は国の第3次補正予算に呼応し、震災復興に向け公共事業の執行や緊急雇用創出事業基金への積立てのため、追加補正予算案を編成した。12月21日には、県は県観光振興・復興県民会議との連名で、国に対し、観光復興への支援を緊急に要望している。

2-15. 子どもの被曝線量調査、広聴会の開催

放射線の健康影響に関しては、子どもの被曝線量の調査が行われ、広聴会も開かれた。12月13日、県教育委員会は、放射線の影響に関する問答集を作成し、教員を対象に研修会を開催した（下野2011/12/14:3）。12月23日、県の第2回放射線健康影響有識者会議が開催され、県民の被曝線量を調査するため、個人線量計による測定や学校給食の検査などを決定した（下野2011/12/24:1）。これを受け、県は、環境省が指定した汚染状況重点調査地域の8市町に下野市と市貝町を加えた10市町で子どもの被曝線量調査を実施

---

[84]「栃木県観光振興・復興県民会議」は、東日本大震災及び福島第一原発事故に伴う風評被害を払拭し、観光復興とさらなる発展を図ることを目的とし、県や市町をはじめ県内の観光関係団体や交通事業者、農商工関係団体、金融機関、高等教育機関や報道機関など37団体で構成される。

する方針を固め（下野 2012/01/06:5）、2012 年 1 月 16 日から対象者に説明会を開催し、1 月 20 日より個人線量の計測が開始された[85]。1 月 27 日からは給食調査が開始された[86]（下野 2012/01/19:2）。その後、2 月 11 日には、県の放射線健康影響有識者会議の広聴会が開催され、有識者会議の委員らが市民団体の代表者らと意見を交換したが、有識者の説明と市民団体の認識はかみ合わず、不安の払拭には至らなかった（下野 2012/01/31:1）。

2-16. 県原子力災害対策専門委員会の設置

今後の原子力災害対策に関しても、有識者による会議で専門的に検討される。2012 年 1 月 10 日、県は、学識経験者からなる「栃木県原子力災害対策専門委員会」を設置し、原子力災害対応マニュアルの作成や地域防災計画（原子力災害対策編）の策定を検討すると発表した。同日、県議会では第 12 回災害対策特別委員会が開催され、この専門委員会の設置について説明がなされている。なお、1 月 26 日に開催された第 13 回災害対策特別委員会では、それまでの活動をもとに報告書案が検討され、被災者の生活支援、公共施設の復旧、経済産業の復興、災害に強い地域づくり、放射性物質汚染対策に関する提言がとりまとめられている。

2-17. 有識者会議の中間とりまとめ

放射線の健康影響に関しては、その後、3 月 8 日、県は、子どもをもつ親や妊婦と関わる機会の多い母子保健担当者を対象に、放射線に関する研修会を開催し（栃木県 2013:84）、3 月 10 日・11 日にはホールボディカウンターによる測定を実施した[87]。

3 月 20 日、県の第 3 回放射線健康影響有識者会議が開催され、県民の放射線被曝量を把握するための調査結果に関し、給食調査で学校給食の一部か

---

[85] 調査対象は 10 市町 45 施設の幼児・児童生徒約 3 千人で、対象者は小型の個人線量計を 2 か月間携帯し、累積外部被曝線量を測定する。
[86] 調査では対象 10 市町 60 施設の給食に含まれる放射性物質量を測定する。
[87] 測定では、那須塩原市内の子どもを対象に、茨城県内の研究機関にある全身測定装置を使用して内部被曝線量を測定する（下野 2012/02/16:1）。

ら検出された放射性物質は極めて低濃度であり、またホールボディカウンターでは全員不検出だったことから、内部被曝について県内は安心できるレベルと評価し、3月31日には中間とりまとめを公表した（下野 2012/03/21:1）。4月10日、県教育委員会は、県内の教育事務所で学校給食用の食材を対象に放射性物質の検査を開始した（下野 2012/04/10:2）。

2-18. 調査結果の報告とシンポジウムの開催

5月28日、放射線による健康への影響を考える県内の5市民団体は、県と県放射線健康影響有識者会議に対し、市民にわかりやすい提言の作成などを求めた（下野 2012/05/29:3）。6月2日、第4回放射線健康影響有識者会議が開催され、個人線量計による外部被曝線量調査は、2か月の累積で最大 0.4mSv だったとする結果を明らかにし、県民の被曝線量は健康障害を心配するレベルにはないとの結論を出した（下野 2012/06/03:1, 3）。6月8日から25日、県は、個人線量計による外部被曝線量調査の結果説明会を、調査対象市町などで順次開催した（下野 2012/06/09:2）。6月18日、県放射線健康影響有識者会議の鈴木元座長は、知事に対して報告書を提出[88]、7月1日には同有識者会議によるシンポジウムが開催され、会議での検討内容や結果が説明されている（下野 2012/07/02:4）。

2-19. 報告書のフォローアップ

放射線健康影響有識者会議が報告書をまとめた後も、フォローアップが行われた。9月4日、県は有識者会議の提言に基づく県の取組状況を公表（下野 2012/09/05:5）、10月13日、宇都宮大学の「福島乳幼児・妊産婦支援プロジェクト」は、那須塩原市内の幼児をもつ保護者の大半が放射線の影響を心配しているとの調査結果を公表している（下野 2012/10/14:1）。10月25日から、県県民生活部は、放射性物質と食品の安全性について県民の理解を深め、消費者の不安を解消するため、県内各所で「食の安全安心とちぎ消費者セミナ

---

[88] 報告書は、県内は健康影響が懸念されるような被曝状況にはないと評価したうえで、食品などのモニタリング結果公表の継続、県民への情報提供とリスクコミュニケーション、除染などの被曝低減対策、今後の状況に応じた的確な対応を提言している（下野 2012/06/19:4）。

ー」の開催を開始した（下野 2012/10/24:4; 栃木県 2013:79）。

　翌年度、那須塩原市は、市民を対象としたホールボディカウンターによる内部被曝線量の測定結果を公表したが、公表に同意した全員が検出限界値未満だった（下野 2013/12/03:2）。放射線健康影響有識者会議は、1年半前の報告書で示した評価に変更はなく、健康調査などは不要と県に対し報告したが（下野 2013/12/25:4）、県内には子どもの被曝を不安に感じる保護者がなお多いことから、不安払拭のため、県民向けのシンポジウムが開催されている（下野 2014/01/27:25）。

2-20. 原発事故子ども・被災者支援法に関する要望

　「原発事故子ども・被災者支援法」が制定されると、具体化に向けた要望活動も行われている。2013年3月14日、「那須塩原放射能から子どもを守る会（子どもを守る会）」は、復興庁を訪れ、根本匠復興相に対し、同法による支援対象地域に那須塩原市を指定するよう要望書を提出した（下野 2013/03/15:3）。4月4日、宇都宮大学などの教員らで組織する「福島乳幼児・妊産婦ニーズ対応プロジェクト」も、同法に関して具体的施策を求める再要望書を提出した（下野 2013/04/05:4）。8月27日、子どもを守る会など4団体は、栃木県知事と県議会議長に対しても、那須塩原市を同法による支援対象地域にするよう国に求める要望書を提出した（下野 2013/08/28:3）。8月30日に国が公表した同法の基本方針案では栃木県が支援対象から外れたため、9月17日、県議会では、同法による支援対象地域に栃木県を追加するよう国に求める意見書を可決した（下野 2013/09/11:3）。

第4-5節　放射性物質の除染と指定廃棄物の処理

　東京電力福島第一原発事故により放出された放射性物質は栃木県内にも蓄積し、放射性物質による健康への影響、放射性物質に汚染された土壌の除染や廃棄物の処理が課題となった。原発事故により放出された放射性物質による環境の汚染に栃木県はどのように対応したのか。

1. 放射性物質の除染と那須町・那須塩原市の要望

1-1. 県除染関係市町連絡協議会の設置

　2011年8月、国は、福島第一原発事故で放出された放射性物質による環境の汚染に対処するため、「放射性物質汚染対処特別措置法」を制定した。同法は、国・地方公共団体・関係原子力事業者などの責務を定め、11月には、同法に基づく基本方針が策定された。同法により、「除染特別地域」では国が除染を実施し、「汚染状況重点調査地域」では市町村が除染を実施し国が費用を負担することになる[89]。

　12月22日、県は、同法の施行に先立ち、除染対象の市町にある一部の県有施設で空間放射線量の予備調査を始めた（下野 2011/12/23:2）。12月27日、県は、汚染状況重点調査地域に指定される市町と「栃木県除染関係市町連絡協議会」を設置し初会合を開催、翌12月28日には、県内8市町が汚染状況重点調査地域として正式に指定された。その後、関係8市町は、2012年4月から6月にかけて、除染区域や除染方法などを定めた「除染実施計画」を順次策定した。県は、5月17日と9月6日、市町職員と事業者を対象に除染講習会を開催している（下野 2011/12/28:3; 栃木県 2013:94-96）。

1-2. 高線量メニューの費用補助問題

　指定地域の一つ、栃木県那須町では、隣の福島県白河市などと空間放射線量が同じ程度にもかかわらず、福島県内と違い表土除去などの効果的な除染方法に国からの補助が得られなかった。那須町の高久勝町長は、環境省に対し国費負担の除染方法を見直すよう要望したが、環境省は那須町に対し「高線量メニュー」への費用補助を認めず、「低線量メニュー」で除染を進めるよう回答した（下野 2012/08/29:3; 08/30:3; 09/26:3）。

　このため、県・県市長会・県町村会は連名で、国に対し除染の推進に関して福島県と同等の財政支援を求めている（下野 2013/06/27:4）。

---

[89] 栃木県内では、佐野市・鹿沼市・日光市・大田原市・矢板市・那須塩原市・塩谷町・那須町の8市町が、年間追加被曝線量1mSvを超える区域をもち、汚染状況重点調査地域に該当した。

その後も、那須塩原市が、一般住宅の除染後の空間放射線量率データを集計した結果、国の補助で行われる低線量メニューに比べ、市が独自に行った表土除去では放射線量の低減効果が高いことを裏づけた（下野 2013/07/13: 1-2; 07/19:2）。こうしたことから、環境省も、那須塩原市と那須町が除染のために独自に財政負担している住宅敷地の表土除去に対し、震災復興特別交付税で支援する方針に改めている（下野 2014/06/10:1）。

2.　廃棄物処分場の選定と矢板市の反対

2-1.　矢板市への候補地提示と矢板市長の受入れ拒否

　放射性物質汚染対処特別措置法では、放射性セシウムの濃度が 8,000Bq/kg を超えるごみ焼却灰や下水汚泥、稲わらや腐葉土などは、「指定廃棄物」として国が責任をもって処分することが定められている。2012 年 8 月 20 日、環境省は、栃木県など各県で建設を予定している指定廃棄物の最終処分場について安全対策の指針案を示したが（下野 2012/08/21:1）、問題はこの指定廃棄物の最終処分場をどこに建設するかである。

　9 月 3 日、環境省の横光克彦副大臣は、県庁で福田富一知事と会談し、栃木県内の指定廃棄物の最終処分場候補地に、矢板市塩田の国有林を選定したと伝えた。福田知事は地元の理解が不可欠として国に対し丁寧な説明を求めるとともに、国や市と調整を行う庁内連絡会議を設けるよう指示した。横光環境副大臣は、矢板市の遠藤忠市長とも面会したが、遠藤市長は突然の候補地提示に反発し、受入れを拒否した（下野 2012/09/04:1）。

　9 月 4 日、県議会の災害対策特別委員会では、矢板市選出の議員が県に対し候補地決定への対応を質問し、県執行部は地元の不安を確かめ、候補地決定過程を精査すると回答した。同日夜、地元自治会の矢板市塩田行政区は、受入れ断固拒否の方針を決めた（下野 2012/09/05:1, 4）。

　9 月 6 日、矢板市は、地元自治会の 5 行政区の住民を対象に説明会を開催し、官民一体で反対することを確認した。同日、地元栃木 3 区選出の衆院議員で、みんなの党の渡辺喜美代表は、細野豪志環境相と会談し、選定過程に問題があるとし候補地の白紙撤回を求めた（下野 2012/09/07:2, 5）。9 月 7 日、矢板市議会は、候補地の白紙撤回を求める意見書を全会一致で可決し首相・

環境相・衆参両院議長に送付した（下野 2012/09/07:2）。

9月10日、福田富一知事は、矢板市の遠藤市長と会談し、県と矢板市が連携して国に説明を求めることを提案したが、遠藤市長は、今は説明を聞く時期ではないと知事の提案を留保し、先に反対運動を組織化する考えを示した。地元では、前夜結成された塩田地区の住民による「指定廃棄物最終処分場設置反対同盟」が、署名運動と看板設置を始めた。同反対同盟は、反対理由として、住民の意向を無視した選定手順、農業や飲用水への影響、「関谷活断層」の存在などをあげている（下野 2012/09/08:3; 09/11:1, 2）。

2-2. 矢板市民同盟会の発足

9月14日、環境省は、県内市町を対象に選定過程に関する説明会を開催した（下野 2012/09/12:1）。県議会では、主要4会派のうち、みんなのクラブと公明党議員会は白紙撤回を求めたが、県政与党のとちぎ自民党と国政与党の民主党・無所属クラブは白紙撤回を求めない方針をとり、会派によって対応が分かれた（下野 2012/09/20:2, 5）。9月21日、県議会の代表・一般質問では、指定廃棄物処分場問題が相次いで取り上げられ、福田富一知事は、矢板市との連携が不可欠としつつ、今後の対応には時間が必要との認識を示した（下野 2012/09/22:4）。

9月24日、矢板市では、最終処分場の建設に反対する全市的な組織「指定廃棄物最終処分場候補地の白紙撤回を求める矢板市民同盟会（矢板市民同盟会）」が設立された（下野 2012/09/21:2; 09/25:1）。

2-3. 候補地間の連携

栃木県に続き、茨城県でも候補地の提示が行われた。9月27日、横光環境副大臣は、茨城県高萩市の草間吉夫市長に対し、茨城県内の指定廃棄物の最終処分場候補地に高萩市上君田の国有林野を選定したと伝え、草間市長は断固拒否すると答えた（下野 2012/09/28:2）。

ところが、10月2日、国では内閣改造に伴い細野環境相、横光環境副大臣がともに辞任する。矢板市の遠藤市長は、新聞の取材に対し、大臣の交代を批判するとともに、市としては矢板市民同盟会と連携して周辺の水源や活

断層を独自に調査する考えを示した。一方、横光環境副大臣も、新聞の取材に対し、環境行政の継続性を強調しつつ、環境省としては住民への説明を最優先する考えを示した（下野 2012/10/03：1, 3）。

10月10日、矢板市の遠藤市長は、高萩市の草間市長と会談し、候補地の白紙撤回に向けて共同歩調を取ることで合意した（下野 2012/10/11：1-2）。10月13日、矢板市民同盟会は、企画委員会で、1万人反対集会開催などの活動計画を決定した（下野 2012/10/14：3）。

2-4. 各党の現地視察、地元の反対署名

10月16日、環境省の園田康博副大臣は、福田富一知事と会談し、福田知事は、園田環境副大臣に対し地元住民の合意に向けた打開策を求めた。同日、矢板市内では、県市長会会議が開かれ、指定廃棄物最終処分場問題は県全体の問題として、県市長会長は、立場を共有すべきと出席者に呼びかけ賛同を得たが、候補地の白紙撤回への支持には慎重な姿勢を見せた（下野 2012/10/17：1-2）。10月18日、矢板市の遠藤市長は、庁内にプロジェクトチームを立ち上げ検討を始めたことを明らかにした（下野 2012/10/19：2）。

10月22日、矢板市の遠藤市長や矢板市民同盟会会長らは、環境省を訪れ、園田環境副大臣に対し候補地の白紙撤回を求める要望書と矢板市民ら延べ4万人分を超える反対署名を提出した。園田環境副大臣は、候補地提示の際の説明不足を陳謝した。同日、みんなの党の渡辺喜美代表は、候補地を視察し、環境省の選定方法を批判し、改めて白紙撤回を求める考えを示した（下野 2012/10/23：1, 3）。10月25日、矢板市民同盟会の実行委員会では、都内で高萩市民同盟と合同決起集会を開催する方針を決めた（下野 2012/10/26：3）。

2-5. 福島集約案の浮上

この頃、国政では衆院解散をにらみ、県政では知事選を控えていた。次第に選挙モードとなる中、政府の方針に対しては、野党議員の渡辺喜美だけでなく、与党議員の福田昭夫も異論を唱えるようになる。10月28日、民主党の福田昭夫衆院議員は、矢板市民同盟会が主催する学習会で、指定廃棄物は福島第一原発内で一時保管すべきとの持論を展開した（下野 2012/10/29：4）。

こうした主張に対し、10月29日、福島県の佐藤雄平知事は、栃木県の福田富一知事に電話で両県の関係悪化への懸念を表明し、福田富一知事は、福島県民の帰還を否定しかねない福田昭夫議員の主張を批判した（下野2012/10/30:2）。

11月1日、衆院本会議で、野田佳彦首相は、みんなの党の渡辺喜美代表からの質問に対し、環境相の発言を踏襲し、候補地の白紙撤回には否定的な見解を示した。同日、栃木県知事選が告示され、現職の福田富一と共産党新人の野村節子が立候補した。指定廃棄物最終処分場問題について、福田富一候補は、早急な処分場の設置が必要との認識を示す一方、野村候補は、候補地の白紙撤回と議論のやり直しを強調した（下野 2012/11/2:1, 3）。

11月6日、県議会の災害対策特別委員会では、震災復興に向けた提言書の骨子案を議論した。骨子案では、処分場の確保を県全体の課題と位置づけ、県には国や市町の意見を聞きながら最大限の努力を求めた（下野 2012/11/07:5）。11月7日、自由民主党の視察団が候補地を視察し、地元住民と意見を交換した。茂木敏充県連会長は、選定手続きの見直しには理解を示したが、候補地の白紙撤回には言及を避けた（下野 2012/11/08:3）。

11月9日、矢板市民同盟会と矢板市長らは、茨城県高萩市を訪れ、高萩市民同盟と高萩市長らと面談し、候補地の白紙撤回に向けた共同歩調を確認する合意書を両同盟と両市がそれぞれ交わした（下野 2012/11/10:2）。11月13日、矢板市は、市議会全員協議会で、除染や処分場問題に専門的に対応するため、放射能汚染対策課を新設することを明らかにした（下野 2012/11/14:3）。11月15日、矢板市議会は、市長に対し、処分場問題への対応策として環境基本計画策定と環境基本条例制定を早急に要望した（下野 2012/11/16:21）。

11月16日、衆議院が解散されると、民主党の福田昭夫前衆院議員は、指定廃棄物最終処分場問題について同党議員と意見交換を行い、衆院選後に議員連盟を立ち上げる方針を決めた。同日、地元では、矢板市民同盟会が市区長会や市PTA連絡協議会などと合同全体会議を開催し、活動予定を確認した（下野 2012/11/17:4）。11月18日、福田昭夫前衆院議員らは、候補地を視察し、地元住民との意見交換で、原発立地町の町議らと懇談したことを伝え

ている（下野 2012/11/19:8）。

2-6. 知事の現地視察

　11月18日、栃木県知事選の結果、福田富一知事が再選された。福田知事は、当選翌日の記者会見で、喫緊の課題に指定廃棄物最終処分場問題をあげていたが、現地訪問の日程が整うと、地元住民との直接対話に抱負を語った（下野 2012/11/22:3; 11/28:2）。

　11月28日、福田富一知事は、候補地選定後初めて現地を視察し、地元住民と意見を交換した。福田知事は住民に対し、県内各地で指定廃棄物の保管場所の確保に苦慮している状況から、最終処分場の早急な設置に理解を求め、選定方法への不満や風評被害への不安に理解を示しつつも、候補地の白紙撤回の要求には知事の責任放棄になるとして同調しなかった（下野 2012/11/29:1, 3）。翌11月29日、福田富一知事は、環境省を訪れ、園田環境副大臣と会談した。福田知事は地元の懸念と白紙撤回の要求を伝え、園田環境副大臣は現地調査と住民との意見交換を行う意向を示した（下野 2012/11/30:1, 22）。

2-7. 反対集会の開催

　12月2日、矢板市民同盟会は、矢板市内公園で反対集会を開催し、約8,000人が参加して候補地の白紙撤回を求める決議を行った。同集会には、衆院選公示を目前に、地元選挙区の立候補予定者らが出席し、自民党新人は選定プロセスの見直しを、みんなの党前職の渡辺喜美は白紙撤回を、民主党前職の福田昭夫は原発内一括保管をそれぞれ主張した（下野 2012/12/03:1, 3）。

2-8. 政権交代と選定過程の検証

　12月16日、衆議院議員総選挙の結果、自民党と公明党が政権を奪還した。12月20日、矢板市民同盟会と高萩市民同盟は、都内日比谷公園で合同決起集会を開催し、候補地の白紙撤回を求め国会周辺でデモ行進した（下野 2012/12/21:1, 3）。12月26日、衆院選の結果を受け、第2次安倍内閣が発足した。12月28日、石原伸晃環境相は、就任直後は明言を避けた候補地選定の見直しについて、選定過程を検証するとの考えを表明した（下野

2012/12/28：2；12/29：1）。

　2013年1月4日、環境省の井上信治副大臣らが、栃木県を訪れ、福田富一知事と矢板市の遠藤市長と会談した。遠藤市長は、あらためて候補地の白紙撤回を求めたが、井上環境副大臣は、選定過程を検証したうえで考慮したいと現時点での白紙撤回を否定し、近く現地視察と地元住民との意見交換を行いたいとの意向を示した（下野 2013/01/05：2）。1月6日、矢板市民同盟会は、徒歩での候補地見学会を開き、白紙撤回への決意を新たにした（下野 2013/01/07：2）。

　1月17日、矢板市議会は、茨城県高萩市で高萩市議会と初の意見交換会を開き、白紙撤回に向け両市議会が合同で国会議員に要望活動を行うことを決め、1月21日には、県関係国会議員らを訪問し、候補地の白紙撤回に向けた協力を要請、井上環境副大臣にも面会した（下野 2013/01/18：3；01/22：3）。1月23日、民主党県連の視察団が候補地を視察し、地元住民らと意見を交換した。谷博之代表は、住民が求める候補地の白紙撤回へ方針を改める考えを示したが、福田昭夫衆院議員が訴える原発内一括保管には異論を唱えた（下野 2013/01/24：4）。

2-9. 候補地の再選定

　高まる白紙撤回の要求に、政府も候補地を再選定せざるを得なくなる。1月31日、安倍晋三首相は、衆院本会議で、みんなの党の渡辺喜美代表の質問に対し、候補地選定について検証結果によっては見直す可能性を示唆した（下野 2013/02/01：3）。2月15日、石原環境相は、環境省で福田富一知事らと会談し、候補地選定過程の検証結果を近く提示する意向を示した（下野 2013/02/16：3）。

　そして2月25日、環境省は、矢板市塩田を候補地とした提案をいったん取り下げ、県内全市町を対象に選定をやり直す方針を示した。選定過程を検証した結果、市町との意思疎通の不足といった問題があり、今後は知事や市町長が参加する会議を設置し地元自治体との協議を重視するとした。同日、井上環境副大臣は栃木県庁と矢板市役所を訪れ、福田富一知事や遠藤市長に検証結果と今後の方針を伝えた。遠藤市長から報告を受けた矢板市民同盟会

は、選定のやり直しを評価しつつ、候補地から外されないことに同じ結果となることを警戒した（下野 2013/02/26:1, 2）。2月26日、福田富一知事は、候補地の再選定にあたり知事や市町長による会議の設置を受け、円滑な合意形成のため、副市町長による事前協議の場を設置するよう提案する考えを示した（下野 2013/02/27:2）。3月1日、石原環境相は、選定やり直しの方針を各県に説明し終えたことを受けて、一定の評価を得たとの感想を述べている（下野 2013/03/02:5）。

2-10. 有識者会議の設置

選定のやり直しが実現したことで、候補地の白紙撤回を求めてきた住民の反対運動も新たな運動方針が必要となった。3月4日、矢板市民同盟会は、実行委員会を開き、最終処分場を各県に1か所整備するとした国の基本方針自体の見直しを要求していくことにした（下野 2013/03/05:3）。こうした国の方針転換を求める動きに対し、3月5日、安倍首相は、衆院本会議でみんなの党の代表質問に対し、指定廃棄物は各県単位の処分が適当との認識を示し、各県に最終処分場を設置するとの基本方針を見直す考えがないことを強調した（下野 2013/03/06:2）。

3月16日、環境省は、「指定廃棄物処分等有識者会議」の初会合を開催した。会議では、処分場の構造や維持管理について意見が交換され、処分場の安全性の確保についてはおおむね了承された（下野 2013/03/17:2）。3月21日、井上環境副大臣は、参院環境委員会で民主党の谷議員の質問に対し、指定廃棄物の県外処理については住民の理解を得るのが困難だとして否定的な認識を示したが（下野 2013/03/22:2）、3月24日、矢板市民同盟会は、役員会を開き、県内各市町長に対し、最終処分場を各県に1か所整備するとした国の基本方針にとらわれない議論を求める意見書を出す方針を固めた（下野 2013/03/25:2）。

3月26日、福田富一知事は、県内首長の共通理解を得るため、逼迫する指定廃棄物の一時保管状況を県内全市町長と合同視察する機会を設ける意向を示した（下野 2013/03/27:3）。3月27日、矢板市民同盟会は、全体会議と緊急市民集会を開き、矢板市内の処分場選定を断固拒否することを確認した

が、県内各市町長に対し国の基本方針にとらわれない議論を求める意見書については、遠藤市長から慎重論が出て提出が先送りされた（下野 2013/03/28: 2）。

2-11. 市町村長会議の設置

　4月5日、環境省は、栃木県と県内各市町の首長を対象とした第1回栃木県指定廃棄物処理促進市町村長会議を開催した。会議では、指定廃棄物の一時保管状況を首長らが合同視察することや、副市町長レベルの作業部会を設置することが確認された。井上環境副大臣は、基本方針に基づく県内での処分場設置に了承を求めたが、首長からは、基本方針を見直し全国1か所集約を求めるなどの異論が相次ぎ、合意には至らなかった（下野 2013/04/06: 1-2）。4月9日、福田富一知事は、入り口論に終始した市町村長会議について、首長らの率直な意見交換を前向きに評価しつつ、国に対しては具体的な風評被害対策の提示を注文した。同日、石原環境相は、各県単位の処分が適当との考えを改めて示した（下野 2013/04/10:3）。こうして環境省は、最終処分場の設置を予定する宮城県・栃木県・千葉県・茨城県・群馬県の5県で同様の市町村長会議を開催した（下野 2013/03/29:1; 04/11:2; 04/13:2; 04/20:3）。

2-12. 候補地選定手順の検討

　4月22日、環境省は、第2回指定廃棄物処分等有識者会議を開催し、候補地選定手順の見直し点を提示した。会議では、地域特性として配慮すべき事項を最大限尊重することや、検討項目で地域住民の安心の観点を重視することが説明されている（下野 2013/04/23:2）。5月7日、矢板市議会と高萩市議会は、矢板市で意見交換会を開き、候補地再選定の動向を注視し、情報交換を続けることを確認した（下野 2013/05/08:3）。

　5月10日、環境省は、第3回指定廃棄物処分等有識者会議を開催し、候補地選定にあたり安全や安心に関する評価の考え方を検討した[90]（下野 2013/05/11:2）。

　5月14日、県内市町の首長らによる合同視察が実施され、指定廃棄物の一時保管状況を現地視察した。視察には、代理を含め全市町が参加し、主催

した県は共通認識を強調したものの、首長本人の参加は一部にとどまり、自治体間の温度差を印象づけた。同日、矢板市民同盟会は、再選定への危機感を共有するため、地域集会の開催を始めた（下野 2013/05/14:1-2, 18）。5月17日、県は、第1回栃木県指定廃棄物処理促進副市町村長会議を開催した。基本方針の見直しについて質問が相次ぎ、環境省は次回の市町村長会議まで回答を先送りしたが、処分場の県内設置に理解を求めた（下野 2013/05/18:2）。

5月21日、環境省は、第4回指定廃棄物処分等有識者会議を開催し、候補地の選定手順案が了承された[91]。この環境省の選定手順案について、矢板市の遠藤市長は、指定廃棄物の発生量を考慮する点を否定的に捉えたが、福田富一知事は、考え方に妥当性があると肯定的に捉えた（下野 2013/05/22:1; 05/23:24; 05/24:5）。

2-13. 県内処理の合意形成

5月27日、環境省は、第2回県指定廃棄物処理促進市町村長会議を開催し、基本方針の見直しに関する回答と、有識者会議で了承された選定手順案の説明がなされた。各県に処分場を設置する国の基本方針については、見直しはしないとの環境省の回答に、一部の首長が反発して原発周辺での処分を求め、福田富一知事は同調しなかったが、県内処理での合意には至らなかった。また候補地の選定手順案については、指定廃棄物の発生量を考慮することに、廃棄物の保管量の多い那須町が強く反発した。環境省は、選定手順案のうち首長に議論を委ねる項目を示したが、会議が入り口論で紛糾したため、本題には入れなかった（下野 2013/05/28:1-2; 5/29:3; 05/30:2）。5月28日、石原環境相は、閣議後の会見で、市町村長会議の結果を受け、丁寧に手順をふみ県内処理に協力を得るしかないと述べた（下野 2013/05/29:3）。

5月30日、福田富一知事は、県議会で、とちぎ自民党の代表質問に対し、

---

[90] 評価項目では、安全を確保するため除外する地域として、地すべりなど自然災害の危険性、また地域の理解が得られやすい土地を選定するため、水源との近接状況などが議論された。
[91] 選定手順案では、安全等に関して自然災害、自然環境の保全、史跡・名勝・天然記念物等の保護を評価項目にあげ、安心面に関しては自然度、水源や生活空間との近接状況、指定廃棄物の発生状況を評価項目にあげている。

処分場の県内設置が現実的との認識を示し、基本方針については国に納得できる説明を求めると答えた。福田知事は、基本方針見直しの働きかけを求めた矢板市選出議員の一般質問に対しても、同様の答弁を繰り返している（下野 2013/05/31:5; 06/04:5）。

　環境省は、原発周辺での処理を求める意見を受け、福島県に対し文書で意向を確認し、6月20日、井上環境副大臣は、福島県から各県での処理を求める旨の回答があったことを公表した。県内首長らの意見交換会に先立ち、福島県から県外の指定廃棄物の受け入れを拒否する意向が示されたことで、福田富一知事は県内処理への理解を期待し、県外処理を求めてきた県内首長らは談話を控えた（下野 2013/06/21:1,3）。6月21日、県内の市町長らは、国や県を交えず独自に意見交換会を開いたが、福島県の意向も打開の糸口にはならず、処分場の県内設置について合意は得られなかった（下野 2013/06/22:1-2）。

2-14. 処分場問題の停滞

　いっこうに進展しない処分場問題に関しては、関係者の間にも苛立ちが高まり、原発周辺での処分にこだわる一部の首長やリーダーシップを発揮しない国に批判が出始める。6月25日、福田富一知事は、県内首長の合意が得られなくても、国が国の責任で処分場の県内設置を進める可能性があるとの見解を示した（下野 2013/06/26:1）。

　7月16日、環境省は、第5回指定廃棄物処分等有識者会議を開催し、市町村長会議での意見と対応を検討した。市町村長会議では、指定廃棄物の保管量を候補地選定の評価項目とすることに保管量の多い自治体が反発したことから、有識者会議では、保管量を評価項目に残しつつ、重視する程度は各県の市町村長会議の判断に委ねることにした（下野 2013/07/17:3）。

　環境省は、宮城・千葉・茨城の3県では県内処理の方針がおおむね了承されたとの認識を示し、7月17日、福田富一知事は、他県での了承を受け、県内での議論の進展に期待感を表した（下野 2013/07/18:1）。7月30日、矢板市民同盟会は、第2回緊急市民集会を開き、国が基本方針を見直さず候補地選定に向け議論を進める状況に危機感をあらわにした（下野 2013/07/31:3）。

2-15. 暫定保管案の却下

　8月5日、県は第2回県指定廃棄物処理促進副市町村長会議を開催した。会議では、環境省が国の基本方針の制定経緯や福島県の意向を説明し、県は県内処理に一定の理解を得て議論を進める考えを示した（下野 2013/08/06:1）。県内処理やむなしの動きに対し、8月21日、矢板市の遠藤市長は、県内処理の代替案として、指定廃棄物の仮置き場を数か所に集約し、安全な方法で暫定保管することを、市町村長会議で提案する考えを示した（下野 2013/08/13:2; 08/22:3）。8月26日、福田富一知事は、次回の市町村長会議で入り口論に決着をつけてほしいと期待を述べ、矢板市長が提案する仮置き場での暫定保管については現実的でないと難色を示した（下野 2013/08/27:3）。

　8月27日、環境省は、第3回県指定廃棄物処理促進市町村長会議を開催した。県内首長からは、仮置き場での暫定保管や中間貯蔵施設としての設置などが提案されたが、環境省は、早期処理を理由に県内1か所に集約し最終処分場を建設するという姿勢を崩さなかった。井上環境副大臣と福田富一知事は、県内処理に全員の合意ではないが一定の理解が得られたとの認識を示し、以後は県内処理を前提に議論が進められることになった。原発周辺での処分については、会議前に県が非公式の会合を設け、福田富一知事は福島県への搬出がいかに無理筋かを説いた。知事の説得が功を奏し、会議で蒸し返す首長はいなかった。仮置き場での暫定保管については、環境省が、県内の指定廃棄物のうち1,300t以上が30年後もなお基準値を超え、未指定分の放射性廃棄物を含めると将来の保管量はさらに増えるとの試算を示し、集中管理・処分が合理的と指摘した（下野 2013/08/28:1-2）。会議後、県内処理が前提となったことについて、県内首長には、前向きに捉える者もいれば、不満を述べる者もいた（下野 2013/08/29:25; 08/31:3）。

　9月3日、矢板市民同盟会と塩田地区同盟は、選定から1年を機に市民大集会を開き、各県処理を定めた基本方針の見直しを引き続き訴え、候補地の白紙撤回を市民に呼びかけた（下野 2013/09/04:3）。しかし9月18日、井上環境副大臣は、各県処理を定めた国の基本方針については関係全県で一定の理解が得られたとの認識を示し、候補地の選定手順について議論を進める方針を示した（下野 2013/09/19:3）。

こうして指定廃棄物の最終処分場問題は、国の唐突な候補地選定に矢板市が反発し、地元住民らは反対組織を発足させ、他の候補地とも連携し、白紙撤回を求め大規模な反対運動を展開した。政権交代後、国は選定過程を検証して地元との意思疎通不足を反省し、候補地選定の仕切り直しを決断した。しかし地元との対話を重視したその後の再選定では、一部の首長が各県処理を定める基本方針の見直しや原発周辺での処分を主張し、県内処理への合意形成は難航した。市町村長会議が入り口論に終始する中、知事が県内処理との立場を堅持し、環境省も国の責任で推進することを強調することで、ようやく入り口論に決着をつけたのである。

3. 廃棄物処分場の再選定と塩谷町の反対

3-1. 候補地選定への意見反映

　候補地の再選定は、自治体の意見を反映させながら慎重に進められた。9月25日、環境省は、候補地の選定について市町の意見を聴取するため、県を通じて県内市町にアンケートを実施した（下野2013/09/26:1）。10月4日、環境省の第6回指定廃棄物処分等有識者会議が開催され、栃木県・群馬県の市町村長会議での意見と対応の方向性が説明され、候補地選定の評価方法案が了承された[92]（下野2013/10/05:1; 10/08:2）。

　11月1日、県の第3回県指定廃棄物処理促進副市町村長会議が開催され、県内市町アンケートの結果が公表された[93]。環境省は、調査結果をふまえ市町村長会議に各県の事情を考慮した選定手順を提示する考えを示した（下野2013/11/02:1, 5）。

　11月12日、福田富一知事は、処分場候補地として県有地もあり得るとの

---

[92] 安心の評価では、集落との距離、水利点との距離、植生自然度、指定廃棄物の保管量の4項目を点数化し合計点で順位づけすることを基礎とするが、県ごとに地域の実情が勘案される。栃木県内では保管量を評価とする点に一部首長が反発しており、評価項目の除外や点数配分の変更が議論の焦点として注目された。

[93] 調査結果によると、指定廃棄物の処理方法については、県内26市町のうち18市町が処分場の県内設置に理解を示した。候補地の対象については、国有地に限定することに意見が分かれた。評価項目については、保管量を評価項目とすることに賛成や反対、一定の配慮、無回答と回答が割れた。自由回答では、風評被害対策や地域振興策を求める意見が多かった。

考えを示し、11月20日、矢板市の遠藤市長は、仮に県内に処分場を設置するならば、県有地を対象に含め、候補地の選択範囲を広げたほうがよいとの考えを示した（下野 2013/11/13:1; 11/21:4）。12月6日、塩谷町の見形和久町長は、なおも最終処分場の県内設置は困難だとし暫定保管が最良と主張した（下野 2013/12/04:5）。

3-2. 県版選定手順の作成

　12月17日、県は第4回県指定廃棄物処理促進副市町村長会議を開催し、栃木県の事情を考慮した候補地選定手順の素案が提示された。いわゆる栃木県版の素案では、候補地に県有地を含めること、評価項目のうち指定廃棄物保管量の配点を下げることが盛り込まれた。環境省は、選定手順が決まりしだい選定作業に入り、詳細調査を行う候補地1か所を提示する。同省幹部は、年度内に候補地を提示する意向を示したが、選定過程は公表しないと述べた（下野 2013/12/18:1）。12月20日、矢板市の遠藤市長は、環境省が候補地提示まで選定過程を公表しないことに対し、候補地を複数提示するよう求め、選定過程の非公開に異議を唱えた（下野 2013/12/21:4）。

　12月24日、環境省は第4回県指定廃棄物処理促進市町村長会議を開催し、栃木県の事情を考慮した候補地選定手順が決定された。会議では、栃木県版の選定手順に異論は出なかったが、県内首長からは、候補地の選定前に具体的な風評被害対策や地域振興策を提示するよう要望があり、井上環境副大臣は、候補地となった市町向けに使途の広い基金を設立すると表明した。矢板市長は、候補地の複数提示を求めたが、井上環境副大臣は、混乱回避のため1か所に絞り込み提示すると回答した（下野 2013/12/25:1, 3）。

3-3. 福島集約論の再燃と牽制

　3月16日、民主党の福田昭夫衆院議員は、各県の指定廃棄物を原発周辺で一括保管するという従来の主張を提言案にまとめ、矢板市塩田地区の住民と意見交換した（下野 2014/03/17:5）。3月27日、井上環境副大臣は、栃木県内候補地の年度内提示は困難との見通しを示したが（下野 2014/03/28:1）、候補地となる可能性が高い県北部の首長らは、候補地の提示を前に緊張を高

めた（下野2014/03/30:1, 3）。3月30日、福田富一知事は、県外処理の主張について、県内を混乱させる言動を慎むよう批判した（下野2014/03/31:5）。

3-4. 地元対策費の準備

　4月9日、石原環境相は、環境省を訪れた福田富一知事に対し、地域振興策や風評被害の未然防止策の費用として関係5県に計50億円を配分すると表明した。福田知事は基金創設を一歩前進と評価したが、県内首長らは評価を保留した（下野2014/04/10:1, 5）。県内首長らは候補地の提示を間近に控えて神経質になっていたが、福田富一知事は、候補地提示後の地元の反発を見越し、県市長会と県町村会を通じて県内市町に対し、提示結果に異論があっても国からの説明を聞くよう、地元説明会の開催に協力するよう要請した（下野2014/04/17:5）。

3-5. 県による独自検証の検討

　5月27日、福田富一知事は、定例の市町村長会議で、国の候補地提示後、県民の立場から選定過程を検証するため、専門家による第三者機関を県が独自に設置する意向を表明したが、提示後の検証に実効性を疑問視する首長もいた（下野2014/05/28:1; 05/29:5）。5月30日、福田知事は、県議会代表質問で、検証機関を早急に設置できるよう人選を進めるとし、地元の要望を反映できるよう国に働きかけると答弁した（下野2014/05/31:5; 06/04:7）。こうして7月22日、県は、「栃木県指定廃棄物処分等有識者会議」を設置する[94]（下野2014/07/23:5）。

3-6. 塩谷町への候補地提示

　7月30日、環境省は、栃木県内の指定廃棄物最終処分場の候補地として塩谷町内の国有地を提示した。候補地は最終的に矢板市と塩谷町にある計5か所に絞り込まれたが、集落や水源と距離が離れていることが点差につなが

---

[94]「栃木県指定廃棄物処分等有識者会議」は、水処理、廃棄物処理、放射線管理などの専門家で構成されている。

った。井上環境副大臣は、塩谷町役場を訪れ、見形和久町長と同席した福田富一知事に対し、塩谷町上寺島の国有地を候補地に選定したことを伝え、詳細調査への協力を求めた。候補地の近くには環境省の全国名水百選にも選ばれた「尚仁沢湧水」がある。塩谷町の見形町長は、明確に反対の意思を示し、受入れを前提とした詳細調査には賛成できないと述べた。井上環境副大臣は、伝達後の記者会見で、地元の懸念は当然とし説明の機会を求める考えを示した。福田富一知事は、尚仁沢湧水への影響は県有識者会議でも検討してほしいと述べた。地元選出の国会議員らはそろって反対を唱えた（下野2014/07/30：1；07/31：1-3, 5）。

7月31日、環境省は、第5回県指定廃棄物処理促進市町村長会議を開催し、石原環境相が出席して、詳細調査への協力を求め、国が責任を持って取り組むと説明した。福田富一知事は、県指定廃棄物処等有識者会議を早急に開催する意向を示し、また、地域振興策として名水プロジェクトなどを例示した。塩谷町の見形町長は、尚仁沢湧水への影響を考慮したかを問いただすなど盛んに発言したが、石原環境相の回答には納得しなかった。会議の会場前では塩谷町民らが抗議を行い、環境省や県、塩谷町には建設に反対する意見が数多く寄せられた（下野2014/08/01：1-3）。

8月5日、塩谷町議会は、塩谷町上寺島の候補地選定の白紙撤回を求める意見書を全会一致で可決した。意見書では、候補地が尚仁沢湧水に隣接することなどを理由にあげた。また、尚仁沢湧水保全条例の制定を求める町民からの陳情も全会一致で採択した（下野2014/08/06：1, 3）。8月6日、みんなの党県総本部の国会議員らは、塩谷町の候補地を視察し住民と意見を交換した（下野2014/08/07：1, 4, 5）。

3-7. 塩谷町民同盟会の発足

8月7日、塩谷町では、候補地の白紙撤回を求める「塩谷町民指定廃棄物最終処分場反対同盟会（塩谷町民反対同盟会）」が設立された（下野2014/08/08：1-2）。

8月8日、県市長会長・県町村会長を含む県内8市8町の首長らは、塩谷町の候補地を視察した。同日、共産党県委員会は、福田富一知事あてに候補

地の白紙撤回を申し入れた（下野 2014/08/09：1, 3, 5）。8月10日、県議会会派のみんなのクラブは、矢板市内で緊急集会を開き、各県処理の見直しを主張し、みんなの党の渡辺喜美前代表は、同党が提案する原発周辺地の買上げ借上げ法案を説明した（下野 2014/08/12：5）。8月12日、民主党県連は、塩谷町の候補地を視察し、福田昭夫県連代表は、各県処理を定めた基本方針の見直しが必要と述べた（下野 2014/08/13：5）。

　8月12日、塩谷町は、塩谷町民反対同盟会との連絡調整などを行う指定廃棄物処分場対策班を総務課内に設置すると発表した（下野 2014/08/13：5）。8月16日、塩谷町民反対同盟会は、役員会議を開き、決起集会の開催などを決めた（下野 2014/08/17：3）。8月18日、塩谷町議会は、環境相宛に候補地の白紙撤回を求める意見書を提出した。応対した井上環境副大臣は、説明の機会と詳細調査への協力を重ねて求めた（下野 2014/08/19：2）。

3-8.　県有識者会議による検証

　8月20日、県は第1回県指定廃棄物処分等有識者会議を開催した。会議では、環境省が詳細調査候補地の選定経過を説明し、委員が疑問点をただした。同省は、委員が質問した地下水脈の調査やアクセスの評価については詳細調査で行うと回答し、詳細調査の評価項目については資料を作成中とした。出席した福田富一知事は、国にわかりやすい資料と丁寧な説明を求めたが、傍聴した塩谷町民らは国の説明や会議のあり方に不満を表した（下野 2014/08/21：1-2）。8月22日、井上環境副大臣は、新聞の取材に対し、詳細調査の項目については地元の要望を尊重する意向を示した（下野 2014/08/23：1, 5）。

3-9.　塩谷町長の説明会開催拒否

　8月25日、井上環境副大臣は、塩谷町の候補地を初めて視察した。町民らは、井上環境副大臣に反対の声をぶつけ、見形町長にも詰め寄るなど、町役場前は騒然とした。塩谷町の見形町長は、それまで処分場建設には反対しつつも説明会開催は容認していたが、市町村長会議と同様のうやむやな了承をおそれ、住民説明会開催への協力を拒否する姿勢に転じた（下野

2014/08/26:1, 3)。8月26日、県議会会派のみんなのクラブと民主党・無所属クラブは、候補地選定経緯の詳細な説明を国に求めるよう知事に要望した（下野 2014/08/27:5）。

8月27日、塩谷町の見形町長と塩谷町民反対同盟会の会長らは、同町の荒川下流に位置する4市町を訪ね、候補地の白紙撤回を求める署名活動に自治会などを通じた協力を要請した。その後、見形町長らは、同様に近隣の市町を訪問し、署名活動への協力を要請している（下野 2014/08/28:3; 08/29:3; 09/01:3; 09/04:3）。

塩谷町長の翻意に、県内の首長らも市町村長会議の運営を振り返ったが、ある首長は会議を重ねたことを評価し、またある首長は、議論のないまま進めたことを反省した。新聞の調査によれば、市町村長会議で選定手順を了承した経緯から、前回の選定時に比べると、選定のやり直しを求める首長は大幅に減っている（下野 2014/08/28:3; 08/31:1-2）。

8月31日、塩谷町民反対同盟会は、候補地の白紙撤回を求める緊急住民集会を開いた。民主党やみんなの党の国会議員は本人が出席したが、自民党の西川公也衆院議員は急きょ欠席し、会場からは不満の声があがった（下野 2014/09/01:1, 3）。

3-10. 塩谷町の湧水保全条例制定

9月3日、内閣改造が行われ、西川議員は農水相に就任、環境相には望月義夫衆院議員が就任した。望月新環境相は、就任後の記者会見で、塩谷町の候補地選定について反対する地元の説得に意欲を示した（下野 2014/09/05:5）。西川新農水相は、入閣前は塩谷町の候補地選定に反対の意向を示していたが、就任後は閣内不一致を理由に明言を避けた（下野 2014/09/07:4）。

候補地選定手順をめぐる塩谷町の不満は、市町村長会議でのうやむやな了承だけでなく、評価項目の変更にも向けられた。環境省の説明によれば、今回の候補地選定では、河川・崖地までの距離や鳥獣保護区の有無などが評価項目から削除されたことで、前回選定された矢板市塩田と順位が逆転した（下野 2014/09/09:5）。選定手順をめぐる認識に食い違いが生じるなか、9月9日、福田富一知事は、選定手順の再認識が必要と述べ、市町村長会議を開催する

意向を示した（下野 2014/09/10:1）。

9月10日、小里泰弘新環境副大臣らが県庁を訪れ、福田富一知事と会談し、早期に候補地を訪問し地元の理解を得たいとの意向を示した（下野 2014/09/11:5）。

しかし、9月19日、塩谷町議会は、臨時議会で、「塩谷町高原山・尚仁沢湧水保全条例」案を全会一致で可決し[95]（下野 2014/09/20:1, 5）、条例で処分場建設の阻止を図る。

3-11. 知事の現地視察

9月22日、県議会・県市議会議長会・県町村議会議長会は、県内の地方議員を対象に、指定廃棄物最終処分場問題に関する理解を深め共通認識をもつため、研修会を開催した。研修会では塩谷町議らが安全性への疑問をただし、会場周辺では塩谷町民らが参加議員らに反対を訴えた。同日、塩谷町民反対同盟会は、各県処理を定める国の基本方針の見直しを求める要望書を知事宛に提出した（下野 2014/09/10:5; 09/23:2）。

9月24日、福田富一知事は、塩谷町の候補地を初めて視察し、県指定廃棄物処分等有識者会議の委員らも同行した。塩谷町民反対同盟会は、視察の際に町民との対話の場を求めていたが、県が日程上の理由で応じなかったため、沿道で反対をアピールした。福田知事は、視察後の取材に対し、日を改めて対話集会に応じたいと述べた（下野 2014/09/18:3; 09/25:1-2）。

9月25日、小里環境副大臣は、最終処分場建設に反対する宮城県加美町の条例や候補地周辺の事業活動を規制する塩谷町の条例を異例と評した。県議会では、県議会の2会派が代表質問で候補地選定問題を取り上げ、住民の不安払拭に向け県の取組みを要望した（下野 2014/09/26:2, 5）。

3-12. 候補地選定の質問書

9月29日、塩谷町は、庁内の調査委員会で抽出してきた候補地選定にか

---

[95] 「塩谷町高原山・尚仁沢湧水保全条例」に基づき、町は審議会の審議を経て保全地域を指定し、保全地域内の事業活動には町の許可が必要となる。候補地も保全地域に含まれ、処分場設置も規制の対象となる。

かる疑問点をただすため、環境省に質問書を提出することを決めた（下野2014/10/01:2）。9月28日から、塩谷町民反対同盟会は、宇都宮市内など町外でも街頭署名活動を始め、10月6日には、県内の首長や地方議員にも反対運動への支援を求める文書を送付した（下野 2014/09/29:2; 10/03:3; 10/05:3; 10/07:5）。10月7日、塩谷町の見形町長は、県選出国会議員の都内事務所を訪れ、各県処理を定める基本方針の閣議決定を見直すよう協力を求めたが（下野2014/10/08:5）、10月8日、安倍首相は、参院予算委員会で、各県処理の基本方針を見直す予定はないと答えている。

10月9日、望月環境相は、早期に候補地を訪問する意向を示し、塩谷町からの質問書には回答を検討中とし、懇切に対応すると答えた。翌10月10日には、環境省で自民党県連と公明党県本部の幹部と会談し、各県処理の基本方針を再確認するため、市町村長会議を早期に開催し、自ら出席する意向を示した（下野 2014/10/10:5; 10/11:1）。

10月20日、塩谷町の見形町長と宮城県加美町の猪俣洋文町長は、環境省を訪れ、加美町の候補地で事前通告なしに詳細調査を始めたことへの抗議文、理由をたずねる公開質問状を提出した。小里環境副大臣は、両町長と会談し、22日に塩谷町の候補地を視察し、町役場を訪問した際に町からの質問状にも回答する意向を示した。しかし、視察当日は町長に別の公務があるため、回答は先延ばしされた（下野 2014/10/18:5; 10/21:4; 10/22:2）。10月22日、小里環境副大臣は、塩谷町の候補地を初めて視察するが、塩谷町の見形町長は、面会日程を調整せずに視察を強行したことを誠意がないと批判した（下野 2014/10/23:1-2）。候補地のある塩谷町で住民説明会が開催できない状況に、福田富一知事も、打開策を見い出せなかった（下野 2014/10/29:5）。

3-13. 白紙撤回の署名

10月29日、塩谷町民反対同盟会は、環境省を訪れ、候補地の白紙撤回を求める17万人分以上の署名を提出した。同行した塩谷町の見形町長は、選定過程や各県処理の方針に異議を唱えた。応対した小里環境副大臣は、詳細調査に向けた住民説明会の開催に重ねて理解を求めた。環境省は、市町村長会議で異論がなかったことを理由に選定手法の確定を主張したが、見形町長

は、議論はしたが確定はしていないと否定した。環境省はまた、塩谷町が3回にわたり提出してきた質問書に対する回答をしている。同日、公明党県本部の山口恒夫代表は、指定廃棄物最終処分場問題にふれ、市町村長会議で決めた選定手法を尊重すべきとの見解を示しているが（下野 2014/10/11:5；10/30:1-2, 5；11/08:5）、10月30日、小里環境副大臣は、選定手法の確定をめぐる見形町長の発言を受け、市町村長会議で確定の経緯を説明する必要があるとの考えを示した（下野 2014/10/31:7）。

3-14. 保全地域の指定

10月31日、塩谷町は、町高原山・尚仁沢湧水保全条例に基づく審議会の初会合を開き、候補地を含む保全地域案を了承した。同日、民主党県連は、福島第一原発の敷地内を処分場候補地とする党方針を打ち出すよう党代表に申し入れた（下野 2014/11/01:1, 5）。11月4日、望月環境相は、閣議後の記者会見で、塩谷町の保全地域指定について、処分場設置への影響などには言及しなかった（下野 2014/11/05:5）。

塩谷町の見形町長は、市町村長会議に先立ち県内の首長を訪ね回り、候補地の白紙撤回と原発周辺への集約を提案したが、福田富一知事は、県内処理についてはすでに市町村長会議で理解が得られたとの認識を示した。望月環境相も、福島県へのさらなる負担は理解が得られないとの見解を示したが、民主党の福田昭夫衆院議員は、衆院環境委員会で、望月環境相に対し、各県処理を定めた基本方針の柔軟な変更を求めた（下野 2014/11/06:1；11/08:1, 5）。

3-15. 市町村長会議での再確認

11月9日、環境省は、第6回県指定廃棄物処理促進市町村長会議を開催し、国の基本方針や選定手法を再確認した。会議では、望月環境相が、県内処理を見直すことはないと明言し、塩谷町の見形町長は、原発周辺での処分を主張したが、議論は平行線をたどった。また、選定手法は市町村会議で確定したとの国の説明に、見形町長は、確定させたのは環境省だと反発し、一部の首長も、賛否を問われていないと同調したが、小里環境副大臣は、決定したのは環境省だが、市町村長会議で選定手法に従い選定作業に入る旨を明言し、

問題なく終了したと反論した。同日、塩谷町民反対同盟会は、市町村長会議の開催に合わせ、処分場の白紙撤回を求め、宇都宮市内をデモ行進した。また、塩谷町では民主党の福田昭夫衆議院議員主催で講演会が開かれ、原発が立地する福島県富岡町の町議が、他県からの指定廃棄物受入れを容認する姿勢を示した（下野 2014/10/25:1; 11/11:1, 3, 5）。

　福田富一知事は、市町村長会議で、放射線量の減衰後、指定廃棄物を路盤材などに再利用し、処分場を原状回復することを提案したが、11月11日、福田富一知事は、住民の理解を促すためと提案の意図を説明した。望月環境相は、指定廃棄物の再利用について国の有識者会議で検討する意向を示した。同日、県では第2回県指定廃棄物処分等有識者会議が開かれ、委員らは豪雨による影響などを指摘し、環境省は安全に配慮した洪水防御を検討するなどとした（下野 2014/11/12:1, 5）。11月13日、小里環境副大臣は、市町村長会議の結果について理解が進んだとの認識を示した（下野 2014/11/14:7）。

3-16. 衆院選と処分場反対候補の勝利

　こうした地元の動きとは別に、国政では、11月21日、安倍首相が増税延期の是非を問うため衆議院を解散し、総選挙が行われることになった。選挙期間中、民主党の福田昭夫候補は、指定廃棄物に関して持論の福島集約論を主張し、知事は県民の幸せを願うものと知事の姿勢を批判、一方の福田富一知事は、各県処理は民主党政権時に決めたと同候補の二枚舌を批判するなど、激しい舌戦が交わされた（下野 2014/12/03:2）。

　選挙の結果、自民党が党勢を維持し、民主党が失地を回復できないなか、福田昭夫は、塩谷町で大幅に得票を伸ばし、前回落選した栃木2区で、現職大臣の西川公也を僅差で破り、当選を果たした。選挙の争点は、必ずしも指定廃棄物最終処分場問題だけではなかったが、塩谷町での得票結果は、候補地選定に反対する住民の意思が投票行動にあらわれたものと受け止められた（下野 2014/12/09:2, 12/16:5, 2015/01/09:5）。

3-17. 指定廃棄物処分場問題の行詰り

　その後、環境省は、12月16日、第7回指定廃棄物処分等有識者会議を開

催して、指定廃棄物処理施設の構造や維持管理に関する諸課題を検討し、2015年4月13日、第8回会議では、施設管理の考え方について検討した。さらに5月14日、6月22日、9月13日の3回にわたり、「指定廃棄物の課題解決に向けたフォーラム」を県内で開催し、県民や地域住民とも意見を交換した。

　一方、県は、3月16日、第3回県指定廃棄物処分等有識者会議を開催して、詳細調査候補地選定プロセスに関する検証結果について中間報告を行い、7月8日の第4回会議で最終報告を行った。だが、こうした国や県の取組みにもかかわらず、今なお最終処分場建設のめどは立っていない。

第4-6節　地域防災計画の修正と防災条例の制定

　指定廃棄物の処理など原発事故からの復旧・復興が遅れる一方で、地域防災計画の見直しなど原発事故を教訓とした予防・減災は着実に進められている。東日本大震災・福島第一原発事故後、栃木県は災害対策をどのように見直したのか。

1.　地域防災計画の平成24年度修正

　東日本大震災後、国では、震災を教訓に防災基本計画の修正が行われた。2011年12月の修正では、中央防災会議の専門調査会の提言内容を具体化して、津波災害対策編を新設し、地震・津波対策を抜本的に強化した。また、災害対策基本法の「第1弾」改正、中央防災会議「防災対策推進検討会議」の最終報告、原子力規制委員会設置法等の制定をふまえた2012年9月の修正では、大規模広域災害への対策や原子力災害への対策が図られた。

　栃木県では、こうした国の動向に合わせ、東日本大震災における県と市町の災害対応について検証を行い、県地域防災計画について修正を加えることになった。

　栃木県は、東日本大震災での災害対応状況について検証を進めるなどしていたが、2012年1月10日、県の原子力災害対策に関し専門的見地からの意

見を求めるため、「栃木県原子力災害対策専門委員会」を設置した[96]。1月30日の第1回原子力災害対策専門委員会では、原子力災害対応マニュアルの素案が示された。

2月の県防災会議幹事会では、震災対策編の修正と原子力災害対策編の策定について審議がなされた。3月28日の第2回原子力災害対策専門委員会では、県地域防災計画の原子力災害対策編の骨子案が示された。7月26日の第3回専門委員会では、安定ヨウ素剤の想定配布数などが報告されている（下野 2012/07/27：1）。

また、県は、2011年度末に県災害対策本部が解散するため、2012年度から県災害対策本部に代わり放射性物質対策の司令塔を担う「栃木県原子力対策本部」を新設することにした[97]（下野 2012/03/28：1）。4月10日の第1回本部会議では原子力災害対策専門委員会の結果や当面の原子力災害対策に係る施策を審議した。5月29日の第2回本部会議では関係市町の除染の取組状況など、7月24日の第3回本部会議では県地域防災計画や県被災者生活再建支援制度などが議題となっている[98]。

8月の県防災会議幹事会では、風水害・雪害対策編の修正についても併せて審議された。パブリック・コメントでは特に意見もなく、10月1日の県防災会議で県地域防災計画の修正が決定された（栃木県 2012）。

県地域防災計画の平成24年度修正では、「原子力災害対策編」が新設されて、「震災対策編」も大幅に修正された。原子力災害対策編では、近隣県の原発で事故が発生した場合を想定し、災害対応の基準や屋内退避・避難等に関する指標などを示した。震災対策編では、地震被害想定に関して、想定地震が国内過去最大規模のものに見直された。また、物資等の備蓄・調達について災害時要援護者に配慮すること、避難受入れ場所の選定など県外避難者受入れ対策を実施すること、災害医療コーディネータを配置することなどが

---

[96]「栃木県原子力災害対策専門委員会」は、気象、緊急時医療、放射線監視・放射線医療、土壌・農作物、原子炉工学、除染、地震・防災の8分野8名の委員で構成されている（下野 2012/01/11：5）。
[97]「栃木県原子力対策本部」は、知事を本部長に各部局の部長と危機管理監で構成される。また、同対策本部の事務局は、2012年度に新設された「原子力災害対策室」が担うこととなった。
[98] 2012年度第4回以降の本部会議では、主に県有施設における除染の実施状況や東電への損害賠償請求の状況が議題となっており、2012年度、2013年度とも5回開催されている。

新たに盛り込まれた。その他、防災関係機関等に関しては、県歯科医師会や県薬剤師会などの職業団体、県石油商業組合や県建設業協会などの業界団体が新たに指定地方公共機関として指定されている（栃木県 2012; 下野 2012/10/02:1-2）。

2. 原子力事業者との通報連絡に関する覚書等

　県は、福島第一原発事故を踏まえ、近隣県に立地する原子力発電所において異常事象や事故が発生した場合に、原子力事業者から迅速かつ正確に情報を入手し、県民の安全を確保するため、2012年8月に東京電力、日本原子力発電との間で、原子力発電所の安全確保に係る連絡体制等に関する覚書等を締結した。

　覚書等では、異常時の通報に関して、原子力発電所から放射性物質が放出されたときや原子炉の運転を停止したとき、放射性物質の窃盗や輸送中の事故があったときなどは、原子力事業者は県に対し直ちに通報し、対策を報告する。また、平常時の連絡体制に関しては、実務者で構成する連絡会を定期的に開催し、原子力事業者は発電所の現状と安全確保対策について報告することなどが定められている。

3. 災害に強いとちぎづくり条例の制定

　県地域防災計画の修正を受けて、県は改めて市町や防災関係機関と連携を図りつつ災害対策に取り組むことになったが、被害を最小限に抑えるためには、行政等の取組みに加えて、個人の行動や地域での対応が重要となる。そこで栃木県では、県民総ぐるみで「災害に強いとちぎづくり」を進めるため、防災に関する条例を制定することになった。

　県は、防災に関する条例の検討にあたり、「栃木県防災に関する条例検討懇談会」を設置した[99]。2013年7月から12月にかけて3回の懇談会、庁内各部局・市町への意見照会、パブリック・コメント、条例審査を経て、県議

---

[99]「栃木県防災に関する条例検討懇談会」の委員には、防災や地球科学、福祉、男女共同参画の学識経験者、自主防災組織や防災NPO、産業界、市町村の代表、県危機管理監のほか、公募委員も含まれている。

会に条例案が上程され、3月12日、「災害に強いとちぎづくり条例」の制定が可決された。

災害に強いとちぎづくり条例の「総則」では、基本理念として自助、互助・共助、公助、相互連携などが掲げられるとともに、県民、自主防災組織、事業者、県それぞれの責務、県と市町村の協力、防災対策実施上の配慮が定められている（同条例1-9条）。

4. 地域防災計画の平成26年度修正

国においては、災害対策基本法の「第2弾」改正、大規模災害からの復興に関する法律の制定、原子力災害対策指針の策定を受けて、2014年1月に防災基本計画が修正され、大規模災害と原子力災害への対策が強化された。一方、栃木県では、2013年度に「地震被害想定調査」を実施し、2014年4月には「災害に強いとちぎづくり条例」が施行された。これら国の動向や県の取組みなどをふまえ、栃木県は、県地域防災計画について修正を加えることになった。

栃木県では、2014年1月に災害対策基本法の第2弾改正に対応した第1次素案を作成、2月3日の県原子力災害対策専門委員会では、国の原子力災害対策指針の改定に伴う県地域防災計画の改定について議論した。地震被害想定結果を反映した第2次素案を作成し、6月には庁内各部局・市町・各防災関係機関の意見を反映した最終素案を作成した。県防災会議幹事会を経て、7月28日の県原子力災害対策専門委員会では、県地域防災計画の原子力災害対策編の改定案が示された。9月にはパブリック・コメントを反映させた最終案を作成し、10月31日の県防災会議で、県地域防災計画の修正案が承認された（栃木県2014；下野2014/11/01:2）。

県地域防災計画の平成26年度修正では、震災対策では、地震被害想定に関して、最新の情報に基づき最大級の被害が想定された。大規模災害に関しては、県の復興方針や市町の復興計画の作成が定められた。また、災害対応力の強化として、燃料備蓄体制の推進、住民等避難時の実効性強化、県被災者生活再建支援制度の適用も盛り込まれている。原子力災害対策に関しては、原子力災害対策重点区域等の定義が見直され、また、放射性物質放出前の防

護措置の判断基準として緊急事態区分及び緊急時活動レベル（EAL）、放出後の判断基準となる運用上の介入レベル（OIL）が設定された。

第4-7節　小括：政治問題化した指定廃棄物処理

　震災前、栃木県は、国の防災基本計画の修正に合わせ、県防災会議で地域防災計画の震災対策編を策定していたが、放射性物質事故災害対応マニュアルでは原発事故を想定していなかった。地域防災計画を策定し、放射性物質事故の災害対応マニュアルを作成するなど、震災・原発事故への準備は、金融危機と同様、組織的に分担していた。

　震災発生後の応急対応にあたり、栃木県は災害対策本部を設置し、自衛隊に災害派遣を要請、住民に避難を勧告、国には計画停電や燃料不足に関して緊急に要請した。また放射性物質の検出を受け学校等で放射線量を測定し、農畜産物の出荷を停止した。発災直後は、知事を本部長とする対策本部を設置するなど、応急対応は首長が主導している。

　震災からの復旧・復興に向け、栃木県は震災復興推進本部を設置し、節電や風評被害に対応、県議会も災害対策特別委員会を設置した。被災者に義援金を配分し、観光業の風評被害を受け観光振興・復興県民会議を設立した。

　放射性物質汚染廃棄物の処理では、国が処分場候補地として矢板市、次いで塩谷町を選定したが、矢板市民同盟会や塩谷町民反対同盟会など地元の反対運動が高まり、指定廃棄物処理促進市町村長会議で選定手順や評価方法の合意形成を図るが、選定作業は頓挫している。このように復旧・復興では、議員の他、利益集団が積極的に関与している。

　一方、予防・減災に関しては、栃木県は、原子力災害対策専門委員会等の審議を経て、地域防災計画に原子力災害対策編を新設、原子力事業者と通報連絡に関する覚書を締結し、災害に強いとちぎづくり条例を制定するなど、福島第一原発事故の教訓を反映させる動きが見られた。

　危機後の対応を見ると、原発事故後、足銀破綻の場合と同様、知事は対策本部（災害対策本部、震災復興推進本部）を設置し、県議会も特別委員会（災

害対策特別委員会）を設置している。政治アクターの関与に関しては、指定廃棄物問題をめぐり、議員の他に、利益集団（矢板市民同盟会、塩谷町民反対同盟会）も主要アクターとなっている。社会的な合意形成に関しては、有識者会議（国・県指定廃棄物処分等有識者会議）とは別に、関係者会議（指定廃棄物処理促進市町村長会議）が開催されているが、足銀破綻の場合とは異なり、地元の合意形成（処分場選定）には成功していない。

　危機の余波に関しては、原発事故の場合、特に指定廃棄物問題をめぐりアクター間の対立が尾を引き、激しい政争も起きているが、現職知事は再選を果たしている。

　震災・原発事故の事例と比較してわかることは、金融危機とは異なる原発事故でも政治的余波が生じるということであり、東日本大震災という同じ危機に起因しながら震災と原発事故では政治的余波が異なるということである。では、なぜ異なる危機でも、金融危機と同様の政治的余波が見られるのか。また、なぜ同じ危機に起因しながら、震災と原発事故では政治的余波が異なるのか。

　金融危機と原発事故に共通する点で、かつ震災と異なる点の一つは、発生の頻度である。震災の場合は、大規模な地震は少ないものの、地震自体は火災や風水害などと同様、毎年のように全国各地で発生しており、過去の経験の蓄積から、対処方法も地域防災計画でプログラム化され、地方防災会議で予め合意されている。これに対して金融危機や原発事故の場合はいずれも、頻発する事態ではないため、対処の経験に乏しい。ある程度の想定はするものの、想定外の事態に対しては、対処方法を一から協議しなければならないこともある。震災と金融危機・原発事故の場合は、解決のプロセスが整理されていたかどうかという備えの違いが政治的余波の違いにつながったとも考えられよう。

　もう一つの点は、被害の可視性である。地震の場合は、家屋の倒壊や道路の寸断など被害状況が誰からも一目瞭然であり、アクターの認識に乖離は少ない。家屋の再築や道路の補修など対処方法も明白であり、問題となるのはもっぱら平時との乖離であり、動員可能な資源が量的に不足していることである。これに対し、金融危機の信用不安や、原発事故の風評被害・放射能汚

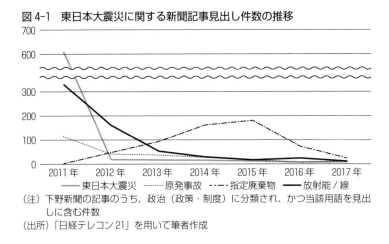

図 4-1 東日本大震災に関する新聞記事見出し件数の推移

(注) 下野新聞の記事のうち、政治（政策・制度）に分類され、かつ当該用語を見出しに含む件数
(出所)「日経テレコン 21」を用いて筆者作成

染の場合は、被害状況を把握しにくく、対処方法も確立していない。このため、アクターによって被害状況や対処方法に関して認識が食い違い、認識の乖離が問題となる。震災と金融危機・原発事故の場合は、問題の認識に差異があるかどうかという捉え方の違いもまた政治的余波の違いにつながったと考えられる。

表4-1 震災前の防災対策の主な経過

	災害、防災の動き	自治体の動き
1963/06/14	防災基本計画を策定	
1963/07/08		県地域防災計画を作成
1995/01/17	阪神・淡路大震災が発生	
1995/07/18	防災基本計画を修正	
1999/08/09		県地域防災計画を修正
1999/09/30	東海村JCO臨界事故が発生	
2000/05/30	防災基本計画を修正	
2002/01/16		県地域防災計画を修正
2003/03		放射性物質事故・災害対応マニュアルを作成
2004/10/23	新潟県中越地震が発生	
2005/02/22		県地域防災計画を修正
2005/07/26	防災基本計画を修正	
2007/07/16	新潟県中越沖地震が発生	
2008/01/04		新庁舎に県危機管理センターを開設
2008/02/18	防災基本計画を修正	
2010/02/17		県地域防災計画を修正

(出所) 筆者作成

表4-2 東日本震災対応の主な経過

	災害、政府の動き	自治体の動き
2011/03/11	東北地方太平洋沖地震が発生 緊急災害対策本部を設置	県災害対策本部を設置 県から自衛隊に災害派遣を要請
2011/03/12	宮城県に現地対策本部を設置 東電福島第一原発で水素爆発	一部地区に避難勧告
2011/03/14	東京電力が計画停電を開始	
2011/03/15	政府と東電が福島原発事故対策統合連絡本部を設置	災害救助法を適用
2011/03/19-20		福島県飯舘村から避難者を受入れ
2011/03/20	被災者生活支援特別対策本部を設置	
2011/03/21		国の指示で一部野菜を出荷制限
2011/03/22	被災者生活支援各府省連絡会議を設置	
2011/03/24		県被災者支援義援金を設立
2011/03/28		8都県から国に緊急要望書を提出
2011/03/29		県から自衛隊に災害派遣撤収を要請
2011/04/11	東日本大震災復興構想会議を設置	

2011/04/12	福島原発事故をレベル7と発表	
2011/04/21	原発周辺を警戒区域等に指定	県義援金配分委員会を初開催
2011/04/27		県震災復興推進本部を初開催
2011/05/02	東日本大震災財特法が成立	
2011/05/13-17		県内の教育機関等の放射線量を調査
2011/05/16		県議会災害対策特別委員会を初開催
2011/06/20	東日本大震災復興基本法が施行	
2011/06/24	東日本大震災復興対策本部等を設置	
2011/06/25	復興構想会議が提言	
2011/07/01	東電管内等で電力使用制限令が発効	
2011/07/19	国が福島県産肉牛の出荷制限を指示	
2011/07/22		県産牛から放射性物質を検出
2011/07/28		肉牛の放射性物質の全戸検査を実施
2011/08/02		国の指示で肉牛の出荷を停止
2011/08/03	原子力損害賠償支援機構法が成立	
2011/08/25	岩手・福島・栃木3県の肉牛出荷停止を一部解除	
2011/08/29		肉牛の放射性物質の全頭検査を開始
2011/09/30	緊急時避難準備区域を一部解除	
2011/11/30	臨時増税等の復興財源確保法が成立	
2011/12/16	首相が原発事故の収束を宣言	
2011/12/19		県観光振興・復興県民会議を開催
2011/12/21		県と県民会議から国に観光復興支援を緊急要望。県・市長会・町村会から国に除染等に関し緊急要望

（出所）各種資料をもとに筆者作成

表4-3　福島第一原発事故対応の主な経過

	災害、防災の動き	自治体の動き
2011/08/30	放射性物質汚染対処特措法を制定	
2011/10/26		県放射線健康影響有識者会議を設置
2011/12/27		県除染関係市町連絡協議会を設置
2012/02/11		県放射線健康影響有識者会議が公聴会
2012/04/01		県原子力対策本部を設置
2012/06/18		県放射線健康影響有識者会議が報告書
2012/08/29		那須町が除染費用補助を国に要望
2012/09/03	国は矢板市を処分場候補地に選定	

2012/09/24		矢板市民同盟会が設立
2012/11/09		高萩市・高萩市民同盟と合意書
2012/12/02		矢板市内で大規模反対集会を開催
2012/12/16	衆院選で自民党・公明党が政権奪還	
2013/02/25	国が選定過程を検証、再選定の方針	
2013/03/16	指定廃棄物処分等有識者会議①	
2013/04/05		県指定廃棄物処理促進市町村長会議①
2013/04/22	有識者会議②で選定手順を見直し	
2013/05/10	有識者会議③で評価の考え方検討	
2013/05/21	有識者会議④で選定手順案を了承	
2013/05/27		市町村長会議②で選定手順案を説明
2013/07/16	有識者会議⑤で地元意見に対応	
2013/08/27		市町村長会議③で県内処理に理解
2013/10/04	有識者会議⑥で評価方法案を了承	
2013/12/24		市町村長会議④で選定手順を確定
2014/07/22		県指定廃棄物処分等有識者会議を設置
2014/07/30	国は塩谷町を処分場候補地に選定	
2014/07/31		市町村長会議⑤で選定結果を説明
2014/08/07		塩谷町民反対同盟会が設立
2014/08/20		県指定廃棄物処分等有識者会議①
2014/09/19		塩谷町が湧水保全条例を制定
2014/10/20		塩谷町長らが環境省に質問書
2014/10/29		塩谷町民反対同盟会が署名を提出、環境省は町からの質問に回答
2014/11/09		市町村長会議⑥で基本方針等を再確認
2014/11/11		県指定廃棄物処分等有識者会議②
2014/12/16	有識者会議⑦で施設管理の課題	県指定廃棄物処分等有識者会議③
2015/03/16	有識者会議⑧で施設管理の考え方	
2015/05/14	指定廃棄物課題解決フォーラム①	
2015/06/22	指定廃棄物課題解決フォーラム②	
2015/07/08		県指定廃棄物処分等有識者会議④
2015/09/13	指定廃棄物課題解決フォーラム③	

(出所) 各種資料をもとに筆者作成

表4-4 震災後の災害対策見直しの主な経過

	災害、防災の動き	自治体の動き
2011/09/28	地震・津波対策専門調査会が報告	
2011/12/27	防災基本計画を修正	
2012/01/10		県原子力災害対策専門委員会を設置
2012/06/27	災害対策基本法を第1弾改正	
2012/07/31	防災対策推進検討会議が最終報告	
2012/09/06	防災基本計画を修正	
2012/10/01		県地域防災計画を修正
2012/10/31	原子力災害対策指針を策定	
2013/06/21	災害対策基本法を第2弾改正 大規模災害復興法を制定	
2013/07/10		防災に関する条例検討懇談会を開催
2013/12/19	首都直下型地震対策検討WGが報告	
2014/01/17	防災基本計画を修正	
2014/04/01		災害に強いとちぎづくり条例を施行
2014/10/31		県地域防災計画を修正

(出所) 各種資料をもとに筆者作成

第5章 福島第一原発事故をめぐる宮城県の対応

　福島第一原発事故が栃木県政にもたらした政治的余波は、栃木県政の事情によるものなのかもしれない。もしそうでないとするならば、他の自治体でも、栃木県と同様に政治的余波が生じているはずである。そこで本章では、同一の危機に起因する他の自治体の対応と比較するため、同じ福島原発事故をめぐる宮城県の対応を事例に取り上げ、共時的に比較する。

第5-1節　宮城県の地域状況

　東日本大震災と福島第一原発事故をめぐる宮城県の対応を記述するにあたり、まずは宮城県の政治・行政状況、自然・社会環境を概観しておきたい。

1.　宮城県の政治・行政

　宮城県知事の村井嘉浩は、陸上自衛隊を退官後、県議会議員を務めていたが、自由民主党の推薦を受けて2005年の知事選に立候補し、浅野史郎前知事から後継指名を受けた前県総務部長らを破り初当選、2009年の知事選では国政与党の民主党等が推薦する候補者らを破り再選を果たした。震災後は、岩手県知事や福島県知事とともに、国の「東日本大震災復興構想会議」とそれに続く「復興推進委員会」の委員を務めている。2013年の知事選で3選を果たした。

2. 宮城県の自然・社会

　宮城県内には「長町―利府線断層帯」などいくつかの活断層がある。また、東北地方太平洋沖の日本海溝には太平洋プレートが沈み込んでおり、海溝型地震が頻発する。宮城県は、たびたび大地震・津波に見舞われており、近年では、1978年の「宮城県沖地震」や2008年の「岩手・宮城内陸地震」で甚大な被害が生じている（宮城県 2015：46-54）。2000年11月に公表された国による宮城県沖地震の長期評価では、宮城県沖地震が今後30年以内にほぼ確実に発生し、日本海溝寄りの海域の地震と連動した場合にはM8.0前後の規模になることなどが示されていた（宮城県 2015：55-65）。

　震災後、宮城県内では栗原市・大和町・加美町の3市町が指定廃棄物の処分場候補地となるが、栗原市は岩手県に接する県北部、大和町は仙台市に接する県中部、加美町は山形県に接する県西部に位置し、人口の規模と密度では3市町のうち加美町が最も小さい。

第5-2節　原子力災害計画と震災対策アクションプラン

　過去に大地震や津波に見舞われ、原発も立地する宮城県は、東日本大震災・福島第一原発事故以前、どのような災害対策を講じていたのか。

1. 宮城県沖地震と地震・津波被害想定調査

　大地震や津波に見舞われてきた宮城県は、数次にわたり地震や津波の被害想定を行っている。1978年の宮城県沖地震の発生後、国の地震予知連絡会は、宮城・福島両県東部などを特定観測地域に選定すると、宮城県は、1979年3月に県地域防災計画を見直して新たに震災対策編を策定した。1984〜1986年度には「宮城県地震被害想定調査」と「宮城県津波被害想定調査」を実施している。地震被害想定調査は、その後も、阪神・淡路大震災や国の長期評価を受けて実施された（宮城県 2015：66-68）。

2. 女川原発の設置と原子力防災計画

　また、宮城県は、原子力発電所が立地するため、原子力災害対策も講じている。1981年10月、宮城県は、東北電力女川原子力発電所の建設に伴い、同発電所における原子力災害に対処するため、「宮城県原子力防災計画」を作成した。同計画は、その後、原子力災害対策特措法の制定を受けて抜本的に見直され、2001年4月に「宮城県地域防災計画原子力災害対策編」へと修正されている。

3. 宮城県北部地震と震災対策アクションプラン

　2003年、宮城県沖地震、宮城県北部地震、十勝沖地震が相次いで発生したことから、宮城県は、宮城県沖地震の再来に備えて地震対策を加速させ、「第1次みやぎ震災対策アクションプラン」を策定した。その後、県は、2004年に県地域防災計画（震災対策編）を修正し、2006年8月には県地域防災計画（日本海溝特措法）を策定している（宮城県 2015:68-71）。

　2008年、宮城県は、同年に発生した岩手・宮城内陸地震を受け、「震災対策推進条例」を制定するとともに、「第2次みやぎ震災対策アクションプラン」を策定しした。県はさらに地震被害想定調査を実施し、アクションプランの見直しに反映させる予定だったが、東日本大震災の発生により中止を余儀なくされることになる（宮城県 2015:71-72）。

第5-3節　福島第一原発事故の発生と風評被害の払拭

　東日本大震災で最も多くの犠牲者を出したのは、宮城県である。福島第一原発事故では栃木県と同様、隣接する福島県から避難者を受け入れたり、原発から放出された放射性物質による影響を受けたりした。宮城県は、東日本大震災・福島第一原発事故にどのように対応したのか。

1. 県災害対策本部の設置、自衛隊への災害派遣要請、被害状況の把握と人命救助

　2011年3月11日、東北地方太平洋沖地震が発生し、宮城県内の栗原市では最大震度7を観測した。宮城県は、直ちに「宮城県災害対策本部」を設置すると、全市町村へ津波警報を連絡し、自衛隊へ災害派遣を要請、国に対し緊急消防援助隊や災害派遣医療チーム（DMAT）の派遣を要請した。県の地方出先機関には県災害対策本部の地方支部・地域部が設置されたが、石巻と気仙沼の合同庁舎は被災していた。15時半に第1回県災害対策本部会議が開催され、知事は会議終了後に臨時記者会見に臨み、県民に対し余震や津波への注意と落ち着いた行動を呼びかけた。17時には第2回本部会議が開催され、また、県は県内の市町村に災害救助法の適用を決定した。同夜、19時半から第3回本部会議が開催され、政府調査団が到着すると、22時半からの第4回本部会議には国の関係者も参加した。発災当日の本部会議では被害情報の把握に努めている。県内では大規模停電が発生、空港は浸水、鉄道は全線不通となるなどライフラインの甚大な被害が次第に判明し、県庁舎では避難してきた帰宅困難者を受け入れ、食事の提供が行われた。

　翌3月12日、国は県庁舎内に現地対策本部を設置し、午前には第1回政府現地対策本部会議を開催した。3月12日と13日、県は計7回（第5〜11回）、県災害対策本部会議を開催している。発災後3日間の本部会議では人命救助を最優先としていたが、燃料不足なども議題となってきた。県は、政府現地対策本部に対しライフライン機関への燃料供給を要請している。

2. 避難所の拡大、燃料・食料の不足、遺体の安置

　発災3日後の3月14日には、県内の避難者数は最大の約32万人に達した。また、ガソリン不足が深刻化し、食料等の物流が停滞した。国は燃料不足解消のため備蓄石油を放出し、物資調達のため予備費の支出を決定した。宮城県は、避難所に関しては、3月15日に県ホームページに各種相談窓口や避難所リストを掲載、17日には関係団体に要介護者への支援を要請し、県子どもの心のケアチームによる巡回を開始、18日には衛生資材を配布した。

救援物資に関しては、3月14日に県災害対策本部事務局に物資グループを設置した。15日に仙台空港に駐機場所を確保すると、17日には救援機の受入れを開始し、18日には米軍機による救援物資の輸送が本格化した。医療救護に関しては、3月14日に国等に対し医療救護班の派遣を要請、15日には県災害医療対策本部会議を設置し、17日にはDMATから医療救護班に移行した。

3. 災害廃棄物の処理、応急仮設住宅の建設

宮城県では、3月14日から22日の間、県災害対策本部会議を1日2回開催し（第12～29回）、会議では食料・燃料不足のほか、遺体安置なども議題となった。その後、3月23日から5月13日の間、本部会議は1日1回の開催となり（第30～75回）、会議では災害廃棄物の処理、応急仮設住宅の建設、避難所の環境改善などが議題となっており、県は、3月28日、災害廃棄物処理の基本方針を策定、応急仮設住宅の建設にも着手している。

4. 県議会大震災特別委員会の設置

県議会も、3月15日に「宮城県議会大震災対策調査特別委員会（大震災特別委員会）」を設置し、被災者救済や早期復旧の総合的な対策について付議した。3月17日には、岩手・福島と3県議会の連名で政府・政党に対し東北地方太平洋沖地震に関する緊急要請書を提出した。その後、3月29日には、第1回大震災特別委員会が開催され、被害状況や救助・救援活動などについて県執行部から説明を受け、知事への要望内容を協議し、4月4日に議長と大震災特別委員会委員長名で知事に対し緊急要望書を提出している。

5. 原発事故の発生と空間の放射線量測定

3月14日に福島第一原発事故が発生すると、宮城県は、県内各所で空間放射線量率の測定を開始、15日に測定結果を記者発表し、16日には原発事故に関する相談窓口を設置した。16日には県南の観測地点で高い放射線量を観測したものの、その後は次第に減少していった（河北2011/03/17M；03/19M）。

6. 水道水、農産物等の放射性物質検査

　福島県内の農畜産物から放射性物質が検出され、3月25日、宮城県は、県内の水道水と原乳を対象に放射性物質検査を行い、微量の放射性物質を検出するが、村井知事は、乳児の摂取制限の基準値を大きく下回るとして県民に冷静な対応を呼びかけた（河北2011/03/26M）。3月28日には、県内の農産物を対象とする放射性物質検査の結果、県内で採取された葉物野菜3品目から放射性物質が検出されるが、村井知事は、食品衛生法の暫定基準値を大幅に下回るとして安全性を強調した（河北2011/03/29M）。それでも、県民の不安を払拭するには至らず、4月1日、仙台市の市民団体は、県に対し水道水や空間放射線量の観測体制の強化などを求めている（河北2011/04/02M）。

7. 震災復興基本方針の策定

　4月に入り、宮城県沖を震源とするM7.1の余震が発生するなど、予断を許さない状況が続いていたが、塩釜市魚市場では震災後初の水揚げがあり、ガスや水道が復旧し、仮設住宅への入居を開始、東北新幹線が全線復旧するなど、復旧の兆しが徐々に現れた。
　4月11日、宮城県は、「宮城県震災復興基本方針（素案）」を公表した。同日、県議会では、第2回大震災特別委員会が開催され、県震災復興基本方針素案や補正予算の専決処分について審議がなされた。県議会では、4月12日と13日、政府・政党・県選出国会議員に対して要請書を提出し、4月14日から20日にかけて、大震災特別委員会が県内各地を現地調査している。

8. 県震災復興本部の設置、県震災復興会議の開催

　4月14日、国は、「東日本大震災復興構想会議」の初会合を開催し、村井知事を含め被災3県の知事も委員として参加した。村井知事はその後、同会合で、復興財源として「災害対策税」の創設、国と被災自治体で構成する「復興広域機構」の設立などを提言している（河北2011/04/15M；04/24M）。4月22日、宮城県は、「宮城県震災復興本部」を設置し、第1回県震災復興本部会議では、県震災復興基本方針素案を検討した。また、組織改編で企画部を

「震災復興・企画部」に改称し、震災復興推進課などを設置している。

その後、5月2日、国では、「東日本大震災財特法」と第1次補正予算が成立し、補正予算では仮設住宅・がれき処理・復旧事業等に約4兆円が計上された。同日、宮城県では、「宮城県震災復興会議」の初会合が開催されている。

9. 海水の放射線量測定

震災復興に向けて国や県が動き始める一方で、原発事故の余波は続いていた。福島第一原発で放射性物質を含む水が海に放出されたため、4月13日、宮城県は、海水を採取して放射線量を調査したが、放射性物質は濃度限度を大きく下回った（河北2011/04/14M; 04/15M）。その後、仙台湾内でも放射性物質は検出されなかったが（河北2011/05/13M）、外国船が仙台港などへの寄港を取り止めるケースが相次いだことから、県は、仙台港で海水の放射性物質検査を実施し、安全性を国内外にアピールしている（河北2011/05/20M）。

10. 女川原発の立入検査、林産物・水産物の放射性物質検査

4月26日、宮城県と女川町・石巻市は、東北電力女川原発への立入り調査を実施し、村井知事らは、被災状況や津波対策などを確認し、想定外の事態にも対応できる安全対策を求めた（河北2011/04/27M）。また県は、4月27日に県内の林産物を対象に追加した放射性物質検査の結果を発表し、28日には県沖合で捕獲した魚の放射性物質検査の結果を発表したが、基準値を大きく下回った（河北2011/04/28M; 04/29M）。

11. 牧草からの放射性物質検出と使用自粛要請

しかし、原発事故の影響はとうとう懸念が現実のものとなる。牧草から基準値を超える放射性物質が検出されたのである。5月18日、丸森町内の牧草から、乳用牛と肥育牛が食べる牧草について基準値を大幅に上回る放射性物質が検出され、宮城県は、県内全域の畜産農家に対し牧草の使用自粛を要請した（河北2011/05/19M）。5月19日、丸森町は説明会を開いたが、畜産農家からは県の対応に不満が相次いだ。同日、市民団体からは県に放射性物

質の測定体制の強化を求める要望もなされている（河北 2011/05/20M）。5月25日には、七ケ宿町の牧草からも基準値を大幅に上回る放射性物質が検出された（河北 2011/05/26M）。

12. 校庭等の放射線量測定の検討

県民の間には放射線の健康影響への不安が広がった。学校施設に関しては、県教育委員会は、県内の放射線量が基準値を大きく下回るため、通常どおり使用できるとしていたが（河北 2011/05/18M）、牧草から基準値を超える放射性物質が検出されたことを受け、5月27日、村井知事は、小中学校の校庭などで放射線量の測定を検討する考えを示した（河北 2011/05/28M）。その後、県内の市町村には、独自に放射線量を測定する動きが広まった（河北 2011/06/07M; 06/09M）。市民団体からも、県による放射線量の正確な情報公開を求める請願書が県議会に提出され（河北 2011/06/10M; 06/21M）、県議会でも、放射性物質の測定態勢をただす意見が相次ぎ、県は測定指針を策定する方針を表明した（河北 2011/06/11M）。

13. 酪農家向け説明会、損害賠償対策協議会の設立

打撃を受けたのは酪農家である。6月3日、栗原市や気仙沼市の牧草から許容値を上回る放射性物質が検出されるなか、宮城県は、大河原町と大崎市で酪農家への説明会を開催したが、牧草処理をめぐり国の方針が揺らぎ出席者からは批判が相次いだ（河北 2011/06/04M）。その後、大崎市などで安全が確認されて牧草使用の自粛は解除されたが、県南地域などでは引き続き使用を自粛した（河北 2011/06/12M）。6月13日、県内の農協グループは、東京電力に福島第一原発事故による農畜産物の損害の賠償を請求する協議会を設立した（河北 2011/06/14M）。

14. 浄水場や下水処理場での放射性物質検査

放射性物質は水道施設でも検出された。6月10日、宮城県は、県企業局の広域水道や工業用水道の浄水場で発生した泥から放射性物質が検出されたと発表した（河北 2011/06/11M）。県はその後、下水処理場で排出された汚泥

の放射性物質の測定結果を発表したが、一部の汚泥から放射性物質を検出したものの基準値は下回っている（河北 2011/06/23M）。

15. 校庭等の放射線量測定の実施

県民の不安を解消するため、6月28日、宮城県は、県市町村長会議で、全市町村の学校施設で放射線量を測定する方針を示し、7月1日、県内市町村の担当者に説明した（河北 2011/06/30M；07/02M）。7月7日、県教育委員会は、学校の屋外プールで行った放射性物質の測定結果を発表したが、サンプル調査では放射性物質は検出されていない（河北 2011/07/08M）。その後、県は、全市町村の空間放射線量の測定結果を県ホームページで公表するようになったが（河北 2011/07/12M）、母親らの市民団体からは、子どもが利用する施設での放射線量の詳細測定と結果公表を求める要請書が知事に提出されている（河北 2011/07/19M）。

こうした状況もあり、県の原発事故対策本部の幹事会では、県南地域の住民らを対象とした健康調査の実施などを国に要望することにし（河北 2011/07/21M）、村井知事は、原発事故による被害に対し県民向けの健康調査を実施するなど福島県と同等の対応を求める要望書を原発事故担当相と民主党幹事長に手渡した（河北 2011/07/26M）。

16. 汚染稲わらの使用と肥育牛の出荷の自粛

しかし、放射性物質の問題は農業面でさらに深刻化する。福島県内の肉牛農家の稲わらから高濃度の放射性物質が検出され、汚染された可能性のある肉用牛が宮城県内に出荷されていたのである。この問題を受け、7月15日、宮城県は、県産牛の枝肉の放射性物質を測定するモニタリング調査を行う方針を決定した。ところが、同日、栗原・登米両市の肥育農家が保管する稲わらからも、基準値を上回る放射性物質が検出され、県は、原発事故後に集めた稲わらの使用自粛と、稲わらを与えた肥育牛の出荷自粛を県内の畜産農家や全農県本部などに要請した（河北 2011/07/16M）。

17. 汚染肉牛の流通、県原発事故対策本部の設置

　放射性物質による汚染は牧草から肉牛へと広がった。7月18日、宮城県産の稲わらから放射性物質が検出された問題を受け、宮城県は、県内の稲わら販売業者から流通経路などの聞取り調査を始め（河北2011/07/19M）、7月19日、山形など6県の肥育農家に販売されていたと発表した。宮城県産の汚染稲わらが他県の肉牛に与えられていた問題を受け、県は、村井知事を本部長とする「東京電力福島第1原発事故対策本部」を設置した。村井知事は、東京電力や政府に責任があると批判し、同日開催された政府復興対策本部の現地対策本部との意見交換会で、風評被害対策の強化や県民の不安解消への協力を求めた。一方、宮城県内でも、基準値を超える放射性物質を含む牛肉が市場に流通し、同日、県は、安全確認を徹底するため、出荷前の県産肉用牛を対象に放射性物質検査を始める方針を明らかにした（河北2011/07/19E；07/20M）。

18. 肉牛の出荷停止と全頭検査

　状況の悪化を防ぐため、まずは肉牛の出荷を差止め、検査を行わなければならない。7月20日、全農宮城県本部は、県産肉牛の出荷自粛を始め、放射性物質の全頭検査を独自に緊急実施する方針も決めた（河北2011/07/21M）。7月21日、村井知事は、県産肉牛の全頭検査は不可避との認識を示し、稲わら生産農家や牛の肥育農家への資金融資も検討する考えを明らかにしたが、議員からは、県の対応の不手際を問う意見が相次いだ（河北2011/07/22M）。7月22日、県は、県北地方から出荷された肉から基準値を上回る放射性物質が検出されたと発表した。県と登米市は、畜産農家向けの説明会を開き、肉牛の検査体制の構築を国に求める考えを示した（河北2011/07/23M）。汚染の疑いのある肉牛はさらに増え、出荷先は全国に拡散し、追跡は難航した（河北2011/07/24M）。

　7月26日、農林水産省は、汚染牛肉の買上げなどや1頭当たり5万円の交付を柱とする緊急対応策を発表した（河北2011/07/26E）。7月27日、村井知事は、全農県本部や仙台市と協力して、8月から肉牛の全頭検査を実施す

ると表明し、検査のため出荷頭数も制限するとしたが（河北 2011/07/27M；07/28M）、翌7月28日、国は、原子力災害対策特措法に基づき、福島県に続き、宮城県全域の肉牛の出荷停止を指示した。村井知事は、国の責任が明確に示されたとの認識を示し、早期再開を目指す考えを明らかにした。同日、自民党宮城県連は、放射性物質汚染対策本部会議を開き、汚染稲わらの早期処分などを政府に要望することを決めた（河北 2011/07/28E；07/29M）。

19. 肉牛の出荷管理と畜産農家へのつなぎ融資

しかし、いつまでも出荷停止の状態を続けるわけにはいかず、8月1日、村井知事は、お盆明けには肉牛の出荷停止を解除するよう国に要請する意向を示した（河北 2011/08/02M）。8月3日、畜産農家を視察した政府震災復興対策本部の末松義規宮城現地対策本部長は、県の検査計画に実効性があれば、お盆前にも出荷停止を解除できるとの見通しを示したが、解除申請には肥育農家への指導計画と出荷管理計画の策定が必要であり、国との調整に要する時間は読めなかった（河北 2011/08/04M）。8月4日、村井知事は、筒井信隆農水副大臣を訪ねて、週明けにも農水省に解除を要請する意向を伝える一方（河北 2011/08/05M）、8月8日、国の支援が動き出すまで県独自に出荷が遅れた肉牛を前年度の出荷平均価格で買い取る方針を示した（河北 2011/08/09M）。8月11日、宮城県は、肥育農家への立入調査の結果、汚染稲わらを与えた牛約2千頭の出荷が確認されたと発表し、電話調査の結果から大幅に増加した。同日、県は、出荷停止で運転資金に困窮する畜産農家向けにつなぎ融資制度を創設する方針を固めた（河北 2011/08/12M；08/31M）。

20. 肉牛の出荷停止解除と競り再開

宮城県は、県産牛の出荷停止措置の早期解除を目指し、出荷停止解除の条件となる肥育農家への立入調査を行い、全頭検査の体制も整えたが、国から新たに汚染稲わらの管理や検査した牛の識別などの条件が出されたため、お盆前の国への解除申請を見送った（河北 2011/08/13M；08/17M）。だが、農林水産省や厚生労働省との調整を続けた結果、8月19日、国は、宮城県に対する肉牛の出荷停止を解除した（河北 2011/08/19M；08/20M）。出荷停止の解

除を受け、8月22日、村井知事は、全頭を精密に検査し県が安全を証明した上で出荷すると安全性を強調、8月23日、出荷再開に向け、仙台市中央卸売市場食肉市場と宮城県食肉流通公社に肉牛の搬入が開始された。また、県産牛の放射性物質検査は、県が肥育農家各戸1頭ずつ実施し、2頭目以降は各農家が県の補助金で実施することになっていたが、同日、県議会の予算特別委員会産業経済分科会では、2頭目以降も県による検査を求める意見が相次いだ（河北2011/08/23M；08/24M）。8月26日、食肉市場では、約1か月ぶりに県産牛肉の競りが再開された（河北2011/08/26E）。県は、その後も対応が続き、9月2日には、県内の畜産農家が製造した牛ふん堆肥から基準値を超える放射性物質が検出されたと発表し、当該農家に出荷・使用の停止を指導した（河北2011/09/03M）。9月9日には、出荷停止措置に伴って出荷が遅れた肉牛を肥育農家から独自に買い上げる制度の申請受付を開始した（河北2011/09/10M）。

21. 県産牛の安全安心宣言と取引価格の低迷

9月12日、村井知事は、県産牛の安全安心を宣言したが（河北2011/09/13M）、その後も、汚染稲わらを与えられた県産牛の肉が学校等の給食で提供されていたことが判明するなど、消費者には不安が残り、また、県産牛の肉から基準値を超える放射性物質が検出され、県産牛が他県産に比べ割安で取引されるなど、生産者の風評被害は続いた（河北2011/09/13M；09/14M；09/16M；09/17M）。

その後しばらくして、県産牛の放射性物質検査の結果では、基準値を上回った肉牛が1例しか出なかったことから、県は簡易検査に切り替えた（河北2011/11/19M；11/22M）。そして、消費者の信頼回復が進み、出荷頭数の増加に伴い、県産牛の検査枠も拡大されている（河北2011/12/07M）。

22. 汚染稲わらの一時保管問題

汚染肉牛の問題が一段落した後も、汚染稲わらの問題が残されていた。原発事故で汚染された稲わらは県内の各農家で保管されていたが、敷地の不足や被曝への不安から、農家は汚染稲わらの移動と隔離を求めた。9月26日、

県議会の代表質問に対し、県執行部は、汚染稲わらの量が最も多い登米市で一時保管場所を設置できる見通しで、他の市町村でも集積場所を選定中と答えた。また、集積した汚染稲わらは焼却処分を基本とするため、焼却場周辺の住民の理解が重要との認識も示した（河北 2011/09/02M; 09/27M; 09/28M）。宮城県は、一時保管場所の予定地周辺の住民を対象に各地で説明会を開催したが、地元住民は風評被害を懸念し設置に反対した（河北 2011/10/06M; 10/12M）。登米市では一時保管場所への搬入が開始されたものの、大崎市などでは一時保管場所の確保が難航し、県は各保管農家に汚染稲わらの隔離を要請し、大崎市は国の現地対策本部長に打開策を要望した（河北 2011/10/25M; 11/09M; 11/10M）。

23. 汚染稲わらの分散保管

汚染稲わらの一時保管場所の選定をめぐっては、栗原市でも県の説明会で地元住民らの反対が相次ぎ、12月12日、県議会の環境生活農林水産委員会では、県議が県に処理方針の早急な提示を求めた。同時期、栗原市長が、市議会でリスクの少ない一元管理に理解を求める一方、大崎市長は、市議会で保管農家数戸ごとに分散管理する方針を示すなど、方針はまちまちだった（河北 2011/12/07M; 12/11M; 12/13M; 12/15M; 12/17M）。結局、年明けになり、宮城県は県議会で汚染稲わらの一括保管を撤回して、栗原市でも分散保管する方針を示し、これを受けて、県は栗原市内で複数の候補地を選定し、住民説明会を開催することになった。美里町と涌谷町も、分散保管の方針を決定した（河北 2012/01/21M; 01/25M; 02/01M; 02/02M; 02/03M; 02/07M）。その後、一時保管場所が建設され、当初は反対の強かった候補地でも受入れが進んだ（河北 2012/03/16M; 03/30M; 09/07M; 09/08M; 09/22M）。

24. 事故対策県民会議の設立

原発事故による影響は、汚染肉牛や汚染稲わらの問題にとどまらないことから、宮城県は、放射能汚染対策を総合的に検討する県民会議を設立することとし（河北 2011/09/03M; 09/12）、9月12日には、第1回「東京電力福島第一原子力発電所事故対策みやぎ県民会議（事故対策県民会議）」が開催され

ている。会議では、原発事故被害対策の基本方針と実施計画を策定し、放射線の測定体制を充実させ、広報・普及啓発を実施するとの方針が示された（河北2011/09/13M）。また県は、同日、原子力行政の組織を拡充するため、県原子力安全対策室を課に昇格し人員を増やした。

25. 原発事故被害対策の基本方針、損害賠償請求研修会の開催

　原発事故の損害賠償問題に関しては、12月20日、第2回事故対策県民会議が開催され（河北2011/12/20）、宮城県は、翌年1月末に「東京電力福島第一原子力発電所事故被害対策基本方針」をとりまとめている。また、県民会議参加団体を対象とした被害状況調査の結果を受け、県は、翌年2月に事業者の損害賠償請求を支援するため、損害賠償請求ワーキンググループ研修会を開催した（河北2012/02/18）。年度末には具体的な対策がとりまとめられ、3月19日、県は、「東京電力福島第一原子力発電所事故被害対策実施計画」を策定し、3月23日、第3回事故対策県民会議が開催され、原発事故被害対策の実施計画を協議している。

26. 復興構想会議の提言、県震災復興計画の策定

　原発事故への対応に追われたこの間も、震災復興への対応は着々と進められていた。6月、国では、「東日本大震災復興基本法」が成立し、同法に基づき「東日本大震災復興対策本部宮城現地対策本部」が設置された。「東日本大震災復興構想会議」は「復興への提言」を決定した。7月には、第2次補正予算が成立し、原発損害賠償・二重債務問題対策などに約2兆円が計上された。「東日本大震災からの復興の基本方針」が決定されている。

　宮城県では、県震災復興本部会議で「宮城県震災復興計画」案が作成され、県議会の大震災特別委員会での審議、パブリック・コメントの実施、県民説明会の開催を経て、8月には、県議会に議案提出する県震災復興計画案を決定した。

　県議会も、市議会議長会・町村議会議長会とともに、6月には政府各省庁と与党、経済団体、鉄道会社に対し、8月には県内経済団体等に対して、それぞれ要請活動を実施した。また、県議会の大震災特別委員会では、8月30

日から9月9日にかけて、県内沿岸被災市町を現地調査し、各市町議会と意見交換会を開催している。

27. 各種復興計画の策定

　秋には、震災復興関連の計画や予算、法律が相次いだ。10月、県議会の大震災特別委員会では県震災復興計画が採決され、宮城県は、県震災復興計画をはじめ各種復興計画を策定した。11月、県震災復興本部会議では、震災復興に係る補正予算や復興特区制度について審議がなされている。

28. 復旧復興特別委員会の設置

　年末には、震災への応急対応にも一区切りがつけられる。12月、県議会では、県議会議員選挙後、改選前の大震災特別委員会を発展的に引き継いだ「宮城県議会大震災復旧・復興対策調査特別委員会（復旧復興特別委員会）」が設置された。同特別委員会は、全議員で構成され、詳細な対策を検討するため、①生活再建支援、②地域権限強化、③防災ネットワーク、④地域産業復興、⑤再生可能エネルギーに関する5つの専門部会が設置されている（河北2011/12/22M）。県議会はまた、仙台市議会と正副議長懇話会を開催し、震災復興の課題について意見交換をした。宮城県は、県震災復興本部に「被災者生活支援実施本部」を設置したほか、「宮城県復興住宅計画」を策定、年末には応急仮設住宅が完成し、県内の全避難所が閉鎖された。

29. 復興特区の認定、復旧期の実施計画の策定、災害対策本部の廃止

　年が明けると、がれき処理問題など一部を除き、復旧・復興の色合いが強まる。2012年1月、県震災復興本部会議では、「東日本大震災メモリアルパーク（仮称）」について審議がなされた。県議会では、災害廃棄物の広域処理の推進に向け各都道府県議会等に協力を要請し、全国都道府県議会議長会は、災害廃棄物の広域処理の推進などについて政府・政党に対し緊急に要請した。

　2月、国は、宮城県と県内市町村と共同で申請した「民間投資促進特区」を認定した。また、復興庁を設置し、仙台市に宮城復興局、気仙沼市と石巻

市に支所を設置した。「国と宮城県の意見交換会」も開催された。3月、国からは「東日本大震災復興交付金」の第1回交付可能額が通知された。東日本大震災から1年が経過した2012年3月11日、県内各地では犠牲者の追悼式典が開催されている。

年度末、県震災復興本部会議では「宮城の将来ビジョン・震災復興実施計画（復旧期）」が策定され、県災害対策本部は廃止された。

第5-4節　放射性物質の除染と指定廃棄物の処理

震災からの復旧・復興が計画的に進む一方で、原発事故に関しては風評被害などの損害賠償、放射性物質の除染や指定廃棄物の処理などが尾を引いているが、宮城県はこれらの問題にどのように対応したのか。

1. 県議会と復興局の意見交換

震災2年度目には、県や県議会でも復旧・復興の取組みが活発になる。2012年4月18日、県議会は、市議会議長会・町村議会議長会と合同で政府・与党に対し震災復興対策を要請、5月25日には、県議会の復旧復興特別委員会が、宮城復興局との初の意見交換会を開催した（河北2012/05/26M）。

2. まちづくり・住宅整備の推進

復旧復興事業の中心は、まちづくりや住宅の整備である。6月8日に「みやぎ復興住宅整備推進会議」が設立され、7月18日には「宮城県災害公営住宅整備指針」が策定された。10月18日には、「宮城県被災者復興支援会議」が新たに設置され、10月22日、宮城県は、県震災復興本部に「まちづくり・住宅整備推進本部」を設置した。10月30日、県議会は、政府・与党に対し、中小企業等グループ施設等復旧整備事業に関する要請活動を実施している。

県議会は、全議員が参加する復旧復興特別委員会を任期満了に伴い終了させる方針を確認（河北2012/10/20M）、委員からは、県内外の視察に労力をかけたわりに検討テーマが幅広いため中途半端となって成果が乏しかったとの

反省も聞かれた（河北 2012/11/21M）。その後、県議会の復旧復興特別委員会では、翌年 2013 年 1 月 22 日から 2 月 15 日にかけ、県内沿岸被災市町議会と意見交換会を開催、1 月 24 日、県議会は、市議会議長会・町村議会議長会と合同で、県選出国会議員等と関係省庁に対し震災復興対策を要望している。

3. 風評被害対策に関する共同要望・要請書

　復旧復興事業が着々と前に進む一方、原発事故の後始末は尾を引いていた。9 月 5 日、第 4 回事故対策県民会議が開催され、宮城県は、原発事故による岩手・宮城両県の風評被害を賠償対象とするよう、両県の県・市長会・町村会の連名で国と東京電力に対し要望・要請する方針を示した（河北 2012/09/06）。

4. 市町村長会議の開催、指定廃棄物最終処分場の県内建設方針

　指定廃棄物問題に関しては、年度後半にようやく県内首長との協議の場が設けられた。すでに 5 月 30 日、環境省の横光克彦副大臣が、指定廃棄物最終処分場の県内建設への協力を村井知事に要請、村井知事は関係自治体と住民の理解を条件に了承していた（河北 2012/05/31M）。国は当初、建設候補地の提示を 9 月中に予定していたが、先行する栃木、茨城両県で地元から反発が相次ぎ、11 月以降にずれ込んでいたのである（河北 2012/08/11M；09/28M）。

　10 月 5 日、長浜博行新環境相は、県庁で村井知事と会談し（河北 2012/10/06M）、会談を受け、村井知事は、県内首長と意見交換会を開催する方針を示す（河北 2012/10/16M）。10 月 25 日、第 1 回「宮城県指定廃棄物処理促進市町村長会議（市町村長会議）」が開催され、国の方針どおり建設候補地を県内 1 か所とすることが了承されたが、市町村からは公有地の検討や選定過程の透明化、地域振興策の用意などの要望があり（河北 2012/10/26M）、10 月 30 日、村井知事は、環境省の長浜環境相を訪ねて市町村の要望を伝達した（河北 2012/10/31M）。もっとも、県内では、栗原市議会が栗駒山周辺への処分場建設に反対する意見書を可決するなど、候補地の具体名が挙がる前

から建設反対を表明する自治体が現れた（河北2012/12/19M）。

　2013年2月25日、村井知事は、候補地選定が遅れていることから、国の方針を確認し市町村と再び協議する考えを示した（河北2013/02/26M）。2月26日、環境省の井上信治副大臣は県庁を訪れ、村井知事に地元自治体との協議を重視する選定方針を説明し、候補地選定への協力を要請した。村井知事は市町村長会議を開催する方針を伝えた（河北2013/02/27M）。

　環境省は指定廃棄物処分等有識者会議を開催し、候補地選定の評価基準や項目の見直しに着手した（河北2013/03/17M）。3月28日、県内では、第2回市町村長会議が開催され、井上環境副大臣は、処分場の立地自治体に対して地域振興策を検討する考えを示した（河北2013/03/29M）。

5.　災害公営住宅の入居開始

　震災から3年度目を迎え、「みやぎ鎮魂の日を定める条例」が施行された4月1日、復旧復興事業に関しては、災害公営住宅の入居が開始された。同日、県議会の復旧復興特別委員会は、宮城復興局と意見交換会を開催し、復興局は、被災者が住宅を確保するまで仮設住宅の提供を継続する姿勢を示した（河北2013/04/02M）。

6.　県議会による風評被害調査と早期賠償要望

　原発事故被害問題に関しては、県議会が調査・要望活動を行っている。県議会の復旧復興特別委員会では、4月22日、原発事故による風評被害に関する調査の実施について協議し、5月17日、県内一次産業への風評被害について県漁業協同組合・県農業協同組合中央会・県森林組合連合会から意見を聴取り（河北2013/05/18M）、5月22日と23日には、県内観光業等への風評被害について丸森町・白石市・松島町を対象に県内調査を実施した。

　6月13日には、原発事故に伴う損害賠償の状況について東電幹部らと意見を交換したが、賠償請求手続きの煩雑さなどを指摘する意見が相次いだ（河北2013/06/14M）。7月25日、県議会議長らは、東電福島復興本社を訪れ、原発事故の風評被害に伴う損害賠償の早期支払いなどを求める要望書などを手渡した（河北2013/07/24M；07/26M）。要望活動終了後、同委員会は、東電

福島第一原発で現地調査を実施し、消費者庁を訪問し食品の風評被害対策を調査した（河北 2013/08/09M）。

その後、8月22日、第5回事故対策県民会議では、原発事故被害対策の中間評価が行われ（河北 2013/08/23）、8月29日、県議会でも、それまでの調査をふまえ、復興予算の確保や復興交付金の対象事業の拡充などを政府に要望している。なお、年度末には、見直しを受けて対策の強化が図られており、翌年3月25日、第6回事故対策県民会議では、原発事故被害対策の第2期実施計画を取りまとめている（河北 2014/03/26）。

7. 処分場選定手順案の作成、汚染稲わらの一時保管の延長

指定廃棄物問題に関しては、処分場の選定手順が示されるものの、方針自体に異論が相次ぐ。5月29日、第3回市町村長会議が開催され、環境省は有識者会議で了承された選定手順案を説明し、国は早期建設に理解を求めたが、一部の首長は異議を唱えた（河北 2013/05/30M）。6月3日、復興庁の谷公一副大臣は、美里町との意見交換会で、指定廃棄物を福島県に集約すべきとの意見に苦言を呈したが、同日、登米市長や栗原市長など一部の首長からは、国の県内設置方針を見直すべきとの発言が相次いだ（河北 2013/06/04M）。その後、村井知事は、県としては国の方針に沿って取り組む姿勢を改めて強調している（河北 2013/06/18M; 06/21M）。

処分場の選定が迷走し、建設のめどが立たないなか、宮城県は、汚染稲わらの一時保管の期間延長を関係市町に要請していた（河北 2013/06/27M）。8月下旬、登米市は保管期間延長の方針を決め、対象地区で住民説明会を開催したが、長期保管を懸念する周辺住民からは反発の声が上がった（河北 2013/08/16M; 08/21M; 09/05M）。こうした住民の反発を受け、福島県への集約を唱えていた登米市長も、選定指標に注文を付けつつ、処分場の早期建設に向け県内設置を認める見解を示した（河北 2013/09/05M）。登米市議会も、処分場の早期建設を国に求める意見書を可決した（河北 2013/09/21M; 09/26M）。

8. 候補地選定方法の確定

　10月27日、宮城県では知事選が行われ、現職の村井知事が再選を果たした。選挙も落ち着いた11月11日、第4回市町村長会議が開催され、環境省は市町村の要望を反映させた候補地の選定方法を説明し、自治体側は了承した。選定方法の確定を受けて、環境省は年内にも複数の候補地を提示する方針を示した（河北2013/11/12M）。候補地提示を控えて、栗原市の市民団体は、処分場の建設反対を求める要望書を市長あてに提出し（河北2013/11/29M）、大崎市長など一部の首長からも候補地提示を警戒する発言が相次いだ（河北2014/01/09M）。

9. 三候補地の提示と地元の反対運動

　処分場の候補地が示されると、当然ながら地元の反発を招いた。2014年1月20日、第5回市町村長会議が開催され、環境省は処分場の候補地として栗原市、大和町、加美町の国有地を正式に提示した。井上環境副大臣は会議後、住民の理解を得るため努力したいと述べたが、候補地の市町長からは反発の声が上がった。村井知事は欠席した石原伸晃環境相の姿勢に苦言を呈し、候補地以外の市町村長からは風評被害対策の注文が付いた（河北2014/01/21M）。1月21日、井上環境副大臣は村井知事や県市長会長、県町村会長ともに、候補地の自治体を訪れて詳細調査への協力を要請したが、加美町は協力を拒否し、大和町は回答を保留、栗原市は3市町の合意を条件に協力する意向を示した。県議会の常任委員会では、県執行部が国の調査には地元の理解が必要との認識を示したが、加美町議会では、町長が反対を表明し議会に同調を求めた（河北2014/01/22M）。その後、栗原市議会は、処分場問題に対応する特別委員会の設置を決定した（河北2014/01/23M）。大和町議会は、建設反対の意見書を国に提出することを決定し（河北2014/01月25M）、候補地の大和町吉田地区の住民団体も調査受入れ反対の方針を決定した（河北2014/01/26M）。加美町議会は、候補地除外を求める意見書を可決した（河北2014/01/28M）。加美町の区長会は建設反対を決定し（河北2014/02/01M）、大和町の住民団体も建設反対の署名運動を決定した（河北

2014/02/02M)。加美町ではその後、地元団体が処分場建設に反対する会を設立する（河北 2014/02/11M）。

　候補地からの反対が続出するなか、村井知事は、国は早期に住民説明会を開催すべきとの見解を示した。しかし、大和町では、区長会が建設反対の要望書を町長に提出し、栗原市では、農業委員会が建設反対の決議文を市長に提出した（河北 2014/02/04M）。加美町議会に続き、大和町議会や栗原市議会も、建設反対の意見書を可決し、処分場問題に対応する調査特別委員会を設置する。2月上旬にはこうして候補地3市町全ての議会が反対の意思を表明した（河北 2014/02/08M；02/13M；02/14M）。

　一方、2月14日、井上環境副大臣は、衆院予算委員会で、4月に宮城県内から調査に着手すると答弁し、新聞の取材に対し、調査は地元の同意を得て実施する考えを示した（河北 2014/02/15M）。栗原市では、市民団体が反対の署名活動を開始し、大和町では、候補地周辺住民や地元住民団体が候補地撤回や建設反対の要望書と署名を町に提出した（河北 2014/02/17M；02/18M；02/19M）。

　事態打開に向け環境相の現地訪問を求める声もあったが、2月21日、石原環境相は、衆院環境委員会の答弁で、調査前に候補地自治体を自ら訪問することに否定的な見解を示した（河北 2014/02/22M）。こうした姿勢に地元は反発、大和町では、地元住民団体が建設反対の要望書を町に提出した（河北 2014/02/28M）。栗原市では、市内9団体が、建設反対の要請書を市に提出するとともに、連絡会を結成し署名などの反対運動を展開する方針を確認した（河北 2014/03/01M）。加美町でも、候補地周辺の地元住民団体が建設反対の要請書と署名を町に提出した（河北 2014/03/05M）。

　3月19日、栗原市では、市民会議が開催され、候補地選定の経過が報告されたが、反対意見が相次いだ（河北 2014/03/20M）。3月21日、加美町でも、地元団体の反対組織が大規模集会を開催した（河北 2014/03/22M）。

10. 再生期の実施計画の策定、震災対策推進条例の改正

　震災から3年が経過し、宮城県内では、災害廃棄物処理がほぼ終了する。復旧復興事業に関しては、県議会の復旧復興特別委員会では、2014年1月

下旬、大震災からの復旧復興に係る課題を把握するため、県内市町を対象に調査を実施した。また、宮城県は、「再生期」の実施計画づくりに着手、県震災復興本部会議での審議を経て、年度末には「宮城の将来ビジョン・震災復興実施計画（再生期）」を策定している。

　4月には、東日本大震災の教訓をふまえた「改正震災対策推進条例」が施行され、国の復興推進委員会が「新しい東北」の創造に向けた提言を取りまとめるなど、復旧から復興へと移行する。4月7日、県震災復興本部会議では、復旧期の総括、「宮城の将来ビジョン・震災復興実施計画（再生期）」をはじめ各種計画などについて意見を交換した。

11．地域振興策の提示と地元の不信感

　計画的に進む復旧復興事業とは対照的に、指定廃棄物問題に関しては、候補地との会合すら設けられずにいた。栗原市では、処分場建設を医学部新設の取引材料にするとの憶測なども流れたが、市長は強くこれを否定した（河北 2014/04/02M）。4月9日、環境省は、処分場の立地市町村に対し地域振興策や風評被害対策に5県で計50億円を交付する方針を明らかにしたが（河北 2014/04/10M）、栗原市長は、環境省の交付方針を金銭の問題ではないと一蹴した。4月12日には、市民団体の集会が開催され、県内3候補地の関係者が反対運動の状況を報告した（河北 2014/04/13M）。

　4月14日、村井知事は、国と候補地3市町の協議の場を設けるため調整に乗り出す方針を示し、国に地元の不信感を払拭するよう促した。国の交付方針に関して、候補地の首長らは住民感情を無視したものと反発したが、村井知事は地域振興策のたたき台として一定の評価をした（河北 2014/04/15M）。栗原市長は、環境省と3市町の協議を調整する県の方針に期待を表した（河北 2014/04/16M）。

　4月19日、大和町では、町民らが建設反対を訴えて初の大規模集会を開催し、町区長会は署名を町に提出した（河北 2014/04/20M）。4月24日、栗原市では、市民団体による反対組織が現地見学会を開催し、地質等の問題点を確認した（河北 2014/04/25M）。4月30日、加美町議会では、調査特別委員会で地元住民や関係団体と意見交換がなされ、団体代表者は建設反対を訴

えた（河北 2014/05/01M）。5月1日、大和町議会では、調査特別委員会から、候補地選定にあたり環境省の距離評価に問題ありとする中間報告がなされた（河北 2014/05/02M）。5月7日、社民党党首が指定廃棄物問題の現地調査のため県内の3候補地を訪れ、首長らは各候補地の不適地性を訴えたが、同日、村井知事は、国・県・3市町の5者協議の意義を改めて強調した（河北 2014/05/08M）。

12. 県議会による風評被害対策の要請

　知事が候補地との調整に苦労する一方、県議会が取り上げていたのは、指定廃棄物問題ではなく、もっぱら原発事故被害対策であった。県議会の復旧復興特別委員会では、4月25日、原発事故に伴う県内農業・水産業の風評被害について、関係団体から意見を聴取し（河北 2014/04/26M）、5月1日には、東電幹部らから、風評被害に係る損害賠償の進捗状況と福島第一原発における汚染水への対応について説明を聴取した（河北 2014/05/02M）。5月15日には、岩手県議会の「東日本大震災津波復興特別委員会」と意見を交換し、その後、原発事故による風評被害について東京電力への要請事項を協議した。5月27日から29日にかけ、県議会は、東電福島復興本社に対し風評被害に係る迅速かつ十分な損害賠償の実施と原発事故の早期完全収束を要請した。また、復旧復興特別委員会では、県外調査を実施し東京湾臨海部基幹的広域防災拠点などを調査した。

13. 5者協議の初会合と調査受入れの要請

　指定廃棄物問題に関しては、ようやく処分場候補地との会合にこぎつける。5月19日、環境省が5者協議の開催を発表すると（河北 2014/05/20M）、5月23日、加美町は、5者協議を前にデータ収集のため現地を再調査し、地盤の軟弱性などを確認した（河北 2014/05/16M; 05/24M）。5月26日、国・県・候補地3市町による5者協議の初会合が県庁で行われ、国は3市町に詳細調査の受入れを要請したが、3首長はそれぞれ不適地であると主張して議論は平行線をたどり、村井知事は着地点を見出す必要性を唱えた（河北 2014/05/27M）。5者会談後、加美町長は、候補地の白紙撤回と市町村長会議

への議論の差戻しを求めた（河北 2014/05/28M）。

　5月29日、栗原市議会の調査特別委員会は、候補地を現地調査し、内陸地震による亀裂などを確認した（河北 2014/05/22M; 05/30M）。6月2日、栗原市長は、詳細調査前に政府関係者による現地視察の必要性に言及したが、事前視察の実施には3市町の合意が条件だとした（河北 2014/06/03M）。6月3日、加美町長は、町民向け現地見学会の開催予定を明らかにし、また、栗原市長が言及した政府関係者の事前視察について町の主張の理解に役立つと賛意を示した（河北 2014/06/04M）。

14. 5者協議の再開催と環境副大臣の現地視察

　6月4日、環境省は、第2回5者協議の開催予定を発表した（河北 2014/06/05M）。6月7日、栗原市では、地元住民らが建設反対を訴える看板や旗を制作し候補地周辺に設置した（河北 2014/06/07M）。6月9日、第2回5者協議が開催され、3首長の要望により井上環境副大臣が3候補地を視察することに合意した（河北 2014/06/10M）。6月10日、政府関係者の候補地視察について、指定廃棄物の一時保管の早期解消を求める登米市長は、候補地選定に一歩前進と評価したが、加美町長は、候補地除外のためで詳細調査の受入れではないと強調した（河北 2014/06/11M）。6月11日、加美町議会では、市町村長会議で県内設置を了承した経緯から、町議が詳細調査の受入れを提案したが、町長は不適地になるとは限らないと反論した（河北 2014/06/12M）。

　井上環境副大臣は、5者協議に先立ち、6月13日に栗原市、6月14日に大和町、6月16日に加美町の各候補地を視察し、現地視察をふまえ詳細調査の必要性を強調した。

　6月16日、第3回5者協議が開催され、詳細調査の受入れに向け議論を進めたい村井知事に対し、詳細調査の受入れを拒む加美町長が抵抗した（河北 2014/06/14M; 06/15M; 06/17M; 06/18M）。6月17日、栗原市長は、市議会の答弁で、候補地の不適地性を科学的に証明するため、詳細調査前に専門家同士の協議の場を設けるよう国に要望したことを明らかにした（河北 2014/06/18M）。6月20日、加美町は、町民向けの現地見学会を初めて開催し、

面積不足や水源など候補地の不適地性を説明した（河北 2014/06/21M）。

15. 5者協議の最終開催と調査実施の意向

6月26日、村井知事は、県議会の一般質問で、国有地を国が調査するため市町が詳細調査の受入れを拒み続けるのは難しいとの見解を示し、また、他県への集約には国の基本方針の見直しが必要なため県内処分はやむを得ないと答弁した。一方、栗原市議会では、処分場建設と医学部新設の取引懸念が再燃し、相次ぐ質問に市長は別問題と否定した（河北 2014/06/27M; 06/28M）。6月28日、加美町では、地元団体の反対組織が集会を開き、候補地の白紙撤回と詳細調査の受入れ拒否に向け団結を確認した（河北 2014/06/29M）。

6月30日、第4回5者協議が開催され、環境省はそれまでの議論をふまえ国の責任で今後の対応を検討する方針を3首長に伝え、会合後、井上環境副大臣は、冬季前に詳細調査を実施する意向を示した（河北 2014/07/01M）。7月1日、栗原市長は、詳細調査は通年で実施すべきとの認識を示し、加美町長は、国が地元の意向を無視し詳細調査を強行することはないと牽制した（河北 2014/07/02M）。7月2日、井上環境副大臣は、月内に詳細調査の方向性を県と3市町に提案する方針を示した（河北 2014/07/03M）。

16. 環境相による調査協力要請

7月7日、加美町議会は、3候補地の白紙撤回を求める意見書と要望書を可決した。一方、村井知事は、環境相に方針の提示を求めるなど、自治体側は、事態打開に向け環境相が候補地に直接協力を要請し国の責任を明確化することを期待した。そこで、市町村長会議には環境相が出席する方向で調整が進められ、7月15日、石原環境相は、市町村会議に出席する意向を明らかにした（河北 2014/07/08M; 07/09M; 07/12M; 07/16M）。7月16日、栗原市長は、環境相の市町村長会議出席を一歩前進と評価したが、加美町長は、環境省を訪れ、候補地の白紙撤回を求める意見書を提出した（河北 2014/07/17M）。

7月25日、第6回市町村長会議が開催され、石原環境相が初めて出席した。

石原環境相は3市町に詳細調査の受入れを要請したが、栗原市と大和町が候補地の共同歩調を条件とし、加美町長が受入れを拒否したため、村井知事に全市町村の意見集約を一任した。関係者からは議論の持越しや知事への丸投げに失望する声も聞かれた。会場前では、建設反対を訴える市民団体らが、水源地保護を訴えてデモ行進した（河北 2014/07/26M）。

17. 知事による意見集約と詳細調査の受入れ

　意見集約を一任された村井知事は、市町村長会議後、加美町の反対を押し切って国の調査を受け入れる可能性も示唆していたが、7月28日、調査受入れを拒否する加美町長は、調査の差止めを求める提訴も視野に対応する方針を示した。同日、村井知事は、県主催の市町村長会議を開催すると発表し、会議に先立ち候補地の首長と個別に面会するとした（河北 2014/07/29M）。

　7月31日、村井知事は、栗原市長と会談し、市町村長会議で大半の首長から一任があれば詳細調査を受け入れる意向を示し、栗原市長は、条件付ながら会議の結果を尊重する考えを表明した（河北 2014/08/01M）。8月1日、村井知事は、前日に続き候補地の加美、大和町長と会談し、同様の意向を伝えたが、加美町長はあくまで反対を強調した（河北 2014/08/02M）。8月3日、加美町内では反対集会が開催され、町長の反対を後押しした（河北 2014/08/04M）。

　8月4日、県主催の市町村長会議が開催され、加美町長は最後まで反対姿勢を貫いたものの、受入れ容認の意見が大半を占めたことを受け、村井知事は、県内市町村の総意として詳細調査の受入れを正式に表明した（河北 2014/08/05M）。会議後、石原環境相は、村井知事のリーダーシップに謝意を表したが、加美町長は、市町村長会議の進め方を強引と批判した（河北 2014/08/06M）。8月6日、加美町では、地元農協が建設反対の特別決議を採択した（河北 2014/08/07M）。8月7日、村井知事は、環境省を訪れ、石原環境相に詳細調査の受入れ意向を伝えるとともに、市町村長会議の意見として国の基本方針の見直しなどを求めた（河北 2014/08/07M; 08/08M）。8月17日、加美町では、住民団体が調査反対の緊急集会を開催した（河北 2014/08/18M）。8月18日、村井知事は、詳細調査への協力を呼びかけると

ともに、違法行為には毅然と対処すると反対運動の過激化を牽制した（河北 2014/08/19M）。8月19日、栗原市長は、国に責任ある対応を求めた（河北 2014/08/20M）。

18. 詳細調査の着手方針と候補地の対抗策

8月20日、井上環境副大臣は、候補地の3市町を訪れ、詳細調査に着手する方針を説明した。栗原市長と大和町長は3市町の共同歩調を条件に受入れを容認し、加美町長は改めて受入れを拒否し選考過程の検証を要望したものの（河北 2014/08/21M）、環境省は、詳細調査に着手し、現地調査の事前準備に取りかかる（河北 2014/08/23M）。村井知事は、環境副大臣の3市町訪問を誠意ある対応と評価した（河北 2014/08/26M）。

19. 新任環境相の現地視察、処分場建設拒否条例の提案

9月3日、内閣改造に伴い望月義夫新環境相が就任すると、候補地の首長からは新環境相に要望が相次いだ（河北 2014/09/04M）。9月10日、小里泰弘新環境副大臣は、県庁で村井知事と面会し、処分場建設に意欲を示すと（河北 2014/09/11M）、9月17日、各候補地を視察、各首長と会談し、詳細調査に理解を求めた（河北 2014/09/18M）。

しかし9月19日、加美町長は、調査前の環境省による住民説明会を拒否する方針を示し、また栃木県塩谷町の取組みを参考に水源保全の条例を制定するなど対抗策を検討するとした。同日、加美町議会では、「自然環境を放射能による汚染から守る条例」が可決された（河北 2014/09/20M）。

10月2日、小里環境副大臣は加美町を訪ね、町からの質問状への回答書を副町長に手渡し、調査への理解を求めた。なお、同日、栗原市議会では、処分場建設を拒否する条例案が議員から提案されたが、執行部の権能に属する条例の議員提案に反対があり、否決されている（河北 2014/10/03M）。

20. 現地調査の着手、県議有志の会の造反

10月8日、環境省は、他県に先駆けて宮城県内3候補地で現地調査に着手した。候補地の住民からは反発の声が挙がった。特に反対運動を避けるた

めか、前日に事前連絡のなかった加美町長は、記者会見で法的手段も辞さないと構えを見せた。

　不意打ちと批判する加美町長に対し、10月9日、小里環境副大臣は、加美町を2度訪れて調査着手を伝えたと反論し、加美町だけ事前連絡しなかったのは、他市町と異なり町有地通過の届出など必要な手続がなかったためと弁明した（河北2014/10/10M）。10月10日、加美町の住民団体は、反対運動の連携強化のため他の候補地の住民団体と連絡協議会を設置する方針を決定した（河北2014/10/11M）。その後、加美町長は、栃木県塩谷町長と環境省を訪れ、小里環境副大臣に対し、事前連絡なしに現地調査に着手したことへの抗議文書と公開質問状を提出している（河北2014/10/21M）。

　10月11日、栗原市では、維新の党の国会議員が候補地を視察し、住民と懇談した（河北2014/10/12M）。一方、県議会最大会派の自民党・県民会議の議員有志も、国の基本方針見直しや福島への集約処理を働きかける動きを見せ、10月16日、「指定廃棄物処理施設問題を考える県議の会（県議有志の会）」を立ち上げている（河北2014/10/08M/E；10/09M；10/17M）。

　10月17日、望月環境相は、衆院環境委員会で、候補地の訪問を検討する意向を示した。同日、共産党県議団は、環境省の指定廃棄物量の把握が杜撰で、処分場の面積や規模の根拠が不透明だとする見解を発表している（河北2014/10/18M）。

21. 現地調査の中断

　栗原市では、市推薦の地形学者が環境省の踏査に同行し、地面の亀裂などを確認した。栗原市側と環境省側の学者らが意見交換し、ボーリング調査の実施で合意した。環境省は、他2町でも同時に調査に着手する意向を示した（河北2014/10/22M；10/23M）。10月24日、環境省は、候補地のボーリング調査に着手し、栗原市と大和町では予定どおり準備を始めたが、加美町では住民らの激しい抗議を受けて作業を見合わせ、栗原市と大和町でもいったん作業を中断し、その後も数日間、作業に着手できない状況が続いた（河北2014/10/24M, E；10/25M, E；10/26M；10/28M）。

　10月27日、環境省は、ボーリング調査の準備作業を行うと発表し、10月

28 日、望月環境相は、降雪前の調査完了に向け早急に着手したい考えを強調した（河北 2014/10/27E；10/28M, E；10/29M）。同日、小里環境副大臣は、対立回避のため、加美町長に住民説明会の開催を打診したが、加美町長は、質問状への回答を受けたうえで環境副大臣と協議し判断すると応答した（河北 2014/10/30M）。

10 月 30 日、県町村会の要望の場では、加美町長が処分場をめぐる知事の発言に触れ、村井知事は議論を避けるなど、さや当てを繰り広げた。同日、小里環境副大臣は、加美町からの質問状に早急に回答する方針を示し、丁寧な説明で住民の理解を得る努力を強調したが、加美町では、地元団体の反対組織が集会を開き、調査中止と候補地撤回を訴えた（河北 2014/10/31M）。その後、環境省は、加美町の質問書に対する回答を公表し、指定廃棄物の保管量は当初より増加したが、計画中の施設面積で問題ないと説明している（河北 2014/12/09M）。

22. 首長間の意見対立、現地調査の越年

11 月 4 日、栗原市長は、調査が進まず歯がゆさを感じると加美町の姿勢に不満を述べる一方、加美町長は、形だけの総意は反発を招くと国の進め方を批判した。村井知事は、調査を容認した市町村長の総意が調査に反対する候補地の意思より優先されるとの見解を示した（河北 2014/11/05M）。

11 月 6 日、望月環境相は、参院環境委員会で、ボーリング調査には地元自治体の理解を得たうえで着手する考えを示したが（河北 2014/11/07M）、候補地では作業に着手できぬまま降雪の時期が迫り、現地調査の完了は越年の可能性が高まった（河北 2014/11/11M）。11 月 12 日、共産党県議団は、知事に処分場建設の推進姿勢を是正するよう申し入れたが、同日、村井知事は、県内の汚染稲わらの一時保管場所を視察し、処分場建設に向け詳細調査への協力を訴えた（河北 2014/11/13M）。11 月 14 日、環境省は、詳細調査の年内終了にめどが立たず、処分場建設がずれ込むとの見通しを明らかにした（河北 2014/11/15M）。

23. 福島集約の要望と拒否、水源保全条例の制定

　結局、11月18日、望月環境相は、積雪の影響からボーリング調査の年内着手を見送る考えを明らかにしたが（河北2014/11/19M）、同夜、安倍首相は、衆議院の解散を表明する。突然の衆院解散に、指定廃棄物を一時保管する農家らからは保管延長を懸念する声が上がる一方、処分場建設に反対する候補地の住民らは、時間稼ぎの好機と捉えた（河北2014/11/29M）。

　11月21日、加美町長は、候補地の水源を保全する条例案を提出する方針を示した（河北2014/11/22M）。11月24日、加美町では、地元団体の反対組織が大規模な反対集会を開催し、栃木県塩谷町の町民らも参加した（河北2014/11/25M）。

　一方、県議有志の会は、指定廃棄物の他県集約を求める要望書を自民党の県選出国会議員に提出していたが（河北2014/11/15M）、12月4日、福島県の内堀雅雄知事は、宮城県庁で村井知事と会談し、指定廃棄物の福島集約について明確に拒否した（河北2014/12/05M）。12月9日、県議会では、指定廃棄物の集約処理に向け関係5県の知事による協議も提案されたが、村井知事は難色を示している（河北2014/12/10M）。

　12月12日、加美町議会では、処分場建設阻止の対抗策として、候補地の水源を保全する条例案が可決された（河北2014/12/11M；12/13M）。12月16日、栗原市議会では、指定廃棄物の各県処理を定めた放射性物質汚染対処特措法の見直しを求める意見書を可決したが、その後、栗原市長は、指定廃棄物の県外処理はあり得ないとの認識を示している（河北2014/12/12M；12/17M；2015/01/08M）。

24. 県内外の調査、国会議員との意見交換

　この間、県議会の活動は、主に復旧復興事業に関する調査・要望であった。県議会の復旧復興特別委員会では、6月26日に復興庁等への要望活動、10月8日には宮城復興局との意見交換を決定し、10月22日には、内閣改造に伴い交代した復興副大臣とも意見交換をしている。11月7日に中間報告書を取りまとめた後、12月18日、指定廃棄物の取組状況について県執行部か

ら説明を受け、12月19日には県外調査を実施し、岩手県一関市と福島県飯舘村における指定廃棄物の処理を調査した。2015年1月下旬から2月上旬にかけては、復旧復興の状況を把握するため県内調査を実施し、2月10日に調査結果を取りまとめ、2月12日には県関係国会議員とも意見交換をしている。

25. 分散保管案の浮上、水源保全地域の指定

　指定廃棄物問題に関しては、候補地の強硬な反対姿勢に対し、分散保管案まで持ち上がってきた。茨城県の市町村長会議では、経年による放射性濃度の低減で指定廃棄物量が減少するとの試算に基づき、半数の市町村が現状の分散保管継続を希望したため、国も指定廃棄物の分散保管の可能性を排除しないとした。2015年2月2日、村井知事は、県内1か所集約をあらためて強調したが、同日、栗原市長は、国の方針を確認するため市町村長会議を開催するよう知事に求める考えを示した（河北 2015/02/03M）。しかし、2月3日、望月環境相は、指定廃棄物の分散保管について否定的な見解を示した（河北 2015/02/04M）。

　2月5日、加美町長は、放射性濃度の低減の可能性を指摘し、指定廃棄物の放射性濃度を調査するよう国に求めた（河北 2015/02/06M）。2月16日、加美町議会は、放射性物質汚染対処特措法改正と、各県処理を決めた国の基本方針見直しを関係機関に働き掛けるよう、県議会有志に要請した（河北 2015/02/17M）。2月25日、加美町では、水源保全条例に基づき、町環境審議会で水源保全地域案が了承され、町長は答申どおり候補地を含む地域を水源保全地域に指定した（河北 2015/02/26M）。

　3月22日、大和町では、候補地周辺の住民が反対集会を開催した（河北 2015/03/23M）。環境省は、指定廃棄物の最終処分場建設をめぐり県民向けの説明会を開催することにしたが、3月27日、候補地3市町の住民団体は、環境省に県民向け説明会の中止を要請し、4月1日、加美町長は、説明会より調査が先と批判した（河北 2015/03/10M；03/28M；04/02M）。

26. 県民向け説明会の開催

　4月2日、栗原市長は、難航する処分場選定について、環境省の対応が不十分と批判し、候補地の返上にも言及したが、4月3日、望月環境相は、説明を尽くす姿勢を強調した（河北 2015/04/03M; 04/04M）。4月5日、環境省は、仙台市内で「環境省と考える指定廃棄物の課題解決に向けたフォーラム（フォーラム）」を開催し、候補地のボーリング調査を雪解けの5月中旬にも再開する意向を明らかにした。説明会は、候補地の住民らと初の意見交換の機会となったが、議論は平行線をたどり、住民からは計画を進めるアリバイ作りとの反発もあった（河北 2015/04/06M）。村井知事は、住民説明会を受け、環境省に対し反対意見にも丁寧な対応を要望し（河北 2015/04/07M）、望月環境相は、県民向け説明会を再度開催する考えを明らかにした（河北 2015/04/08M）。

27. 施設名称の変更

　雪解け後の調査再開を控え、候補地周辺の住民らは警戒を強めた（河北 2015/04/13M）。4月13日、環境省は、指定廃棄物の放射線量が減った後を想定し、廃棄物の再利用や再処理を進め、施設を撤去して原状回復する案を有識者会議に提示した（河北 2015/04/14M）。これを受け、4月14日、環境省は、指定廃棄物の保管施設の名称を「最終処分場」から「長期管理施設」に変更すると発表した。再処理や再利用までの保管施設と位置づけ、最終処分との印象を薄める狙いがあるものの、候補地の住民からは反発や疑問の声が上がり、栗原市長も、「名称変更はまやかし」と批判した（河北 2015/04/15M; 04/16M）。一方、候補地の住民団体は、候補地撤回と建設反対を国に申し入れるよう県に求める署名活動を開始した。4月16日、加美町は、指定廃棄物の放射性物質濃度と保管量を調査するよう環境省に求める要請書を提出した（河北 2015/04/16M）。

28. 反対運動の拡大、県民向け説明会の再開催

　4月24日、美里町の住民団体の反対組織が県庁を訪れ、調査反対を国に

申し入れるよう県に求める署名と請願書を提出した（河北 2015/04/25M）。4月26日、栗原市と加美町に隣接する大崎市では、美里町に続き、処分場建設に反対する住民組織が設立され、候補地内の住民団体と連携するなど、反対運動は候補地の3市町以外にも拡大してきた（河北 2015/04/28M）。

5月16日、候補地3市町と大崎市の住民団体でつくる反対組織は、仙台市内で街頭署名活動を展開した（河北 2015/05/17M）。5月25日、候補地の住民団体でつくる「放射性廃棄物最終処分場建設に反対する県民連絡会」は、村井知事と県議会議長に建設反対の要望書と署名を提出した。同連絡会はまた、環境省にも公開質問状を提出し、県民説明会での回答を求めた（河北 2015/05/26M）。

5月29日、環境省は、仙台市内で第2回となるフォーラムを開催し、前回フォーラムで質問が出た候補地の選定根拠などについて説明したが、参加者からは説明に批判が相次ぎ、議論はやはり平行線に終わる（河北 2015/05/30M）。

29. 現地調査の再開要請、現地保管案の浮上

6月、村井知事は、環境省に対し地元向けの説明と並行して調査の早期再開を求めた。その後、地元では、近々調査が再開されるとの憶測を呼ぶ中（河北 2015/06/14M）、加美町長は、放射線量の減衰を指摘して指定廃棄物の現地保管を主張し、環境省に指定廃棄物の放射性物質濃度と保管量の再調査をただす質問書を提出した（河北 2015/06/19M；06/20M）。

こうして指定廃棄物問題に関しては、宮城県内でも処分場の建設が進まず、先行きが不透明となっている。

第5-5節　地域防災計画の修正と震災の検証記録

指定廃棄物問題が混迷を深める一方、宮城県でも、栃木県と同様に、東日本大震災から1年が経過した後、復興事業などと並行して災害対策の見直し作業に着手している。

1. 地域防災計画の平成 24 年度修正

　東日本大震災から 1 年が経過し、宮城県では、発災後 6 か月間の県の対応を検証し膨大な資料にとりまとめていたが、今回の大震災や原発事故を教訓として津波対策を強化し原子力防災体制を再構築するなど、県地域防災計画の抜本的な見直し作業に着手し始めた。

　2012 年 4 月 25 日、宮城県防災会議の幹事会議が開催され、年内に原案をとりまとめ、年明けに計画を修正する方針が決定された。県防災会議内に「地震対策等専門部会」と「原子力防災部会」が設置され、大震災の教訓を後世に伝える検証・記録集を作成するための専門部会も新設された。

　地震対策等専門部会では、県地域防災計画に津波対策編を新設する方針が示され、災害時要援護者対策など地震対策編の見直し素案が示された。原子力防災部会では、原子力災害対策編の修正案が示され、関係機関からの意見を反映させた修正案が了承された。修正案では、国の原子力災害対策指針をふまえ、原子力災害対策の重点区域が 30km 圏まで拡大され、予防防護措置区域（PAZ）と緊急防護措置区域（UPZ）が設定されることになった。各部会の検討を受け、2013 年 2 月 1 日に県防災会議が開催され、県地域防災計画の震災対策編、風水害等災害対策編、原子力災害対策編の修正案が了承された。

　東日本大震災検証・記録専門部会では、発災後半年間の検証に続く 1 年間の検証記録の作成、記録誌の作成や記録映像の制作が検討されている。

2. 地域防災計画の平成 25 年度修正

　宮城県ではその後、災害対策基本法の第 2 弾改正や大規模災害復興法の制定を受けて計画の再修正作業に着手し、県地域防災計画の地震災害対策編・津波災害対策編・風水害等災害対策編に関しては、修正案では、地区防災計画、指定避難所・指定緊急避難場所、避難行動要支援者名簿に関する規定が追加された。また、原子力災害対策編に関しては、修正案では、安定ヨウ素剤の配布手順などが規定された。

　2014 年 2 月 5 日の県防災会議では、これらの修正案が了承されたほか、

検証記録誌の中間報告、津波対策ガイドラインの見直し、広域防災拠点基本構想・計画が検討された。

3. 地域防災計画の平成 26 年度修正

　宮城県では、その後も避難勧告等の判断・伝達マニュアル、土砂災害防止法・災害対策基本法の改正、防災基本計画の修正などを受け、2015 年 2 月 9 日の県防災会議では、圏域防災拠点の選定や災害時に公道をふさぐ放置車両の撤去などが盛り込まれた県地域防災計画の修正案が了承されている。

第5-6節　小括：政治問題化した指定廃棄物処理

　宮城県は、宮城県沖地震の発生以降、地震や津波の被害想定調査を数次にわたり実施し、県地域防災計画に反映させてきた。宮城県連続地震の発生後は、震災対策アクションプランの策定など、地震対策を加速させていた。震災前、宮城県では、地震が多発し、原発も立地するため、栃木県とは異なり、大規模地震や原発事故が想定されていたものの、原子力災害計画や震災対策アクションプランにより、栃木県と同様、震災・原発事故への準備は組織的に分担されていた。

　東日本大震災後、宮城県は災害対策本部を設置し、自衛隊に災害派遣を要請、避難所の運営から応急仮設住宅の建設、燃料・食料の確保から災害廃棄物の処理へと対応していった。県議会では大震災特別委員会を設置し、被災者救済や早期復旧を緊急に要望した。宮城県は、東日本大震災で、栃木県より甚大な被害を受けたが、応急対応は、栃木県と同様、首長が主導している。

　震災復興に関しては、国の復興構想会議の開催、復興対策本部の設置、復興構想会議の提言、復興庁の設置などと並行して、宮城県も震災復興本部を設置し、震災復興基本方針、震災復興計画、将来ビジョン・震災復興実施計画を策定、復興の進捗状況を管理した。県議会も復旧復興特別委員会を設置し、県内沿岸被災市町議会と意見交換し、農林水産業や観光業への風評被害を調査した。

原発事故に関しては、事故対策みやぎ県民会議を設置し、放射能被害対策の基本方針と実施計画を検討した。放射性物質汚染廃棄物の処理では、国は選定手順を確定させ候補地を提示したが、加美町など地元が反対、国・県・候補地3市町の5者協議を経て、知事が意見を集約したものの、現地調査に着手できないまま、与党県議も県外処理を画策し始め、選定作業は迷走している。このように復旧・復興では、議員の他、利益集団が積極的に関与している点は栃木県と同様である。

　一方、予防・減災に関しては、震災後、宮城県は県防災会議に地震対策等専門部会と原子力防災部会を設置し、地域防災計画に津波災害対策編を新設、原子力災害対策編を修正した。国の原子力災害対策指針をふまえてヨウ素剤の事前配布などを定め、災害対策基本法改正を受けて災害弱者の名簿作成や放置車両の撤去などを盛り込んだほか、東日本大震災検証・記録専門部会を設置して大震災検証記録誌を作成するなど、栃木県と同様に、福島第一原発事故の教訓を予防・減災に反映させる動きが見られる。

　危機後の対応を見ると、原発事故後、知事は対策本部（災害対策本部、震災復興本部）を設置し、県議会も特別委員会（大震災特別委員会、復旧復興特別委員会）を設置した。政治アクターの関与に関しては、指定廃棄物問題をめぐり、議員（県議有志の会）の他、利益集団（候補地の地元団体）も主要アクターとなっている。社会的な合意形成に関しては、宮城県でも、栃木県と同様、関係者会議（市町村長会議、5者協議）が開催されているが、震災に比べて原発事故の余波は長引き、やはり地元の合意形成（処分場選定）に至っていない。

　危機の余波に関しては、原発事故の場合、栃木県と同様、特に指定廃棄物問題をめぐりアクター間の対立が尾を引き、激しい政争も起きているが、現職知事は再選を果たしている。

　栃木県の対応と比較することで明らかになったことは、異なる自治体でも同様の政治的余波が生じるということである。

表 5-1 宮城県の大震災・原発事故対応の主な経過

	災害、政府等の動き	自治体の動き
1980/07/08	東北電力女川原子力発電所が着工	
1981/10/30		県原子力防災計画を策定
2001/02/19		県地域防災計画に原子力災害対策編
2003/07/26	宮城県北部地震が発生	
2003/09/13		震災対策アクションプランを策定
2011/03/11	東北地方太平洋沖地震が発生 緊急災害対策本部を設置	県災害対策本部を設置 全市町村に災害救助法を適用
2011/03/15		県議会が大震災特別委員会を設置
2011/04/11	東日本大震災復興構想会議を設置	県震災復興基本方針（素案）を公表
2011/04/22		県震災復興本部を設置
2011/05/02	東日本大震災財特法が成立	県震災復興会議を初開催
2011/06/13		農協が損害賠償対策協議会を設立
2011/06/20	東日本大震災復興基本法が成立	
2011/06/24	東日本大震災復興対策本部等を設置	
2011/06/25	復興構想会議が提言	
2011/07/19		県原発事故対策本部を設置
2011/07/28		国の指示で肉牛の出荷を停止
2011/07/29	東日本大震災復興基本方針を決定	
2011/09/12		原発事故対策みやぎ県民会議を設立
2011/10/18		県震災復興計画を策定
2011/11/30	臨時増税等の復興財源確保法が成立	
2011/12/01		被災者生活支援実施本部を設置
2011/12/07	東日本大震災復興特別区域法が成立	
2011/12/09	復興庁設置法が成立	
2011/12/21		県議会が復旧復興特別委員会を設置
2011/12/26		応急仮設住宅が完成
2011/12/27	防災基本計画を修正	
2012/01/31		原発事故被害対策基本方針を策定
2012/02/09	民間投資促進特区を認定	
2012/02/10	復興庁・宮城復興局を設置	
2012/02/21	国と宮城県の意見交換会を初開催	

2012/03/02	復興交付金初回交付可能額を通知	
2012/03/19		原発事故被害対策実施計画を策定
2012/03/26		宮城の将来ビジョン・震災復興実施計画（復旧期）を策定
2012/06/27	災害対策基本法を第1弾改正	
2012/09/04		県防災会議震災検証記録専門部会開催
2012/09/06	防災基本計画を修正	
2012/09/14		県防災会議地震対策等専門部会を開催
2012/10/18		県被災者復興支援会議を設置
2012/10/22		まちづくり・住宅整備推進本部を設置
2012/10/31	原子力災害対策指針を策定	
2012/11/20		県防災会議原子力防災部会を開催
2013/02/01		県地域防災計画を修正
2013/03/16	指定廃棄物処分等有識者会議を開催	
2013/04/01		みやぎ鎮魂の日を定める条例を施行
2013/06/21	災害対策基本法を第2弾改正	
2014/01/17	防災基本計画を修正	
2014/01/20	国が指定廃棄物処分場の候補地に栗原市・大和町・加美町を提示	
2014/02/05		県地域防災計画を修正
2014/03/24		原発事故被害対策実施計画（第2期）を策定
2014/03/25		宮城の将来ビジョン・震災復興実施計画（再生期）を策定
2014/04/01		改正震災対策推進条例を施行
2014/04/18	復興推進委員会が提言書を提出	
2014/05/26		国・県・候補地3市町の5者協議を開催
2014/08/04		知事が詳細調査の受入れに意見集約
2014/10/16		指定廃棄物問題で県議有志の会を設立
2014/12/12		加美町議会が水源保全条例を可決
2015/02/09		県地域防災計画を修正
2015/04/05	指定廃棄物問題のフォーラムを開催	

（出所）宮城県「復興の進捗状況」などを参考に筆者作成

第6章　危機管理の政治学的分析

　前章まで自治体における非常時の政策過程に関する事例をいくつか見てきたが、本章では、冒頭に問題提起した「危機に乗じる政治」のメカニズムを明らかにするため、危機管理が「厄介な政治問題」となることを、関与性・非線形性・主観性の点から分析していきたい。

第6-1節　危機管理の関与性に関する分析

　危機管理が「厄介な政治問題」になる要因の一つは、危機をきっかけに政治アクターの関与が拡大するからであると考えられる。それでは、危機の展開とともに政治アクターの関与はどのように変化するのか。また、そうした変化は事例を問わず共通性があるのか。そして、その因果メカニズムはどのように説明できるのか。この点を明らかにするためには、危機の各段階におけるアクター関係を、定型的に説明する枠組みを設け、異なる事例に当てはめてみる必要がある。

　そこで、ここでは栃木県と北海道の金融危機対応、栃木県と宮城県の震災・原発事故対応の全ての事例について、主にアクターの公式的な組織行動のレベルを対象として、「段階的統制モデル」に基づき分析する。

1. 危機の時期区分

　自治体の危機管理に関する「段階的統制モデル」では、危機のプロセスが前兆期から急性期、慢性期、解決期へと段階的に進展するにつれて、自治体

の主導アクターは行政職員から首長・議員へと変化すると考える。この「段階的統制モデル」に基づいて分析を行うためには、前提としてそれぞれの事例について具体的に危機の段階を時期的に特定する必要がある。

1-1. 足銀破綻をめぐる栃木県の対応
(1) 危機の前兆期（1999年5月～2003年11月）

　足銀破綻をめぐる栃木県の対応の場合、危機の前兆期は、1999年5月に足銀が不良債権処理により大幅な経常赤字となり、資本増強のため地元に増資協力を要請してから、2003年11月に足銀が債務超過となり一時国有化が決定されるまでの期間とみなすことができる。足銀の経営自体はそれ以前から悪化していたが、栃木県が企業経営の問題ではなく地域経済の問題として公式に認識するようになったのは、自治体への増資協力要請を受けてからである。この期間、①不測性に関しては、足銀の自己資本比率が国内基準を下回る危険性があった。②重大性に関しては、増資協力は異例の対応ながら限定的な出資であり、公金保全は手続の確認にすぎなかった。③緊急性に関しては、公的資金の申請やペイオフの解禁までには時間的な猶予があった。

(2) 危機の急性期（2003年11月～2004年1月/2005年3月）

　危機の急性期は、2003年11月に足銀が経営破綻し一時国有化されてから、2004年1月に制度融資が拡充され、地元企業の資金繰りが安定するまでの期間とみなすことができる。この期間、①不測性に関しては、足銀が従来どおり融資を行うかどうかは不明だった。②重大性に関しては、資金を調達できない地元企業に倒産が広がる危険性があった。③緊急性に関しては、年末や年度末を控えて企業の資金需要が高まるため、早急に対応する必要があった。

　さらに亜急性期を含めれば、2005年3月にあしぎんFGの更生計画が認可され、一般株主が保護されるまでの期間とみなすことができる。この期間、①不測性に関しては、国が株式を強制取得したため、一般株主が保護されるかどうかの先行きは不透明であった。②重大性に関しては、株式の毀損により増資に協力した多くの地元企業に損失が発生した。③緊急性に関しては、会社更生手続では再建に向け迅速な処理が要請された。

(3) 危機の慢性期（2004年12月〜2008年3月）

　危機の慢性期は、亜急性期とやや重複するが、2004年12月に知事が県産業再生委員会に受け皿のあり方を諮問してから、2008年3月に金融庁が足銀の受け皿を決定するまでの期間とみなすことができる。この期間、①不測性に関しては、国が足銀の受け皿を選定するため、自治体や地元企業には受け皿の先行きが見通せなかった。②重大性に関しては、利益優先の外資系が受け皿になると、地元企業との取引に影響が懸念された。③緊急性に関しては、足銀の経営は国の管理下にあり、受け皿の選定には時間的な猶予があった。

(4) 危機の解決期（2008年4月〜2009年11月）

　危機の解決期は、2008年4月に野村グループに株式が譲渡され、足利HDが設立されてから、2009年11月に新生足銀への地元出資問題が中止という形で決着するまでの期間とみなすことができる。この期間、①不測性に関しては、受け皿が国内の投資グループに決定したことで、先行きの不安は解消されていた。②重大性に関しては、地域金融危機の再発防止のため、地元の資本参加が懸案として残されたが、出資額は多額だった。③緊急性に関しては、新生足銀は順調に業績を回復させており、直ちに出資が必要ではなかった。

1-2.　拓銀破綻をめぐる北海道の対応

(1) 危機の前兆期（1997年4月〜1997年11月）

　拓銀破綻をめぐる北海道の対応の場合、危機の前兆期は、1997年4月に始まった拓銀と道銀の合併交渉が停滞してから、同年11月に拓銀が資金繰りの悪化で経営破綻するまでの期間とみなすことができる。拓銀の経営自体はそれ以前から悪化していたが、知事は合併の基本合意を受け新銀行に地域経済の牽引を期待しており、企業経営の問題ではなく地域経済の問題として公式に認識している。この期間、①不測性に関しては、合併交渉の難航で、拓銀の経営不安が明るみになった。②重大性に関しては、経営危機の回避は自治体からの支援ではなく両行の合併交渉や関係機関の増資協力に委ねられていた。③緊急性に関しては、合併交渉の最中であり、大蔵省の検査で不良

債権の実態が判明するまでに時間的な猶予があるはずだった。

(2) 危機の急性期（1997年11月〜1997年12月）

危機の急性期は、1997年11月に拓銀が経営破綻し北洋銀行への営業譲渡が決定してから、翌12月に制度融資が拡充され、地元企業の資金繰りが安定するまでの期間とみなすことができる。この期間、①不測性に関しては、拓銀が従来どおり融資を行うかどうかは不明だった。②重大性に関しては、資金を調達できない地元企業に倒産が広がる危険性があった。③緊急性に関しては、年末を控えて企業の資金需要が高まるため、早急に対応する必要があった。

(3) 危機の慢性期（1997年12月〜1998年11月）

危機の慢性期は、1997年12月に大蔵省の資産査定で拓銀の不良債権額が判明してから1998年11月に北洋銀行と中央信託銀行に営業譲渡されるまでの期間とみなすことができる。この期間、①不測性に関しては、拓銀の不良債権を北洋銀行がどこまで引き継ぐかは不明だった。②重大性に関しては、債権を引き継がなければ融資先企業は資金繰りに行き詰まり、引き継いだ債権が焦げ付けば北洋銀行の経営が揺らぐ危険性があったため、不良債権の引継ぎには重大な影響があった。③緊急性に関しては、大蔵省の検査が長引き、営業譲渡の時期が予定よりずれ込んだが、すでに未定分の譲渡先も中央信託銀行に決定し、全体的な枠組みは固まっていたため、時間的な猶予があった。

(4) 危機の解決期（1998年11月〜）

危機の解決期に関しては、1998年11月に北洋銀行等に営業譲渡されて以降の期間とみなすことができる。1999年3月に拓銀は法人が解散して清算されることになり、拓銀の旧経営陣は特別背任で逮捕・起訴された。その後、道銀も拓銀と同様に経営危機に陥ったが、道内企業が増資に協力し、公的資金も注入されて経営破綻は回避された。この期間、①不測性に関しては、営業譲渡が無事に完了していた。②重大性に関しては、地域金融危機の再発防止が求められたが、旧経営陣の責任追及は司法の判断に委ねられ、その後の金融危機は民間や国の支援に委ねられた。③緊急性に関しては、清算手続きには時間的な猶予があった。

1-3. 福島第一原発事故をめぐる栃木県の対応

(1) 危機の前兆期（1999 年 9 月～2003 年 3 月）

　福島第一原発事故をめぐる栃木県の対応の場合、危機の前兆期は、1999年 9 月に東海村 JCO 臨界事故が発生してから 2003 年 3 月に放射性物質事故・災害対応マニュアルが作成されるまでの期間とみなすことができる。この事故をきっかけに原子力災害対策特措法が制定され、栃木県も公式に対策を検討するようになったからである。この期間、①不測性に関しては、隣県で臨界事故が発生し、原子力事故への危機意識は高まった。だが、②重大性・③緊急性に関しては、県内には操業中の原子力事業所がないため、原子力事故による深刻な影響は想定しにくく、緊急に対処する必要はなかった。

(2) 危機の急性期（2011 年 3 月～2011 年 4 月 /12 月）

　危機の急性期は、2011 年 3 月に東日本大震災・東電福島第一原発事故が発生してから、同月末に災害救助が一段落するまでの期間であるが、亜急性期を含めれば、2011 年 12 月に原発事故の収束が宣言されるまでの期間とみなすことができる。地震災害だけであれば、発災から数日程度で停電や断水、鉄道の運休なども解消されるが、原発事故を伴う大規模複合災害となったため、その後も計画停電の実施や放射性物質の検出などによる混乱が続いたのである。3 月下旬に一部の野菜から放射性物質が検出され、7 月下旬には汚染稲わらの給与により肉牛からも放射性物質が検出された。その他、渓流魚、原木林産物、野生獣肉でも放射性物質が検出されているが、野菜や肉牛に比べると影響は限定的ではあった。この期間、①不測性に関しては、未曽有の大地震と深刻な原発事故の発生で、被災状況を正確に把握できなかった。②重大性に関しては、安全確保のため、住民への避難指示、道路の通行禁止、水道水の摂取制限、農産物の出荷停止などを適切に判断する必要があった。③緊急性に関しては、被災者の救命・救助や被災ライフラインの回復、被害の拡大防止に迅速な対応が必要とされた。

(3) 危機の慢性期（2011 年 4 月 /12 月～現在）

　危機の慢性期は、危機の亜急性期とも重複するが、まず 2011 年 4 月から同年 12 月にかけて、農業や観光業で風評被害が問題となった。農業に関しては、青果物全般の価格下落が 5 月の連休まで続き、牛肉も出荷再開後から

年末の12月まで価格が低迷した。観光業に関しては、3月の宿泊者数は前年比5割未満まで落ち込んだが、7月以降は前年比8割台で推移し、翌年には震災前の水準近くまで回復している（栃木県 2013:31-34）。この期間、①不測性に関しては、放射性物質による環境汚染から、県産農産物や県内観光地などの安全性に不安が広がった。②重大性に関しては、消費や観光客の落込みが農業や観光業の経営に大打撃を与えた。③緊急性に関しては、風評被害の長期化を避けたいものの、沈静化には一定の時間を必要とした。

次いで2012年からは、放射性物質汚染廃棄物の処理が問題となった。除染が実施されてから、除染により発生した指定廃棄物を処理する処分場の建設が難航する現在までの期間とみなすことができる。この期間、①不測性に関しては、指定廃棄物の処理に依然として見通しが立っていない。②重大性に関しては、処分施設の安全性に対する不安から、候補地を選定すれば必ず周辺住民が建設に反対することになる。③緊急性に関しては、指定廃棄物は仮置き場が逼迫しているため早期処理が望ましいものの、一応安全に保管されているため最終的に処理するまでには時間的な猶予がある。

(4) 危機の解決期 (2011年12月〜2014年10月)

危機の解決期は、2011年12月に福島第一原発の原子炉が冷温停止状態となり首相が原発事故の収束を宣言してから、2014年10月に国の原子力災害対策指針をふまえて県地域防災計画が改定されるまでの期間とみなすことができる。危機の慢性期と解決期が並行するのは、オフサイトでは指定廃棄物の処分問題が未解決であるものの、オンサイトでは放射性物質の放出が大幅に減少したからである。この期間、①不測性に関しては、原発事故が収束する一方、原発の危険性が広く県民に認識された。②重大性に関しては、それまで想定されてこなかった原子力災害にも本格的な対策が必要となった。③緊急性に関しては、稼働中の原子力事業所はないため、地域防災計画の修正や原子力事業者との覚書締結には時間的な猶予があった。

1-4. 福島第一原発事故をめぐる宮城県の対応

(1) 危機の前兆期 (1979年12月〜)

福島第一原発事故をめぐる宮城県の対応の場合、危機の前兆期は、1979

年12月末に東北電力女川原発が建設されてからの期間とみなすことができる。同発電所の設置に伴い、宮城県原子力防災計画が作成され、その後、原子力災害対策特措法の制定を受けて県地域防災計画原子力災害対策編へと修正されている。この期間、①不測性に関しては、県内に原子力発電所が立地することになり、原子力事故への危機意識は高まった。だが、②重大性に関しては、原子力災害対策は計画により分担管理、手順化されていた。③緊急性に関しては、実際に事故は発生していないため、緊急に対処する必要はなかった。

(2) 危機の急性期（2011年3月〜2011年4月/12月）

危機の急性期は、2011年3月に東日本大震災・東電福島第一原発事故が発生してから、翌月に災害救助が一段落するまでの期間であるが、亜急性期を含めれば、2011年12月に原発事故の収束が宣言されるまでの期間とみなすことができる。この期間、①不測性に関しては、未曾有の大地震と深刻な原発事故の発生で、被災状況を正確に把握できなかった。②重大性に関しては、安全確保のため、住民への避難指示、道路の通行禁止、水道水の摂取制限、農産物の出荷停止などを適切に判断する必要があった。③緊急性に関しては、被災者の救命・救助や被災ライフラインの回復、被害の拡大防止に迅速な対応が必要とされた。

(3) 危機の慢性期（2011年4月/12月〜現在）

危機の慢性期は、危機の亜急性期とも重複するが、まず2011年4月から同年12月にかけて、農業や観光業で風評被害が問題となった。この期間、①不測性に関しては、放射性物質による環境汚染から、県産農産物や県内観光地などの安全性に不安が広がった。②重大性に関しては、消費や観光客の落込みが農業や観光業の経営に大打撃を与えた。③緊急性に関しては、風評被害の長期化を避けたいものの、沈静化には一定の時間を必要とした。

次いで2012年からは、放射性物質汚染廃棄物の処理が問題となった。除染が実施されていから、除染により発生した指定廃棄物を処理する処分場の建設が難航する現在までの期間とみなすことができる。この期間、①不測性に関しては、指定廃棄物の処理に依然として見通しが立っていない。②重大性に関しては、処分施設の安全性に対する不安から、候補地を選定すれば必

ず周辺住民が建設に反対することになる。③緊急性に関しては、指定廃棄物は仮置き場が逼迫しているため早期処理が望ましいものの、一応安全に保管されているため最終的に処理するまでには時間的な猶予がある。

(4) 危機の解決期 (2011年12月～2014年2月)

　危機の解決期は、栃木県と同様、2011年12月に原発事故の収束が宣言されてから、2014年2月に国の原子力災害対策指針をふまえて県地域防災計画が改定されるまでの期間とみなすことができる。危機の慢性期と解決期が並行するのは、オフサイトでは指定廃棄物の処分問題が未解決であるものの、オンサイトでは放射性物質の放出が大幅に減少したからである。この期間、①不測性に関しては、原発事故が収束する一方、原発の危険性が広く県民に認識された。②重大性に関しては、従来の想定以上に原子力災害対策が必要となった。③緊急性に関しては、原子力発電所は停止中のため、地域防災計画の修正などには時間的な猶予があった。

2. 危機の前兆期の準備

　それでは、時期的に特定された危機の各段階において、自治体がどのように対応したのかを確認し、「段階的統制モデル」に当てはめて検証する。まずは各事例の危機の前兆期において、どのようなアクターがどのように準備していたのか。

2-1. 各事例の前兆期の準備

(1) 金融危機の前兆期と栃木県の準備

　足銀破綻の前兆期、足銀は多額の不良債権処理で増資を迫られ、栃木県は二度にわたり増資に協力した。初回は知事の専決処分で処理したが、市民団体から監査請求を受けたこともあり、二度目は県内各市と協調しつつ、県議会での審議を経て出資している。栃木県はこうして増資に協力して同行の経営破綻を回避しつつ、同行が経営破綻した場合のペイオフ対策として「公金管理運用方針」を作成しているが、同方針に基づく「公金リスク管理マニュアル」は、名称にも象徴されるとおり、公金の保全を目的とし、社会的混乱の防止などは必ずしも十分に想定されていなかった。

(2) 金融危機の前兆期と北海道の準備

　同じ金融危機でも、拓銀破綻の前兆期、北海道は必ずしも積極的には関与していない。拓銀は巨額の不良債権で経営危機に陥り、道銀と合併で合意したものの交渉は難航した。知事は両行の頭取から事情聴取を行うなどしているが、両行の合併交渉は大蔵省の管理下にあり、北海道には銀行に対する指導監督権限がないため、合併への関与には消極的だった。公金の保全に関しては、当時はペイオフの凍結で預金は全額保護されたため、特に対策の必要はなかった。

(3) 震災・原発事故の前兆期と栃木県の準備

　こうした金融危機への対応に対し、震災・原発事故への対応はどうか。東日本大震災・福島第一原発事故の前兆期、栃木県は、阪神・淡路大震災などを教訓とした国の防災基本計画の修正に合わせ、県防災会議で地域防災計画の震災対策編を策定していた。また、東海村JCO臨界事故を受け、県は「放射性物質事故災害対応マニュアル」を作成したが、県内には原発が立地していないため、同マニュアルでは原発事故が想定されていなかった。

(4) 震災・原発事故の前兆期と宮城県の準備

　それでは、県内に原発が立地する宮城県ではどうか。宮城県は、宮城県沖地震の発生以降、国の地震調査研究に合わせ、地震や津波の被害想定調査を数次にわたり実施し、県地域防災計画に反映させてきた。宮城県連続地震の発生後は、国の防災対策推進に伴い、震災対策アクションプランの策定など、地震対策を加速させていた。また、女川原発の設置に伴い「県原子力防災計画」が作成され、原災法の制定を受けて地域防災計画の「原子力災害対策編」へと改定されている。しかし、同対策編では、防災対策重点地域（EPZ）は女川原発周辺の女川町と石巻市にのみ設定されており、放射性物質が広範囲に放出されるという事態は必ずしも想定されていなかった。

2-2. 危機の前兆期と「組織内分担」

　これら金融危機と震災・原発事故の前兆期における自治体の対応をみると、危機の前兆に対して一定の対応はなされるが、その対応は、不備の補完に必要な限度で計画を修正するなどの「漸変的」なものであり、役割を分担し職

責の範囲内で業務を遂行するなどの「分業的」なものであり、マニュアルで作業手順を標準化するなどの「定型的」なものである。なぜ危機の前兆期における準備は、漸変的な対応、組織内の分業、定型的な処理となりやすいのか。

　危機の前兆期では、安定した状況に変化が現れ始めるが、危機がまだ発生していないため、危機を想定するにも限界がある。危機の兆候に対して準備を行うことになるが、危機への準備は予め分担が決められており、通常の意思決定に基づいて行われる。切迫した状況にはないため意思決定には時間的な猶予もある。

　危機発生前の平時は、自治体職員が組織的に業務を分担し、専門性を発揮している（分業）。首長の統制によらなくても、組織間の調整（情報共有型）や職員の専門性（機能特化型）を通じて分権的に組織を統合することができる。前兆期の政策過程では、危機に注意を払うのはもっぱら危機管理の担当者である。こうして、危機への準備は組織内で分担され、縦割り的な対応がなされる。担当者は各自の業務をマニュアルに従い定型的に処理し、業務の抜本的な見直しは行わずに漸変的に対応することになる。

3. 危機の急性期と応急対応

　次に危機が発生した直後、それぞれの事例でアクターはどのように行動しているのか、危機の急性期における自治体の応急対応を検証する。

3-1. 各事例の急性期の応急対応

(1) 金融危機の急性期と栃木県の応急対応

　足銀破綻の急性期、足銀の一時国有化後、栃木県は知事を本部長とする「県金融危機対策本部」を設置して対応を協議し、中小企業向けの緊急制度融資枠「緊急セーフティネット資金」を創設している。県議会も「足銀問題対策特別委員会」を設置し、県議会の最大会派は緊急対策本部、経済団体は特別委員会をそれぞれ設置し、関係機関の連絡協議会も発足した。既存制度の拡充で対応しようとする県に対し、地元の有力国会議員が県民銀行と産業再生委員会の創設を提案したため県政を混乱させることになった。

(2) 金融危機の急性期と北海道の応急対応

　拓銀破綻の急性期、拓銀が資金繰りに行き詰まると、一部関係者による水面下の交渉で北洋銀行への営業譲渡が決定した。破綻発表後、北海道は直ちに庁内に「金融対策緊急連絡会議」を設け当面の対応を決定した。地元企業対策を不安視する地元政財界に対し、北海道は「金融変動緊急対策特別資金」で中小企業向け制度融資を拡充した。北海道は財務局など関係機関からなる「金融問題連絡会」を発足させ、庁内には「金融環境変動緊急対策本部」を設置した。

(3) 震災・原発事故の急性期と栃木県の応急対応

　こうした金融危機への対応と比べて、震災・原発事故への対応はどうか。東日本大震災発生後、栃木県は知事を本部長とする「県災害対策本部」を設置し、自衛隊に災害派遣を要請、住民に避難を勧告すると、国に対しては計画停電や燃料不足などへの対応を緊急に要請した。また、福島第一原発事故に伴う放射性物質の検出を受け、学校等で放射線量を測定し、農畜産物の出荷を停止している。

(4) 震災・原発事故の急性期と宮城県の応急対応

　同じ東日本大震災・福島第一原発に対し宮城県はどのように対応したか。宮城県は死者が1万人を超え、全壊が約8.3万棟に上るなど、栃木県よりはるかに甚大な被害を受けたが、震災発生後の応急対応にあたっては、栃木県と同様に、知事を本部長とする「県災害対策本部」を設置し、自衛隊に災害派遣を要請、避難所の運営から応急仮設住宅の建設、燃料・食料の確保から災害廃棄物の処理へと対応していった。県議会では震災直後から「大震災対策調査特別委員会」を設置し、被災者救済や早期復旧を緊急に要望している。

3-2. 危機の急性期と「行政的統制」

　これら金融危機と震災・原発事故の急性期における自治体の対応をみると、危機の急性期においては、知事を本部長とする緊急対策本部が設置されるなど、組織内では「首長による統制」が強化される一方、自治体は国に対し随時に緊急要請するなど、対外的には「現場からの要望や要請」も活発になる。対応の方法は、補正予算を作成し制度融資を増額するなど、もっぱら既存制

度の「拡充」による。なぜ危機の急性期における応急対応は、このように垂直的な統制、緊急の情報伝達、拡充的な対応がなされるのか。

　危機の急性期では、危機が顕在化し、状況の正確な把握が難しくなる。危機への対応は重大な決定であり、かつ緊急に対応する必要がある。急性期の政策過程では、情報が錯綜し、情報の伝達に不備が生じたり通報が遅れたりすることがある。混乱を抑えるために、垂直的な行政統制が求められるが、指導者は不確実な情報に基づき重大な決断を迫られることになる。指導者が的確に判断できるよう、現場からも随時、状況を報告し要望を伝達しなければならない。

　危機の発生直後は、情報を一元的に管理し、機動的に対応するため、首長が行政機構を統制する必要性が強まる（統合化）。もっとも、被害の拡大を防止するという点で、住民・議会と首長・自治体職員の選好は合致するため、住民や議会等による民主的統制を強化する必要性は必ずしも高くはない。

4. 危機の亜急性期・慢性期と復旧・復興

　急性期に続く危機の慢性期、各事例ではどのようなアクターがどのように関与しているのか、危機の亜急性期・慢性期における自治体の復旧・復興を検証する。

4-1. 各事例の亜急性期・慢性期の復旧・復興
(1)　金融危機の亜急性期・慢性期と栃木県の復旧・復興

　足銀の受け皿選定までの間、地元経済界や議会最大会派の提言を受け、栃木県は企業再生ファンド「とちぎ地域企業再生ファンド」を創設、「県産業再生委員会」を設置した。増資に協力した地元企業は株主救済を要望、国を提訴し、国は一般株主に有利な更生計画案に同意した。国の受け皿選定作業に対し、栃木県は「県足銀受皿問題対応本部」を設置し、「緊急経済活性化県民会議」等を通じて地元意見を集約し、公募条件や事業計画・譲受条件の審査に地元の要望を反映させた。

(2)　金融危機の亜急性期・慢性期と北海道の復旧・復興

　足銀破綻と同様に、拓銀破綻の場合も、関連倒産が相次ぎ金融不安が広が

った。北海道は地元金融機関との懇談会で中堅企業対策を要請し、地元経済・労働団体との連絡会議では雇用問題を協議した。劣後債等の全額保護を求める地元金融機関、不良債権の大幅割引譲渡を求める北洋銀行に対し、穴埋めの公的負担を減らしたい大蔵省は抵抗したが、知事の要請を受け自民党内に発足した対策小委員会が調整に乗り出し地元の要望を実現した。債権引継ぎ問題では地元行政機関・経済団体による「北海道金融問題協議会」が発足した。破綻処理方法をめぐっては橋渡し銀行構想も検討されたが、結果的には譲渡価格の割引と引継ぎ金融機関への公的資金投入で処理された。

(3) 震災・原発事故の亜急性期・慢性期と栃木県の復旧・復興

金融危機への対応と同様に、震災・原発事故への対応でも、緊急対策本部の後継機関が設置される。震災からの復旧・復興に向け、栃木県は「県震災復興推進本部」を設置し、節電や風評被害に対応、県議会も「災害対策特別委員会」を設置した。被災者に義援金を配分し、観光業の風評被害を受け「観光振興・復興県民会議」を設立した。

放射性物質汚染廃棄物の処理では、国が処分場候補地として矢板市、次いで塩谷町を選定したが、矢板市民同盟会や塩谷町民反対同盟会など地元の反対運動が高まり、「指定廃棄物処理促進市町村長会議」で選定手順や評価方法の合意形成を図るが、選定作業は頓挫している。

(4) 震災・原発事故の亜急性期・慢性期と宮城県の復旧・復興

被災地である宮城県は、知事が国の復興推進委員会に参画し、県内には宮城復興局が設置されるなど、栃木県とは震災復興体制が大きく異なる。震災復興に関しては、国の復興構想会議の開催、復興対策本部の設置、復興構想会議の提言、復興庁の設置などと並行して、宮城県も「県震災復興本部」を設置し、震災復興基本方針、震災復興計画、将来ビジョン・震災復興実施計画を策定、復興の進捗状況を管理した。県議会も「復旧復興特別委員会」を設置し、県内沿岸被災市町議会と意見交換し、農林水産業や観光業への風評被害を調査した。

原発事故に関しては、「事故対策みやぎ県民会議」を設置し、放射能被害対策の基本方針と実施計画を検討した。放射性物質汚染廃棄物の処理では、国は選定手順を確定させ候補地を提示したが、加美町など地元が反対、国・

県・候補地3市町の5者協議を経て、知事が意見を集約したものの、現地調査に着手できないまま、与党県議も県外処理を画策し始め、選定作業は迷走している。

4-2. 危機の亜急性期・慢性期と「政治的調整」

これら金融危機と震災・原発事故の亜急性期・慢性期における自治体の対応をみると、危機の亜急性期・慢性期においては、急性期と異なり、関係者間の利害対立が顕著になる。

例えば、金融危機では、経営破綻後の対応として、経済団体の活動が活発化し、地方議員は、地元企業の再生や地元株主の保護という「特定」集団の利益に敏感だが、首長は、地域経済の再生や自治体財政の健全という地域「全体」の利益を考慮する。受け皿の選定にあたっては、自治体は、「県民」の立場から地域密着型の金融を要望するのに対し、国は、「国民」の立場から公的負担を最小化することを優先している。

震災・原発事故では、風評被害には経済団体、健康への影響には市民団体、指定廃棄物問題には住民団体が活発に活動し、指定廃棄物問題では、国・県・市町の利害が異なり、市長や町長は、「市民」「町民」を代表して最終処分場の建設に反対し、知事は、「県民」全体の立場から分散管理の早期解消を希望し、国は、被災地を含む「国民」全体の立場から各県処理の原則を貫き福島集約論を牽制する。

こうした中、関係諸団体が参画する県民会議や協議会が発足するなど、関係者間の合意形成の場が設定され、方針決定をめぐり駆け引きが展開される。関係者からは、単なる要望にとどまらず、具体的な解決策も「提案」されるようになる。

例えば、金融危機では、地元経済界から一般株主に有利な更生計画が提案されたり、震災・原発事故では、反対団体から原発周辺への集約などの対案が提示されている。

なぜ危機の亜急性期・慢性期における復旧・復興は、このように関係者間で水平的な調整、建設的な提案がなされるのか。

危機の亜急性期・慢性期には、不安定な状況が続き、実害も生じている。

復旧に向け重大な方針決定が求められるが、復旧の方針をめぐり利害対立も激しくなる。方針の作成には時間的猶予があり関与の機会がある。慢性期の政策過程では、方針決定に多数の利害関係者が関わり、水平的な政治競争を繰り広げるため、関係者間の合意形成が重要となる。

　危機が継続中は、アクター関係が複雑になる。利害の異なる市民や利益団体が政策形成に関与し、選好の異なる議員も介入する。統一政府においても、個別利益を志向する議員と、全体利益を志向する首長の選好はしばしば乖離する。また、市町村民を代理する市町村、都道府県民を代理する都道府県、国民を代理する国の選好が乖離することもある。本人が複数化し、政治家による調整が必要となるのである。

5. 危機の解決期と予防・減災

　そして危機の解決期には、アクターはどのように行動するのか。それぞれ事例で危機の解決期における自治体の予防・減災を検証する。

5-1. 各事例の解決期の予防・減災

(1)　金融危機の解決期と栃木県の予防・減災

　足銀は、特別危機管理の期間中、順調に経営を改善し、野村グループに無事株式譲渡された。新生足銀への経営移行後、栃木県は受け皿となった野村グループと地元出資問題を検討したが、新銀行東京の失敗や世界金融不況の余波で地元出資は中止され、他の地元関与策が模索された。

(2)　金融危機の解決期と北海道の予防・減災

　拓銀も、北洋銀行等に無事営業譲渡され、危機は沈静化した。その後、道銀も経営危機に瀕したが、拓銀破綻の教訓から道内企業が増資に協力し、破綻は回避された。金融破綻法制は次第に整備されたが、金融行政が国に一元化されたこともあり、北海道の金融危機対応は制度的に発展しなかった。

(3)　震災・原発事故の解決期と栃木県の予防・減災

　自治体の金融危機対応では、金融危機後必ずしも制度的に発展していないのに対して、自治体の震災・原発事故対応では、地域防災計画の修正などを通じて経験が制度的に反映されている。栃木県は、東日本大震災の記録誌を

作成したほか、原子力災害対策専門委員会等の審議を経て、地域防災計画に原子力災害対策編を新設、原子力事業者と通報連絡に関する覚書を締結し、災害に強いとちぎづくり条例を制定している。

(4) 震災・原発事故の解決期と宮城県の予防・減災

甚大な被害を受けた宮城県では、栃木県よりも大震災の検証・記録作業に注力している。震災後、宮城県は県防災会議に地震対策等専門部会と原子力防災部会を設置し、地域防災計画に津波災害対策編を新設、原子力災害対策編を修正した。国の原子力災害対策指針をふまえてヨウ素剤の事前配布などを定め、災害対策基本法改正を受けて災害弱者の名簿作成や放置車両の撤去などを盛り込んだほか、東日本大震災検証・記録専門部会を設置して大震災検証記録誌を作成した。

5-2. 危機の解決期と「社会的学習」

これら金融危機と震災・原発事故の解決期における自治体の対応をみると、危機の解決期においては、将来の危機に向け予防・減災の学習が期待されるが、学習が必要かどうか、可能かどうかは、危機の反復性、知識・経験の蓄積性などに左右される。同じ危機が繰り返されず、経験を活かしにくい場合は、必ずしも学習は機能しない。

危機の解決期は、危機が沈静化する一方、危機への認識が広く共有され予防への関心も高まる。危機の予防には重大な制度変更を伴い、制度の設計には時間を要する。解決期の政策過程では、危機の経験から学習が行われ、教訓を導き出すことが期待される。具体的な制度設計にはアイディアを必要とする場合があり、執務的知識をもつ行政官を中心に検討が行われ、専門的知識を有する専門家が有識者会議などを通じて助言を行う。

危機の解決には、本人と代理人の間の情報の非対称性を解消するために専門家も活用した社会的な学習が必要となる。例えば地域防災計画の修正など、政策形成手続と組織編制などの事前統制の方法を再設定し、その後は能率的な本来の分業と委任に回帰すると考えられる。

危機の解決期における予防・減災は、必ずしも住民が主導するものではない。自治体においては、予防・減災の制度設計に必要となる計画策定や条例

制定は、復旧・復興に必要となる予算編成などと同様、住民から委任を受けた首長や議会の権限に属している。計画や条例などの基本的な政策決定ではパブリック・コメントが実施され、住民から意見を募集するものの、住民が政策を主導するわけではない。実際、住民にとって選挙以外の政治参加はコストの負担が大きい。首長や議員が住民の意図に反した行動をとることが明確でないかぎり、住民が日常生活を犠牲にし、フリーライダーであることを放棄してまで政治に参加することは稀である。

6. 危機管理の関与性に関する分析の小括

本節では、危機の展開とともに政治アクターの関与が拡大することを示したが、では、なぜ危機の段階によって政治アクターの関与は変化するのだろうか。

危機の段階ごとに政治的介入の可能性を分析すると、危機の前兆期に行われる準備は、通常の執行活動であり、既定の政策決定から逸脱しない限り、政治アクターが介入する必要性に欠ける。次いで、危機の急性期になされる応急対応は、政策決定に緊急を要するため、責任者以外の政治アクターが介入できる時間的猶予に乏しい。そして、危機の慢性期を過ぎて解決期に至ると、将来に向けた予防・減災が講じられるが、見通しの立つ状況では政策決定も合理的に行われると期待されるので、政治アクターが介入するまでもない。つまり、危機の前兆期は重大性が低い、急性期は緊急性が高い、解決期は予測性が高いことから、それぞれ政治的介入の必要性や余地に乏しいため、政治アクターが拡大することはあまりない。

しかしこれらに対して、危機の慢性期に講じられる復旧・復興は、なお不確実な状況において重大な政策決定を行うため政治的に介入する必要があり、時間的猶予があるため実際に介入する余地もある。つまり、危機の慢性期は、不測性と重大性が高い一方、緊急性が低いため、政治アクターが拡大しやすい。

このように、危機の特質のうち不測性と重大性は政治アクターの拡大に関して促進要因となり、緊急性は抑制要因となっている。そのため、危機の急性期とは異なり、危機の慢性期には、政治アクターの関与が拡大することに

なると考えられる。

　もっとも、危機後に関与する政治アクターには、住民を代表する議員のほかに、任意の利益集団が政策決定に重大な影響を及ぼしている。政治アクターの関与の拡大を「段階的統制モデル」に基づき委任関係だけで説明することには、限界があるといわざるを得ない。

第6-2節　危機管理の非線形性に関する分析

　危機管理が「厄介な政治問題」になるのは、単に政治アクターの関与が拡大するからだけではない。もう一つの要因は、問題解決のプロセスが複雑になるからと考えられる。

　政治アクターの関与が拡大することになっても、問題解決にあたりアクターの行動に一定の統制が働くかぎり、問題解決プロセスが複雑になるとは限らない。問題解決プロセスが複雑になるのは、アクターに対してこうした統制を働かせにくい、あるいはアクター間で複雑な相互作用が働くからではないだろうか。この点を探るためには、より精緻なレベルでアクターの行動を分析するとともに、定型的な説明にはこだわらずに問題解決プロセスを分析する必要がある。

　「複雑適応系モデル」では、アクターの多様な関係性とプロセスの複雑な進行を理解するため、アジェンダ設定を左右する問題・政策・政治という流れに沿って事実を記述しながら、フラクタル・自己組織化・創発性・カオスなどの複雑適応系の特性を観察する。

　非常時の政策過程では、全体的には危機管理がアジェンダであるが、部分的にはさまざまなアジェンダが浮上する。投入可能な資源に制約があるなかで、何を議題とするかは、重要な判断となる[100]。

　そこで、ここでは足銀破綻の事例に的を絞り、破綻前から破綻後までの一連の過程で浮上したアジェンダについて、アクターの非公式な個人行動のレベルにまで落し込みながら、この「複雑適応系モデル」に基づいて分析する。

1. 危機管理の自己相似性：前兆期の準備と増資協力問題

はじめに、足銀破綻の前兆期に関して、増資協力問題から取り上げてみたい。

足銀が経営危機に陥ったときの栃木県の対応として、公金管理に関する運用委員会を設置し、運用方針やリスク管理マニュアルを作成して、金融危機への準備を組織的に分担したことについては、「段階的統制モデル」で説明することができる。だが、栃木県が足銀の増資に協力した経緯については、必ずしも組織内で分担されたわけではなく、「段階的統制モデル」では説明することができない。足銀の増資に積極的に協力した栃木県に対し、北海道は拓銀が経営危機に瀕しても増資の協力には消極的だった。こうした金融危機をめぐる自治体の関与の差異はどうして生まれたのか。そもそもなぜ足銀の増資が問題となったのか。どのように増資協力を要請したのか。どうして増資協力は実現したのだろうか。

1-1. なぜ足銀の増資が問題となったのか

まず問題の流れでは、足銀の自己資本比率が最低水準にまで悪化していた。最初の増資当時はバブルの崩壊で足銀に限らず多くの金融機関が不良債権を抱えて経営が悪化していた。実際その後、栃木県内では足銀よりも先に宇都宮信用金庫が経営破綻している。また、足銀もすでに数年前から赤字を計上するようになり、取付け騒ぎや預金の流出も発生し、公的資金の注入や店舗

---

100 例えば、金融危機の場合、遡及的には原因の究明や責任の追及、将来的には当面の対応から中長期的な対策まで検討課題は多い。破綻責任の追及を例にとっても、国の監督責任、銀行や旧経営陣の経営責任、監査法人の監査責任、自治体の出資責任など追及先は多い。また、破綻後の応急対応にしても、銀行の再建、金融の円滑化、企業の再生、株主の救済、債権者の保護、地域経済の活性化、雇用の確保など対策は幅広い。問題だけでなく政策案を議題に含めると、銀行への支援策でも、増資協力は普通株の購入か優先株の購入か、受け皿移行は株式の譲渡か事業の譲渡か、県民銀行は自治体の設立か運営か、地元出資は公募か私募かなど論点は多岐にわたる。

また、原発事故の場合、事故後の対応にしても、放射性物質や放射線量の監視や検査にはじまり、放射線による健康被害の調査、農畜産物の出荷停止、農業や観光業の風評被害の拡大防止と損害賠償、汚染環境の除染と指定廃棄物の処理まで対策は幅広い。問題だけでなく政策案を議題に含めると、指定廃棄物処理でも、各県処理か福島集約か、一括管理か分散管理か、最終処分か一時保管かなど論点は多岐にわたる。

の整理縮小が実施されていた。にもかかわらず、足銀の増資問題が地域経済の議題として急に浮上したのは、県内最大の融資シェアを有する足銀が、過去最大の不良債権処理を行った結果、同行の自己資本比率が国内基準の下限近くまで低下したからである。地域の中核的金融機関による多額の不良債権処理は大きく報道され、県民の注目を集めた。もしも自己資本比率という〈指標〉が最低水準にまで悪化していなければ、一企業の経営問題が地域全体の議題として浮上することはなかっただろう。

1-2. どのように増資協力を要請したのか

次に政策の流れでは、足銀は栃木県等に増資協力を要請した。自治体と地方銀行が共同出資して第三セクターを設立する例は多いが、自治体が地方銀行に出資するのは異例のことである。また、最初の増資計画では、目標額の400億円に対し県と宇都宮市の出資額は計4億円にすぎない。県や宇都宮市が出資しなくても増資目標を達成していた。にもかかわらず、自治体の増資協力という〈アイディア〉が浮上したのは、地元企業の増資協力や公的資金の注入の「呼び水」として自治体の出資が必要だったからだろう。公的資金の注入を申請するためには、まず民間企業に増資協力を求めるという自助努力を示す必要があった。そして地元の民間企業からより多くの協力を得るためには、自治体が協力姿勢を打ち出すことが効果的であった。もしも県と宇都宮市が増資協力の方針を打ち出していなければ、取引先の企業も進んで増資協力には応じなかったかもしれないし、地元の協力が得られなければ、公的資金の申請にも支障をきたしたかもしれない。

1-3. どうして増資協力は実現したのか

そして政治の流れでは、首長が地域経済の安定を重視して増資に協力した。市民団体は、特定企業の支援に税金を投入すべきでないとの申入れを行い増資協力に反対した。実際、拓銀の経営危機に際し、北海道は民間企業の支援に税金を投入できないという方針を貫いている。県議会にも、県民の合意を得るには根拠が不十分という意見があった。県と同様に増資協力を要請された宇都宮市では、増資協力をめぐり市議会が紛糾した。にもかかわらず、栃

木県が増資協力の要請に応じたのは、公金を取り扱う指定金融機関であり地域経済の中心的役割を担う足銀を知事が重視し、市民団体の申入れや一部議員の意見を取り上げなかったからである。もしも知事が私企業への公金投入を問題視していれば、栃木県は増資に協力していなかったかもしれないが、協力姿勢は増資当時の渡辺文雄知事に限らず、福田富一宇都宮市長、再増資時の福田昭夫知事も同様であった。首長の〈個性〉による行動選択ではなく、地域や組織の代表という〈立場〉による行動選択である。

1-4. 増資協力の〈偶然性〉

だがここで、もしも栃木県とともに増資協力の要請を受けた宇都宮市の議会が増資協力の予算案を可決していなければ、どのように展開していただろうか。最初の増資では、県と宇都宮市が増資協力を要請され、知事と市長はいずれも協力の意向を表明した。しかし、実際に出資するためには、補正予算を計上し議会の議決を経る必要がある。ところが議会日程との関係で、宇都宮市ではなんとか会期中に議案を上程したものの、県では上程が間に合わず、知事の専決処分で処理し、議会からは事後承認を受けることになった。県議会に先んじて予算案を審議することになった宇都宮市議会の経済常任委員会では、長時間にわたる異例の審議の末、採決では可否同数となり、委員長の決裁でかろうじて可決された。

一般に、可否同数の場合の議長決裁は、議長が自由に判断できるものの、消極的・現状維持的に行使されるのが望ましいとされている。これはひとまず否決することで再び審議の機会を与えるためであり、中立的な立場の議長に現状変更の責任を負わせるべきでないからである。だとすると、このときも原案が否決されていた可能性は十分にある。

もしも委員長が否決していたならば、委員会報告を尊重して本会議でも否決されていたはずである。いくら市長が協力の意向を表明していたとしても、宇都宮市は株式を取得できなかった。県も宇都宮市の対応に〈共振〉し、知事は専決処分に慎重にならざるを得ず、株式を取得していなかったかもしれない。実際、当時すでに増資のめどは立っており自治体の協力がなくても問題はなかった。そうなれば、公金投入による増資協力には否定的な規範が定

立され、その後の再増資の要請にも自治体は応じなかっただろう。自治体が出資していなければ、一時国有化のときも株主保護の問題には積極的に対応しなかったかもしれないし、受け皿として県民銀行構想が浮上することがなかったかもしれない。こうした反実仮想に立てば、足銀への増資協力は〈偶然〉に形成され、その後の政策過程の〈重大な転換点〉になったとみることができる。

1-5. 金融危機対応の〈自己相似性〉

「段階的統制モデル」では、増資協力の段階は、危機全体では前兆期として位置づけられる。しかし、さらに詳細に分析すれば、前兆期の中にも一連の危機の過程が観察される。すなわち、足銀は一時国有化前にも経営危機に瀕したが、最初の増資協力では、財政課が出資を検討し（組織内分担）、知事が専決処分で処理して（行政的統制）、市民団体から公金支出を追及されたため（政治的調整）、再増資協力では、県内各市との協調、議会での参考人招致、経済団体からの要望、経営諮問委員会への参加など、危機管理にも改善がみられた（社会的学習）という解釈も可能なのである。マクロ的には前兆期に位置づけられるが、ミクロ的にはそれ自体一つの危機を構成する。一つの大きな危機の中には複数の小さな危機が存在し、危機管理が形を変えて幾度も現れる。つまり、非常時の政策過程は全体と部分が〈自己相似〉（フラクタル）になっている。倍率を拡大するほど複雑な凹凸が現れる海岸線のように、分析の精度を高めるほど危機は複雑になり、個性や偶然性に左右されるようになる。その意味で、非常時の政策過程に関する還元主義的な説明は一定の限界を伴う。

2. 危機管理の自己組織化：急性期の応急対応と株主救済問題

次に、足銀破綻の急性期で問題となった株主救済問題を検討してみよう。

足銀が経営破綻したときの栃木県の対応として、知事を本部長とする金融危機対策本部を設置し、知事の専決処分で緊急制度融資枠を創設するなど、金融危機に応急対応するため首長が主導したことについては、「段階的統制モデル」で説明することができる。だが、例えば地元株主の救済に関しては、

首長が主導したわけではないため、「段階的統制モデル」では説明することができない。なぜ地元株主の救済が問題となったのか。どのようにして救済するのか。どうして救済は実現したのだろうか。

2-1. なぜ地元株主の救済が問題となったのか

まず問題の流れでは、足銀の経営破綻により自治体や地元企業は株式を毀損した。自治体と地元企業は、足銀の再増資の際に足銀からの協力要請に応じて優先株を購入し、後に持株会社の設立に伴い、足銀の優先株はあしぎんFGの優先株となった。足銀の一時国有化により、国があしぎんFGの足銀株を強制的に無償取得したことで、あしぎんFG株は無価値となった。県経済同友会は、足銀・国・県に対し一般株主の救済を求め緊急提言した。県経済同友会はさらに、国と監査法人に対し損害賠償を請求する訴訟を会員企業に呼びかけた。この県経済同友会訴訟で、原告は国に対し、足銀株の強制取得であしぎんFG株を無価値にしたのは、憲法の保障する財産権の侵害にあたると主張した。県は、この訴訟に理解を示しつつも、国に支援を要請中であることから、提訴には同調しなかった。

足銀の破綻をめぐっては、他にもさまざまな訴えが提起された。例えば足銀出資被害者の会は、足銀と増資当時の旧経営陣、監査法人に損害賠償を請求しているが、この訴訟で原告は、債務超過にもかかわらず有価証券報告書に虚偽の記載を行い違法な増資勧誘を行ったと主張した。原告の請求理由は、証券取引法や民法の虚偽記載、独占禁止法上の違法勧誘を根拠としている。根拠法令、訴訟相手や提訴理由が県経済同友会訴訟と異なるのは、県経済同友会訴訟の原告が破綻を不当と認識するのに対し、出資被害者の会訴訟の原告は破綻認定を当然と認識するためである。個別法令違反を根拠とする出資被害者の会訴訟に比べて、憲法違反を根拠とする県経済同友会訴訟は根拠が弱いため、勝訴の見込みは低い。原告代理人の弁護士も、訴訟の目的に破綻の真相究明をあげており、必ずしも被害者救済だけが目的ではない。もしも集団提訴という〈重大事件〉がなければ、一般株主の救済が議題に浮上することはなかったかもしれない。

2-2. どのように地元株主を救済するのか

次に政策の流れでは、あしぎんFGの会社更生手続きの中で、一般株主に有利な配当方法を採用した更生計画案が提示された。優先株の取扱いについては、あしぎんFGを清算したうえで、残余財産を優先株の持ち分に応じて国7対一般株主3の比率で配当するとみられたが、更生計画案では、あしぎんFGを存続させたうえで、子会社の売却益を定款上の配当金額に応じて国0.94対一般株主3の比率で配当するとした。出資分を全額回収できるわけではないが、法令・約款には則っており筋の通る救済策ではあった。もしもあしぎんFGを清算せずに存続させるという〈アイディア〉がなければ、株主の救済は実現しなかったであろう。もっとも、この更生計画が実際に認可されるには、議決権の半数以上をもつ国の同意が必要だった。

2-3. どうして地元株主の救済は実現したのか

そして政治の流れでは、国が自らに不利なはずのこの更生計画案に同意した。国が更生計画案に同意した背景には、訴訟をめぐる県経済同友会や県との〈駆け引き〉があったと考えられる。更生計画案が判明すると、県経済同友会訴訟の原告は、国が更生計画案に同意した場合には、国への訴訟を取り下げると表明した。県は、国に先んじて更生計画案に同意し、国に同意を促した。国は、同意の理由について、法令・約款に則っており、公的資金の適切な管理や国民負担の最小化、経済合理性にかなうと判断したと説明し、裁判への配慮を公式には否定しているが、その後、あしぎんFGの更生計画が確定すると、国への訴えは取り下げられている。国への損害賠償請求訴訟とあしぎんFGの更生計画は、互いに独立した流れによるが、これらが合流したことで株主の救済という〈政策の窓〉が開いたとみることができる。

2-4. 金融危機対応の〈自己組織化〉

株主救済問題では、県経済同友会による緊急提言や同会員による訴訟が、県を強力に後押しし、解決に導いている。足銀の一時国有化以降、県経済同友会をはじめ、関係各方面でアドホックな組織が立ち上げられ、関係機関と連携した。国では、金融庁を中心に足利銀行関係省庁等連絡会議を設置し、

関東財務局を事務局として県金融・経済安定連絡協議会なども設置したが、地元政界では、栃木県が知事を本部長とする県金融危機対策本部を設置したほか、県議会では足銀問題対策特別委員会が設置され、議会最大会派の自民党議員会でも足銀問題緊急対策本部が設置された。地元経済界でも、県内経済五団体からなる県経済団体金融危機対策本部が設置され、中心的団体の県経済同友会でも緊急提言特別委員会が設置された。オンブズ栃木などの市民団体は知事らの責任を追及し、出資被害者の会などが組織され、足銀、旧経営陣、監査法人などを提訴している。これら地元政財界における金融危機対応では、他者からの命令や指示に基づくものではなく、自律的に秩序のある構造を作り出している。

3. 危機管理の創発性：亜急性期・慢性期の復旧・復興と県民銀行構想

足銀破綻後しばらくの間、議論されてきた県民銀行構想をここで取り上げる[101]。

足銀は破綻後、野村グループに受け皿が決定し譲渡されるまでに数年を要したのに対し、拓銀はわずか数日間で北洋銀行への営業譲渡が決まり、実際の営業譲渡までも1年と短い。同じ金融破綻でも足銀と拓銀では時間的猶予が異なったことなどとも関連して、亜急性期や慢性期における自治体の対応にはさまざまな面で差異がみられる。

足銀が一時国有化された後の栃木県の対応として、自民党議員会が産業再生委員会の設置を提言するなど、危機の亜急性期や慢性期に金融危機の復旧・復興に向け議員が利害を調整していたことについては、「段階的統制モデル」で説明することができる。

だが、危機の急性期にあたる足銀破綻直後からすでに県議会議員から県民銀行の設立が提案されたことについては、「段階的統制モデル」の時期区分と合致しない。また、もっぱら一般質問で執行部の対応を追及しただけの北

---

[101] キングダンは、アジェンダに設定されるのは問題であり、政策案とは理論的に区別しているが（Kingdon1984）、伊藤修一郎は、現実には民営化問題や増税問題のように、政策案自体が問題として扱われることがあると指摘する（秋吉他 2010:46）。実際、足銀破綻の場合でも、県民銀行構想という政策案自体が「県民銀行問題」という議題として扱われている。

海道議会とも対照的である。こうした自治体の対応の差異はどうして生じたのか。そもそもなぜ足銀の受け皿が問題となったのか。どのような受け皿が提案されたのか。そしてどうして知事は受け皿問題を諮問したのか。

3-1. なぜ足銀の受け皿が問題となったのか

　まず問題の流れでは、足銀が改正預金保険法上のもとで初の破綻処理を受けた。預金保険法には金融危機への対応として3つの措置が用意されているが、足銀の経営破綻当時、地元関係者は、りそな銀行と同じ1号措置（資本増強）の適用を想定しており、3号措置（特別危機管理）の適用は全く想定していなかった。自民党県連会長の森山真弓衆院議員は、新聞の取材に対し「1号措置ならまだ折り合う余地もあると思っていた」、矢野哲朗参院議員も、「3号措置は全く考えていなかった」と当時を回想している（下野2007/06/13：10）。1号措置は債務超過ではない場合に適用され、債務超過の場合は3号措置が適用される。足銀の場合は債務超過だったので3号措置が適用された、というのが政府の公式見解である。

　足銀が債務超過に陥ったのは、繰延税金資産の計上が全額否認されたことが大きい。繰延税金資産とは、将来還付が見込まれる税金を自己資本に算入することである。銀行は貸倒れに備えて引当金を積む場合、当期の費用としては認められずに税金を支払うが、貸倒れが実際に生じた将来に費用として計上すると税金が払い戻される。この繰延税金資産の計上額は将来の収益に実効税率を掛けた金額であるが、収益計画を甘く見積もると、自己資本を水増しできることになる。足銀は、資本金等に対し繰延税金資産の比率が高く、他行に比べると繰延税金資産に依存していたことは確かである。しかし、1号措置が適用されたりそな銀行も繰延税金資産が全額否認されていれば債務超過だったともいわれ（下野2003/11/30：21）、りそな銀行と足銀の対応の違いには疑問が残る[102]。もしも監査法人が従来どおり繰延税金資産の計上を認めていれば、一時国有化という〈重大事件〉の発生は回避されていただろう。

---

[102] 上川龍之進は、りそな銀行と足銀の対応の違いについて、足銀が債務超過と認定され、一時国有化されたのは、りそなへの公的資金注入以後、金融庁内で検査局の影響力が強まり、検査が厳しくなったからだと指摘している（上川2010：64-65）。

3-2. どのような受け皿が提案されたのか

　次に政策の流れでは、渡辺喜美衆院議員が足銀の受け皿として県民銀行の設立を発案した。足銀国有化の数日後、渡辺喜美は、自民党の県関係国会議員に緊急会合を呼びかけ、「県産業再生委員会とワンセットで県民銀行という受け皿をつくるしかない」と訴えた。足銀と同様に一時国有化された旧日本長期信用銀行の場合では、米国系投資ファンドに売却されたが、債権の引継ぎをめぐり交渉が難航した経緯がある。外資系への譲渡を懸念する出席議員らは、渡辺喜美の提案に同意した。渡辺喜美は、さっそく国会審議で「県選出自民国会議員の総意」として県民銀行の設立を提案した。渡辺喜美の提案は地元政財界にも支持が広がる。県議会の自民党議員会も、議員総会で県民銀行の設立に向け努力することを確認した。宇都宮商工会議所の会頭も、県内経済五団体で県に県民銀行の創設を要望する考えを示した。

　渡辺喜美は、県民銀行については、石原慎太郎東京都知事が主導した新銀行東京を意識していた。県産業再生委員会については、国の産業再生委員会と産業再生機構を参考にしていた。

　しかし、県民銀行の設立については、資金捻出の難しさから県執行部は慎重姿勢を崩さず、県議会の他の会派からもリスクの高さを懸念する声が聞かれた。当の自民党内にも異論や温度差はあった。

　それにもかかわらず、渡辺喜美が強く主張するのは、金融危機の際に政策通・行動派の「政策新人類」とよばれた自負なのかもしれない。いずれにせよ、県民銀行構想には渡辺喜美という政策指導者の〈個性〉が強く影響していた。

　興味深いのは、渡辺喜美は、県民銀行構想を説明する中で、コストを抑制し収益性を向上させるため、「オープン系ネットワーク型金融サービス」という新たなビジネスモデルを提示している。ITを活用した新たなビジネスモデルというこの〈アイディア〉は、実は渡辺喜美が以前から着想していたもので、一時国有化の前々年、県執行部と国会議員の懇談会で渡辺喜美が県に熱心に提案している。つまり、県の主導で新銀行を設立し、革新的なビジネスモデルによって地域経済を再生させるという構想自体は、足銀の一時国有化という問題より先に存在し、「はじめに政策ありき」だったのである。

3-3. どうして知事が受け皿問題を諮問したのか

　そして政治の流れでは、〈選挙〉の結果、県議会最大会派の自民党と対峙する福田昭夫から、同党の擁立する福田富一に知事が〈交代〉する。新知事の諮問により、県の出資に含みを残しつつ、足銀の受け皿のあり方が県産業再生委員会で議論されることになった。

　福田昭夫知事は、自民党県議から県民銀行を提案されても、財源の捻出やリスクの高さから県の出資を明確に拒否し続けた。そこで自民党系議員は、知事選で対立候補を擁立する。県民銀行に関しては、「県民のための銀行」と位置づけ直し、県民に理解を求めた。現職を非協力的・消極的と批判しつつ、擁立候補に「受け皿選定」の諮問を選挙公約に掲げさせることで、県民を巻き込んだ〈争点化〉に成功したのである。

　いずれにせよ、もしも選挙の結果、知事という重要人物の交代がなければ、足銀の受け皿のあり方が議論されることはなかった。

3-4. 受け皿問題の〈創発性〉

　県民銀行構想をめぐる知事と議会の対立は、個別争点の対立にとどまらず、県政全体にまで影響を及ぼしている。県民銀行構想という個別の争点をめぐる福田昭夫知事と自民党議員会の対立は、県政全般において停滞を引き起こした。その後、知事選を通じて議会と協調的な福田富一知事が就任し分割政府が解消されるなかで、今度は県民銀行構想にも変化が起こり、足銀の受け皿をめぐる議論に進展が見られる。個々の構成要素の相互作用により全体的な性質が創出され、その大局的な性質の変化がまた局所的な相互作用に影響することを〈創発性〉というが、足銀破綻後の県政にも、こうした危機の〈創発性〉を観察することができる。

4. 危機管理の初期値鋭敏性：解決期の予防・減災と地元出資問題

　さいごに、足銀破綻の解決期まで引きずることになった、地元出資問題を検討する。

　野村グループが受け皿に選定された後の栃木県の対応として、足銀破綻を教訓に、新生足銀に地元資本が参加できるよう、栃木県が野村グループと協

議し、金融危機の予防・減災策を検討したことについては、「段階的統制モデル」で説明することができる。だが、結果的に地元資本の参加が中止されたことについては、「段階的統制モデル」が想定する帰結とは異なる。そもそもなぜ地元出資が問題となったのか。どのように出資するのか。どうして地元出資は実行されなかったのか。また、北海道は公金の投入には終始消極的だったのに対し、栃木県では自治体の出資が常に議題であり続けた。こうした金融危機をめぐる自治体の関与の差異はどうして生まれたのか。

4-1. なぜ地元出資が問題となったのか

まず問題の流れでは、地元が期待する地銀連合ではなく、地元が懸念する投資ファンドの野村グループが足銀の受け皿に選定された。県産業再生委員会の答申は、足銀の受け皿に関して、多数の安定株主による足銀の単独再生か、栃木銀行を想定した地域銀行との合体が望ましいとした。地銀合体案には栃銀が意欲を示したものの、地元の信金・信組が反対したため、地元の意見は単独再生案に集約された。受け皿選定開始前、知事は、外資やメガバンクによる少数株主支配を懸念し、利益優先の投資ファンドにも警戒した。受け皿選定過程で、外資系やメガバンク系の候補者は脱落したが、栃銀・大和証券グループも落選した。最終的に、横浜銀行を中心とする地銀連合と、野村証券系の投資グループの争いとなった。野村グループは投資や事業再生を得意とするが、地銀連合は地域金融に明るい。地銀連合が受け皿となれば、浜銀出身の池田頭取の続投も期待された。池田頭取は一時国有化後、順調に足銀の業績を回復させ、地元政財界は池田頭取の経営手腕を評価していた。だが、金融庁は国民負担の極小化のため株式譲渡額を重視し、野村グループを受け皿に選定した。野村グループは買収総額では地銀連合の提示額を下回ったものの、交渉過程で株式譲受額を上乗せしたためとみられる。下馬評では地銀連合が有力視されていただけに、地元関係者には意外な決定だった。野村グループは地元出資の受入れを表明し、地元関係者とも協議した。地域金融に明るい人物を頭取に起用し、県民向けにメッセージを発信するなど、地元の意向にも丁寧に対応した。こうして、外資系投資ファンドへの警戒から受け皿の選定に地元の〈注目〉が集まり、国内投資ファンドに決定したこ

とで地元に〈不安〉が残ったが、野村グループの丁寧な対応で地元の不安は次第に払拭されていった。

4-2. どのように出資するのか

次に政策の流れでは、出資方法の制度的な課題が最後まで解決されなかった。地元出資の形態は、県執行部と野村グループの勉強会で検討されたが、公募・募集・私募のうち、不特定から募集する公募は、多額の資金を調達できるが、有価証券届出書等の作成が必要となる。少数の投資家に割り当てる私募は、コストや時間の制約は少ないが、対象を限定するために手続に透明性と客観性が要求される。多数の投資家に割り当てる募集は、地域の利害関係者を中心に勧誘できるが、公募と同様の手続きを要し、私募と同様に透明性や客観性も要求される。地元経済界からは当初、私募が現実的との意見もあったが、50人未満に割り当てる私募で50～100億円の地元出資枠を埋めるとなると、1人1億円以上を出資しならず、地元企業にはそれほどの資金力はなかった。こうした制度的な理由から、新生足銀への地元出資は実現が困難となり、代替案として地元財界人の経営参画、県との共同プロジェクトや県内経済界との懇親会といった形式的な地元関与が提案されたのである。

4-3. どうして地元出資は中止されたのか

そして政治の流れでは、新生足銀への地元出資を積極的に推進する者がいなかった。金融庁は、行政が直接の利害関係者になることを敬遠し、県執行部は、金融庁の意向を受け県の出資には慎重だった。〈利益集団〉である県経済同友会の代表幹事は、各企業の判断に委ね、経済団体が旗振り役となることに否定的だった。地元企業は、リーマンショックの影響で出資に応じる余裕がなかった。野村グループは、地元の要請に基づき地元出資枠を設定したものの、必ずしも地元からの出資を必要とはしていなかった。

問題は、それまで県の出資を唱道していた〈オピニオン・リーダー〉の渡辺喜美衆院議員である。渡辺喜美は、受け皿選定の開始当時、地元から金融庁に要望する際に、本来は形式的な承認の場である県民会議でもなお「県が出資してこそ地元の利益が守れる」と持論を強硬に主張し、県の出資に含み

をもたせるよう土壇場で要望書を修正させたほどだった（下野 2007/06/22: 12）。

　ところがその後、渡辺喜美は、金融副大臣に就任すると、地元の期待とは裏腹に、受け皿に関する発言には慎重になる。受け皿選定作業の途中、県関係国会議員が金融相に要望する際には、行革相に就任しており、閣僚であることを理由に与野党連名の要望書にも名を連ねていない。受け皿選定の大詰めには、とうとう金融相に就任し、前任者を引き継ぎ、金融庁の〈代表〉という立場から、国民負担の極小化を重視して行動する。渡辺喜美は、就任時の取材に対し、「今は国務大臣の立場だから、地元利益を代表する立場とは全然違ってる。昔の（地元代議士という）立場で今、ものを言うわけにはいかない」と答えた（下野 2007/08/28:4）。知事と県議会議長が表敬訪問したときも、「この問題については慌てずに慎重に対応します」とつれない返事をしている（下野 2007/09/01:5）。

　そして受け皿選定後、金融相を退任すると、今度は内閣や党執行部と仲違いして自民党を離党してしまい、県政への影響力を弱めてしまった。もしも渡辺喜美が与党内の閣外議員にとどまっていれば、持論である県民銀行構想を主張し続けていたにちがいない。

　こうして、〈利益団体〉の意向や〈オピニオン・リーダー〉の立場が変化し、だれも新生足銀への地元出資を積極的に推進しなかったのである。

　このように、新生足銀への地元出資に関しては、地元が期待した受け皿ではなかったものの、野村グループの丁寧な対応で地元の不安が払拭され、出資方法で制度的な課題を克服できず、地元出資の主唱者が影響力を失ったことから、問題・政策・政治のいずれの流れも立ち消えて、〈政策の窓〉は開かなかった。

4-4.　自治体出資の〈初期値鋭敏性〉

　これまで見てきた、増資協力問題、株主救済問題、県民銀行問題、地元出資問題は、別個に独立した問題ではなく、関連して派生した問題である。もしも足銀が経営危機に瀕したとき、自治体や地元企業が増資協力に応じていなければ、その後、足銀が経営破綻に陥った時に、自治体が出資して受け皿

を作るという提案には慎重になったであろう。足銀の更生を図る際に、出資者を救済してほしいといった要望も出なかったはずである。足銀の受け皿が決まり新生足銀への経営移行にあたって、地元の資本参加をめぐり話し合いが長引くこともなかった。「段階的統制モデル」では、これら一連の問題を段階ごとに区分することになるが、切り離さずに理解されるべきものである。

　足銀の破綻では、拓銀の破綻とは対照的に、出資問題が最後まで後を引いた。カオスには〈初期値鋭敏性〉という特性があるが、足銀破綻と拓銀破綻における自治体の対応の相違は、まさに危機の初期段階の対応の差によって決定づけられたとみることができよう。

5. 危機管理の非線形性に関する分析の小括

　危機管理が厄介な政治問題になるのは、問題解決のプロセスが複雑になることも一因であるが、危機管理で問題解決プロセスが複雑になるのは、危機管理が定型的・線形的には説明できない〈複雑適応系〉だからである。

　〈複雑適応系〉には、フラクタル・自己組織化・創発性・カオスなどの特性がある。足銀破綻の場合、増資協力問題は、マクロ的には前兆期に位置づけられるが、ミクロ的にはそれ自体一つの危機を構成し、全体と部分が自己相似している〈フラクタル〉。また、株主救済問題では、地元政財界ではアドホックな対策本部や特別委員会が設置され、自律的に秩序ある構造が作り出された〈自己組織化〉。さらに県民銀行構想では、個別争点をめぐる対立が県政全般に停滞を招くとともに、権力構造が変化すると構想自体にも変化が見られた〈創発性〉。そして地元出資問題では、増資協力が株主救済問題や県民銀行構想へと尾を引き、初期の偶然の対応差が拓銀破綻の場合とは全く異なる展開を生んだ〈初期値鋭敏性・カオス〉。このように実際の危機管理には、非線形的な〈複雑適応系〉の特性が観察される。

第6-3節　危機管理の主観性に関する分析

　「複雑適応系モデル」による分析では、危機管理が線形的な関係に基づか

ないため、問題解決プロセスが複雑になることを示したが、そうなると、要因の探索や因果関係の分析は難しくなる。

しかし、客観的な分析に基づいて問題を構造化することが難しくても、関係者間の議論や解釈を通じて問題を構造化することができないわけではない。危機管理が「厄介な政治問題」になるのは、関係者の認識にずれがあり、こうした議論・解釈による問題の構造化も難しいからではないか。この点を探るためには、アクターの行動だけでなくアクターの認識を含めて問題解決プロセスをさらに踏み込んで分析する必要がある。

そこで、ここでは足銀破綻後の「県民銀行構想」の場面に絞り込み、アクターの認識レベルに焦点を合わせて分析する。

1. 県民銀行構想をめぐる対立

足銀破綻で栃木県政が混乱したのは、渡辺喜美衆院議員が提唱した「県民銀行構想」をめぐり県議会自民党議員会と福田昭夫知事が対立したからである。そもそも県民銀行構想とはどのような構想であり、両者の間にはどのような認識の隔たりがあったのか。

1-1. 県民銀行構想の提唱

県民銀行構想を唱えた渡辺喜美は、足銀破綻後、「産業と金融の一体再生」を図るため、地域の産業再生計画をまとめる「県産業再生委員会」とセットで、県の出資による「県民銀行」を設立することを提案した。渡辺は、金融制度には欠陥があるため国頼みは危険であると指摘し、非常事態だとして県債発行にも言及し、当初は新経営陣の選定前に決断することを県に要求していた。

渡辺は、新聞の取材に対して次のように回答している。「足利銀行の客を最終的にどうするかは受け皿が決める話。放っておくと不振企業からどんどん安楽死する。ならば受け皿としての県民銀行と産業再生委員会をつくって産業のモデルチェンジを行い、地場産業の再生復活にかけた方が、はるかに地域や事業者のためになる」と、受け皿として県民銀行を設立する必要性を強調する。

また、「三号措置では受け皿に譲渡されるまで公的資金を入れてもらえない。債務超過の銀行にリスクを伴う企業再生を求めること自体が無理。企業再生に取り組めという行政命令は、失敗した時の責任を回避する金融庁のアリバイ作りだ。制度が不備だと認識しないといけない」と、破綻銀行による企業再生の限界と金融制度の不備を指摘する。

そして、「まずは個別企業ではなく地域の再生計画を作らないと。これは足銀や産業再生機構、金融庁にはできない。観光産業などは広域で、市町村別に作るのも無理。県が作るしかない。産業再生委員会で作った再生計画にのっとって、体質改善に取り組む企業を県民銀行が引き取る。だから両者はセットでなければいけない。金を出さずに主導権を握るのは無理だ」と、県の主体的な役割と出資を要求する。

政治介入の批判に対しては、「民間経済が機能不全に陥っている時は政府が、栃木県の場合は県が出ていくしかない。委員会を民間人主体にすれば、政治介入も防げる」と反論している（下野 2004/05/17：16）。

1-2. 県民銀行構想への批判

これに対し福田昭夫は、行政関与の時代でないと県民銀行を否定する。政治介入の恐れや財源捻出の難しさ、他の金融機関との競合を指摘して、県が主導するよりも、企業再生を掲げる金融庁の金融政策と足銀の新経営計画を尊重する姿勢を示した。

福田昭夫は、同じく新聞の取材に対して、「郵政事業でさえ民営化しようとしている。自治体が関与する銀行はこれからありえない。県は財政的にも難しい」と行政関与の問題点を指摘し、「温泉ファンドや中小企業再生ファンドなどが確立すれば、足銀が企業再生に取り組むための応援機関と手法がほぼ出そろう」と、既存の政策手段でも対応でき、県民銀行の設立は必要ないと主張する。

企業再生に関しては、「足銀は客観的基準を設けて再生企業を決め、チェック機関として業務監査委員会も作る」として足銀の判断を尊重し、金融制度に関しても、「県は、権限を持つ金融庁以上のことはできない」として金融庁の判断を尊重する姿勢を示している（下野 2004/05/17：16）。

表 6-1　県民銀行に関する渡辺衆院議員と福田知事の対立点

	渡辺衆院議員	福田知事
足銀の役割	債務超過銀行に企業再生は無理	銀行本体と企業再生。経営計画に明記
県民銀行の必要性	必要。県産業再生委員会とセットで	不要。行政関与の時代ではない
中立・公平性	非常事態。政治介入は防げる	政治介入の恐れあり
出資	県が350億円。残りは県外企業など	県は1兆円の借金があり難しい
県の役割	地域・産業再生を主導	足銀が行う企業再生の環境づくり
国に対する認識	金融制度は欠陥だらけ。国頼みは危険	「県内経済への影響を最小限に」の言葉を信じる

(出典) 下野新聞 2004 年 5 月 17 日 16 面

1-3. 県民銀行構想の理解度

地元関係者は、この県民銀行構想をどこまで理解していたのだろうか。

地元国会議員に関しては、自民党議員会の作業部会が同党の地元関係国会議員に対し行った個別の聞き取り調査によると、県が出資する「県民銀行」構想を強く主張していたのは、渡辺喜美と蓮実進である。船田元と国井正幸は、国内の金融機関を受け皿にしつつ、県も出資して地域経済の再生に重点を置かせる「県民銀行的銀行」を提案している。佐藤勉は、あしぎん FG に地元企業が出資して受け皿とする案を示していた。西川公也は、産業再生機構や中小企業再生支援協議会の積極活用、再生ファンドの増額など当面は既存制度を拡充・活用することをあげている。茂木敏充は、旧長銀等に適用された金融再生法との違いを指摘し、今後の動向を見極める必要性を唱えている（下野 2004/02/18:26）。これを見ると、渡辺は、足銀破綻の直後、「県選出自民国会議員の総意」として県民銀行の設立を提案しているが、国会議員の間でも必ずしも合意が得られていたわけではない。

民主党県連は、政治介入の恐れから県民銀行構想には反対の立場をとり（下野 2004/04/13:26）、民主党の簗瀬進参院議員は、自民党議員らが唱える県民銀行構想を「自民党の失政隠し」と厳しく批判していた（下野 2004/06/06:26）。

地元自治体・企業に関しては、下野新聞の県内首長アンケートによると、県民銀行の設立については、知事及び県内市町村長50人のうち、反対13人が賛成9人を上回っているものの、半数の25人が「どちらとも言えない」と判断を保留している（下野2004/03/22:1）。また、同紙の県内主要企業アンケートでも、県内主要企業のうち、反対11％が賛成5％を上回っているものの、大半の企業が「どちらでもない」「わからない」と回答している（下野2004/05/16:1）。これらの調査結果をみるかぎり、地元関係者の多くは、県民銀行構想をよく理解していたわけではなく、県民銀行設立の是非を判断できる状況にはなかった。

2. 県民銀行構想をめぐる認識のずれ

渡辺喜美と福田昭夫の間には、県民銀行構想をめぐり見解の相違があったが、地元関係者は、県民銀行構想をどのように認識していたのだろうか。ここで注目したいのは、当事者本人の認識よりも、周囲の関係者の認識のほうであり、県民銀行構想という政策案への評価だけではなく、足銀破綻という危機状況に対する認識である。なぜ県民銀行構想は、多くの地元関係者が実現を疑問視しながら、議題として検討されつづけたのだろうか。

第1章の分析枠組みで示したように、危機に直面すると、願望や思い込み、偏見、無知などから、現実と認識にずれが生じる。危機には原因の多様性と複合性、実態の無限定性、時間的無限定性といった特性があり、危機に関する認識のずれにも、危機の要因・実態・時間軸のそれぞれに認識のずれが考えられる。

2-1. 危機の〈要因〉に関する認識のずれ

危機の要因を特定することは難しい。危機の要因に関しては、特に外因性と内因性の区別が重要となるが、ある要因が外生的か内生的かはアクターによって認識も異なる。また、危機の要因に関しては発生から拡大までの範囲も問題となる。危機の発生自体が外生的要因によるものでも、危機の拡大が内生的要因によるものであれば、危機対応の不手際が非難され、統治者が政治的な痛手を受けることもある。

金融危機の場合、破綻の要因は一次的には銀行の経営、二次的には国の監督にある。自治体にとっては外生的要因であり、国の専管である金融行政では、国の金融当局が非難されても、自治体の首長が非難されることは本来ない。これに対し、震災・原発事故の場合、災害・事故の要因は一次的には地震や津波であり、二次的には電力会社の管理や政府の監督にあるが、自治体との共管である防災行政では、被害の拡大が自治体の内生的要因によるとされることがあり、住民との距離が近い自治体の首長が非難を受けやすい。

「県民銀行構想」に関しては、足銀破綻の要因を、自治体にとって外生的要因とみるか、内生的要因とみるかで、地元関係者の認識にずれが見られる。

渡辺喜美は、「国頼みは危険」であるとの認識から、県に主体的な対応を要求した。渡辺は、一時国有化の直後、金融庁の対応に不信感を示しながら、「(県内経済の混乱を拡大させないため)まずは県が県民銀行を受け皿として作るぐらいの覚悟が必要だ」と述べて、県に主体的な関与を唱えている（下野 2003/11/30:27）。渡辺は、新聞の取材に対しても、「県トップに覚悟があればすぐできる」と訴えて、県に県民銀行の設立を強く働きかけている（下野 2003/12/07:24）。その後も、「県の出資が根本的に欠けている。県が出資してこそ、地元の利益が守れる。当たり前のことだ。」（下野 2007/06/16:10）、「県は出す気がないから主導権がとれない。県が金を出すと言った途端に主導権が取れるんだ。」（下野 2007/06/22:12）と、渡辺は繰り返し県の出資を主張している。

地元関係者は、外資系など地域事情を知らない金融機関が引き継いだ場合に、地域経済がさらに混乱することを恐れていた。また、地元関係者には、破綻前に増資に協力するなど一定の関与をしながら、破綻を回避できなかったという負い目があり、「地元の問題は地元で解決しなければならない」と思いがあったと考えられる。下野新聞は、「地元で何とかしないといけない」。その強い思いが「県民銀行」「県の出資」といった発想につながったと指摘している（下野 2007/06/12:1）

本来、金融行政が国の専管であるならば、足銀には経営責任、国には監督責任があるものの、県には必ずしも支援責任があるわけではない。しかしここでは、地元関係者の間に、危機の発生が外因による場合でも、内因と捉え

る認識のずれがうかがえる。

2-2. 危機の〈実態〉に関する認識のずれ

　危機の実態を把握することは難しい。危機の実態に関しても、アクターの認識にずれが生じる。

　地震や台風などの自然災害で、頻繁に発生する場合には、家屋の倒壊やインフラの寸断など被害状況は目に見えるし、多くの者が経験しているため、被害が深刻なほどむしろ認識は共有しやすい。これに対し、金融危機や原発事故などの事件・事故で、過去に例のない新たな脅威の場合、信用不安、風評被害や放射能汚染などは被害状況が目に見えにくく、経験も乏しいため、被害が深刻なほど知識や立場などにより認識にずれが生じやすい。アクター間の認識の齟齬が政治的な対立に発展する危険がある。

　「県民銀行構想」に関しては、足銀破綻の実態についても、非常事態と捉えるかどうかで、地元関係者の認識にずれが見られる。

　渡辺喜美は、足銀破綻は「非常事態」であると強調し、県民銀行の設立を正当化しようとした。渡辺は、新聞の取材に対し、「今は非常事態だ。対応を民間に任せるばかはいない。非常事態における県の真価が問われる」と、知事に県民銀行の設立を呼びかけるにあたり、「非常事態」を強調している（下野 2003/12/07：24）。

　地元関係者には、破綻した銀行に中小企業の再生は無理との疑念があり、提唱者の強硬な主張に押されて、しだいに「非常事態では非常手段も正当化されるのではないか」といった偏った見方をするようになる。初めて県議会で県民銀行の設立を提案した自民党議員会の石坂真一県議は、「地元銀行の再生を図る新たな形を生み出すこと」が必要だとして斬新な構想の必要性を訴えている（栃木県議会第274回定例会議事録 2003/12/03）。その後も、県議会で足銀問題を追及した同議員会の三森文徳県議は、議員側は「非常時モードでものを発想しておる」のに対し、行政側は「平時モードなのではないか」と県執行部の危機感の欠如に疑問を呈している（栃木県議会第275回定例会議事録 2004/03/08）。県の出資をめぐり県との交渉役を任された同議員会の阿久津憲二県議は、知事や副知事に対し「足銀を救うためだから、むちゃして

もいいんじゃないか」と水を向けたこともあったという（下野 2007/06/16：10）。

ここでは、危機の実態を把握できない中、地元関係者の間に、「前例のない事態には前例のない政策が必要だ」という〈思い込み〉や〈偏見〉が広がる様子がみてとれる。

2-3. 危機の〈時間軸〉に関する認識のずれ

危機の始期と終期、急性期と慢性期の区別は必ずしも明確ではない。危機の時間軸に関しても、アクターの認識にはずれがある。

危機の始期と終期は明確ではない。特に危機の終期を設定しないと、危機の慢性期が永続化する。危機管理が長期化すると、それだけ資源の投入も際限がなくなり、責任の所在も曖昧になる。金融危機の場合、破綻から継承まで一時国有化の始期と終期が管理されるため、投入資源を限定でき、責任の所在も明確となる。一方、原発事故では、指定廃棄物の一時保管に終期が設定されないと、最終処分場の候補地選定が泥沼化しかねない。

また危機の急性期と慢性期の区別は難しい。当面の応急対応と中長期的な復旧・復興が並行することになる。当面の対策に追われる行政官と、中長期的な構想を立てる政治家それぞれに認識のずれがあり、両者の認識の乖離が行政を遅滞させることもある。

「県民銀行構想」に関しては、時間軸についても、「早急」な決断を要するかどうか、地元関係者の認識にはずれが見られる。

渡辺喜美は、県民銀行の設立を早急に決断する必要があると認識していた。渡辺は、足銀破綻直後の緊急会合で地元選出国会議員に対し、「急を要する話なので、県にやる気がなければ、外資や他の金融機関に譲渡されたり解体されてしまう」と焦りを募らせている（下野 2003/12/04：26）。新聞の取材に対しても、「（決断のタイムリミットは）新経営陣が決まる前でなければいけないから、やるかやらないか、方向性の決断は今週中にしないといけない」と決断を急がせている（下野 2003/12/07：24）。渡辺がこのように焦るのは、「破綻銀行も企業も時間の経過とともに劣化していく」と考えたからである（渡辺他 2004：163-164）。

こうした渡辺の焦燥感は地元政財界にも伝播していった。地元の有力財界人で宇都宮商工会議所の簗郁夫会頭も、渡辺の提案に呼応するように、「県内経済五団体で県に県民銀行の創設を強く求めたい。新経営陣が決まる前の早期に行いたい」と要望を急いでいる（下野 2003/12/06:6）。また、栃木県議会足銀問題対策特別委員会の渡辺渡委員長も、新聞の取材に対し「県内の金融、経済の混乱を招かないように、県内金融のスムーズな対応を何が何でもやっていかなくてはならない。これが緊急課題だ」、「通常の特別委みたいに年度末に提言書を出しても間に合わない。スピードが大切だ」と対応を急いでいる（下野 2003/12/13:22）。

　しかし実際には、県民銀行の設立を検討するには時期尚早だった。経営が破綻しても受け皿が選定されるまでは国によって管理されるため時間的な猶予がある。竹中金融相は、一時国有化後、自民党関係者から要望を受けても、「出口の問題であり、かなり先の話である」と述べて、県民銀行の設立を検討する段階にはないとの認識を示している（下野 2003/12/10:18）。福田昭夫知事も、「今やることは受け皿のことではない」と述べて、当面は足銀や企業の再生が先決であるとの認識を示している（下野 2003/12/26:14）。

　にもかかわらず、「主導権をもつためには、いち早く対応しなければならない」という政治家の〈焦り〉が、当面の対応に追われる執行部を混乱させることになった。地元関係者には、外資系が引き継ぐと地域経済がさらに混乱するとの〈不安〉があり、状況を悪化させないよう早急に対応しなければ、との焦りが見られる。ここでは、地元関係者の間に、危機の時期が管理されていてもなお、急性期と慢性期に関する認識のずれが生じている。

3.　県民銀行構想をめぐる議論の激化

　渡辺喜美には持論を実現したいという〈願望〉があり、金融行政に〈知見〉のない地方議員は政策通の国会議員に期待し、地域経済に不安を覚える地元財界人は行政の対応に〈期待〉した。未曾有の事態が問題状況を冷静に認識することを妨げた結果、県民銀行構想が地元関係者の間に広まることになった。危機に関するこうした認識のずれは、前決定段階の問題の構造化やアジェンダの設定を通じて非常時の政策過程に影響を及ぼすことになる。

3-1. 議論・解釈による問題の構造化

　危機に関する認識のずれは、問題の構造化に影響を及ぼす。問題解決プロセスが複雑化すると、問題を解決するより先に、問題自体を〈構造化〉することが必要となる。そもそも政策問題には悪構造性があるが、危機の場合は因果関係がより複雑であるため、〈分析〉によって問題を構造化することには限界があり、〈議論・解釈〉によって問題を構造化することが重要となる。分析作業を通じて要因の探索や要因間の関連性を明らかにするというよりも、立場の異なる関係者の間で議論し、互いの認識を修正しながら問題の定義や分析がなされることになる。このように議論や解釈によって問題を構造化するときには、〈言説〉や〈フレーム〉が重要な役割を果たす。言説には、メタファーによって問題状況を印象づけ、物語によって因果関係を単純化させることが含まれる。フレームとは、状況を認識し、行動案を選択する認識枠組みをいう（秋吉他 2015：77-84）。関係者の間には危機に関して認識にずれがあるため、議論や解釈による問題の構造化はいっそう困難な作業となる。

　県が出資して受け皿銀行を設立する「県民銀行構想」に関しても、構想の具体化にあたっては、設立に必要な出資額を算出するよりも、県民銀行の必要性や機能について関係者が共通の認識をもつことが重要となり、議論を通じて互いの認識が修正されていった。

　渡辺喜美は、足銀国有化の直後から受け皿銀行について、「いずれにせよもうかる部分（債権）しか引き取ってくれない」「借金の重圧にあえぐ地域の産業再生策も併せて考えるなら、県産業再生委員会とワンセットで県民銀行という受け皿をつくるしかない」と訴えた（下野 2003/12/04：26）。

　渡辺は、新聞の取材に対し、県民銀行については、当初、「新銀行は東京都の『慎太郎銀行』のイメージだ」と語り、石原慎太郎東京都知事が主導した「新銀行東京」を意識していた。さらに、「（県民銀行は）『県産業再生機構』とセットで産業と金融の再生をやる」と答え、県産業再生委員会については、国の「産業再生委員会」と「産業再生機構」を参考にしていたことがわかる（下野 2003/12/07：24）。

　しかし、県が多額の出資をして新銀行を設立することに地元関係者の支持がなかなか集まらないと、渡辺は、「県営銀行をつくれなどとは言っていない」

として発言を修正する（下野 2004/05/29：18）。その後、自民党内でも、県の出資で受け皿をつくる「県民銀行」論が下火となり、かわりに地元の金融機関を受け皿とする「県民のための銀行」論が注目されるようになる。ここでは、県民が負担者となる「県の出資による銀行」から、県民が受益者であることを印象づける「県民のための銀行」という表現に改められている。

　また、足銀の債権切り分けに対して勧告を行う「県産業再生委員会」に関しては、議会側が足銀の経営に関与するという姿勢を堅持しつつ、自治体には金融機関の監督権限がないという知事の主張にも理解を示したため、一般的な提言機関として設置されている。

3-2. アジェンダの設定をめぐる攻防

　危機に関する認識のずれは、アジェンダの設定にも影響を及ぼす。政治アクターの関与が拡大すると、アジェンダ設定をめぐり攻防が生まれる。推進派は〈課題の定義〉によって問題状況を認識させようとし、反対派は〈非決定〉によって議題になることを阻止しようとするが、推進派はさらに〈参加の拡大〉によって争点化を推進する（秋吉他 2015：62-63）。危機に関してアクター間に認識のずれがあると、こうしたアジェンダ設定をめぐる攻防はさらに激しいものとなる。

　「県民銀行構想」に関しては、渡辺喜美衆院議員が、足銀破綻の直後から、「県が受け皿として県民銀行をつくるぐらいの覚悟が必要だ」と主張して〈課題〉を定義し、県が出資する「県民銀行」と、足銀の債権切り分けに勧告を行う「県産業再生委員会」を発案し、県議会の自民党議員会がそれを知事に提案した。

　こうした自民党議員会からの提案に対し、福田昭夫知事は、「県民銀行」に関しては、財源捻出の難しさやリスクの高さから県の出資を明確に拒否し続けた。また、「県産業再生委員会」に関しても、自治体には金融機関に対する監督権限がないことを理由に、勧告を行わない一般的な提言機関として設置して提案を骨抜きにした。このような知事の〈非決定〉が可能なのは、地域権力構造を多元論的に理解するとしても、首長は幅広い政策分野で影響力を行使しうる例外的な存在だからである。

県民銀行構想をいっこうに取り上げようとしない福田昭夫に対し、巻返しを図りたい自民党議員会は、とうとう知事選に対立候補を擁立することになる。福田昭夫は、新聞の取材に対し「私は最初から県民銀行に出資する気は全くなかった。相変わらず、つくれ、つくれという声は続いていたけれど、ずっと無視していた。だから、対立候補を立てられてしまった」との認識を示している（下野 2007/06/16:10）。
　一方、対立候補として擁立された福田富一も、県の出資に積極的だったわけではないが、推進派に配慮して県の出資に含みを残し、出資の是非を県産業再生委員会の議論に委ねる形とした。福田富一候補の選対本部長を務めた国井正幸参院議員は、選挙戦で「県民銀行をつくるとは絶対言うな」と厳命したという。ある自民党県議は、「県民銀行を実現するための対立候補擁立ではなかった」と証言している（下野 2007/06/19:10）。つまり、県の出資の是非が選挙の争点だったのではない。知事と議会の対立解消が選挙の目的だったのであり、県民銀行の設立という政策案とは別の流れによるものであった。
　知事選では、現職を非協力的・消極的と批判しつつ、擁立候補には「受け皿選定」の諮問を選挙公約に掲げさせることで、県民を巻き込んだ〈参加の拡大〉に成功した。
　そして選挙の結果、県議会最大会派の自民党と対峙する福田昭夫から、同党の擁立する福田富一に知事が交代した。新知事からの諮問により、県の出資に含みを残しつつ、足銀の受け皿のあり方が県産業再生委員会で議論されることになった。
　もっとも、県民銀行の設立に関しては、当の自民党内にも異論や温度差はあった。自民党県連政調会長で渡辺喜美に近い県議は、県執行部との交渉にあたりながらも、「自分自身は『県民銀行構想』には疑問があった。しかし、立場上仕方がなかった」と述懐している（下野 2007/06/12:1）。ある自民党県議が「われわれは金融の素人。手探り状態だ。」と語ったが、金融通といわれる渡辺喜美の強硬な主張を心強く感じたのかもしれない。また、多くの関係者が新経営陣の選任を懸念し、地元経済に理解のある人材が選任されることを希望しており、ある自民党県議は「こうした運動が経営陣の選任に影響

するのではないか」と語ったように、国の主導による危機管理を地元として何とか牽制したいという思惑もあったのだろう（下野 2003/12/10:18）。ある自民党県議は、当時の状況を「『県民銀行』でなければ栃木県経済を語る資格はない。そんな魔女狩りみたいな雰囲気があった」とも証言しており、強烈な同調圧力がうかがわれる（下野 2007/06/16:10）。

4. 危機管理の主観性に関する分析の小括

　足銀破綻では、このように政策実現の願望、金融行政に関する無知、行政に対する期待、地元問題という思い込み、非常事態という偏見、出口戦略への焦りが、危機に関する関係者の認識にずれをもたらした。その結果、実現性の低い県民銀行構想が、問題の構造を変えながらも、議題として検討され続け、構想をめぐり政治的対立を深めることになった。

　「危機に乗じる政治」とは、こうした危機に関する関係者の認識のずれを利用して、政策の実現を図り、あるいは政敵の排除をもくろむことである。危機は、平時と非常時の現実の乖離だけでなく、現実と認識の乖離を生む。「危機に乗じる政治」は、平時との客観的な状況の乖離を利用するだけでなく、現実と認識の主観的な乖離を利用した政治である。

　「危機に乗じる政治」は、危機に関する認識のフレームをめぐる争いに起因する。制度構造の正当性が衰退する中で、政策変更を求めるアクターと政策維持を図るアクターの双方が各自に有利なフレームを提示し、認識に確信を持てない関係者を巻き込みながら対立する。

　フレームの調整・再形成するためには、前提としてフレームの差異を明確にする必要がある。しかし、フレームの差異が、教科書で説明されるように、フレームの調整・再形成を促し、合意形成や説明責任、学習の改善に「活用」されるとは限らない。

　アクターは、対立するアクターとフレームを調整することを通じて相手と価値の統一を図る一方で、対立するアクターを排除することによって自己の価値の実現を図ろうとする動機も有する。足銀破綻の事例は、フレームの差異が、アクター間の非難合戦を助長し、政敵排除や保身に「悪用」されるおそれもあることを例証している。

第6-4節　結論：危機管理の不確実性

1. 危機管理の関与性・非線形性・主観性

なぜ危機は政治的に利用されるのか。「危機に乗じる政治」のメカニズムについて、本研究が示してきたことは、政治アクターの関与が拡大し、問題解決プロセスが複雑化するなかで、認識のずれから関係者が対立すると、危機管理が「厄介な政治問題」となるということである。

1-1. 危機管理の関与性

危機管理が「政治問題」になるのは、危機をきっかけに政治アクターの関与が拡大するからである。状況を予測でき、影響が重大でないときは政治的に関与する必要はないし、時間的な猶予がなければ政治的に関与する余地もない。しかし、危機の予測が困難であり、影響が重大であり、時間的な猶予があるほど、平時には制度的に関与することのない政治アクターが政策決定の場に参加しようとする。

危機後の政策決定に関与する政治アクターは、首長や地方議員など住民から委任を受けた政治家だけではない。本研究では、むしろ住民の委任に基づかない利益集団やオピニオン・リーダーなどの存在が大きいことが明らかとなった。足銀破綻の場合には、地元株主の救済に向けて経済団体が重要な役割を果たし、受け皿に関しては渡辺喜美が県民銀行構想を唱えた。原発事故の場合にも、指定廃棄物の処分場建設に対し市民団体が反対運動の中核を担い、福田昭夫らが福島集約論を唱えている。もちろん、経済団体には地元企業が加入し、市民団体にも地元住民が参加しているが、これらは地域の一部の利益を代表する任意団体にすぎない。また、渡辺喜美や福田昭夫は住民に選ばれた国会議員ではあるが、彼らは所属政党の立場によらず自説を主張するオピニオン・リーダーでもあった。

こうした利益集団やオピニオン・リーダーの行動を、民主主義の観点からどのように評価するかは、見解が分かれるところである。政治に反映されに

くい特定の利益やアイディアを表出する点で代議制民主主義を補完していると、肯定的な評価ができる反面、利己的な主張に引きずられ、多様な利益や意見を全体的に調整し集約することができないと、否定的に評価することもできる。実際、足銀破綻の場合は、県民銀行構想に関係者が振り回されてしまい、原発事故の場合も、指定廃棄物問題をめぐり関係者の合意はなかなか得られない。政治アクターの利益や意見をどのように調整し集約するかは、一つの課題である。

危機後の政治に関して一つ興味深いのは、危機の緊急性が政治アクターの関与を制約する要因となっていることである。足銀破綻の場合には、破綻から受け皿選定までの期間が長く、政策決定に関与できる機会が広がった。一方、拓銀破綻の場合には、破綻から受け皿選定までの期間が短く、政策決定に関与できるアクターも選択肢も限られた。時間的な猶予の有無は、良くも悪くも、政策決定に関与できるアクターの範囲や、検討される選択肢の範囲を規定する。

政策決定に影響を与えるものとして、利益・制度・アイディアのいわゆる3つのIがあげられる。しかし、「時間」もまた政策決定に影響を与える重要な要素の一つである。ポール・ピアソンの『ポリティクス・イン・タイム』は、政治を分析する際に「時間」が重要であることを再認識させたが（ピアソン2010）、歴史という長い時間が多様な制度を展開させることと同様に、切迫性という短い時間がアクターの行動を制約することも政治を分析する際には重要である。

1-2. 危機管理の非線形性

政治問題化した危機管理が「厄介」なのは、問題解決のプロセスが複雑になるからである。政治アクターの関与が拡大することになっても、問題解決にあたりアクターの行動に対して一定の統制が働けば、問題解決のプロセスは複雑にはならない。ところが、危機管理では多様な構成要素が相互に作用する複雑な状況に適応することになるため、平時以上に問題の悪構造性をもち、線形的に問題を解決することが困難となる。

危機管理を「厄介」にしているのは、原因の多様性と複合性、時間や実態

の無限定性といった危機自体の複雑性ばかりではない。本研究では、自己組織化や創発性といった危機管理自体の複雑性も要因であることを明らかにした。足銀破綻の場合には、県議会最大会派や地元経済団体は、自律的に対策本部や特別委員会を組織した。自民党議員会の働きかけで県は県産業再生委員会を設置し、経済同友会会員の働きかけで国は地元株主に有利な更生計画に同意することになった。原発事故の場合にも、指定廃棄物の処分場候補地では自律的に反対組織が設立された。国は候補地の再選定を余儀なくされ、各県処理という基本方針も見直しを迫られている。

　問題は、こうした危機管理の複雑性をどのようにして問題解決につなげるかである。複雑性を否定的に捉えてなるべく除去しようとするのか、肯定的に捉えてむしろ活用しようするのか。この点、ロバート・アクセルロッドとマイケル・コーエンは、後者の立場から、複雑適応系のダイナミズムを組織や戦略の設計に積極的に活用する方法を議論している。多様性を生み出し、相互作用と淘汰を通じて適応を促し、優れた戦略を引き出すために、探査中心と知識利用のバランスをとることや、信頼と協力を促進する互恵的な相互作用ネットワークを構築したり、戦略の影響がどのように広がるかを考慮して戦略を評価したりすること、価値ある基準の形成と普及を促進することなどをあげている（Axelrod and Cohen2000；アクセルロッド・コーエン 2003：200-210）。たしかに、組織論としては、中長期的な組織開発や戦略立案にあたり、組織内の信頼関係を基礎として、複雑性を活用するといった発想もありえる。しかし、社会的な信頼関係、「ソーシャル・キャピタル」（パットナム 2001）は短期間で構築できるものではない。早期実現が要求される危機管理では、信頼関係の醸成に努めつつも、合意形成のルールを設定するなど、まずは複雑性を制御する方法を考えることが現実的なアプローチである。

1-3. 危機管理の主観性

　危機管理をさらに「厄介な政治問題」とするのは、関係者の認識にずれがあるためである。危機管理が線形的な関係に基づかないため、客観的な分析に基づいて問題を構造化することが難しくても、関係者の議論や解釈を通じて問題を構造化することができないわけではない。ところが、危機の要因や

実態、時間軸に関して認識にずれがあると、アジェンダ設定をめぐる攻防が熾烈化したり、議論・解釈による問題の構造化が難航したりする。

　危機に関する認識のずれは、危機を過小評価する「正常性バイアス」だけではない。本研究では、危機を過大評価する「異常性バイアス」ともよぶべき認知バイアスが問題となることを明らかにした。足銀破綻の場合には、渡辺喜美は金融制度の欠陥を指摘し、破綻後の資産劣化や信用収縮を危惧したが、実際には国の管理下で足銀の財務状況は順調に改善し、地域金融や企業再生も円滑に実施された。だが、経済的な混乱は生じなかったものの、政治的には深刻な対立を招く結果となった。

　災害社会学では、「正常性バイアス（正常化の偏見）」がしばしば問題となり、「大したことはあるまい」といった心理が避難の遅れを招くとされる（中村2008:170など）。ところが、「異常性バイアス」はあまり問題とはされない。危機を危機でないと見逃すのとは違い、危機でないものを危機と誤認したところで深刻な事態にはならないからである。むしろ誤認を恐れて判断に慎重になると、見逃す危険性が高まるので、「見逃しの三振」よりは「空振りの三振」のほうがましということになる。林春男は、「空振りした人を責めない、むしろ空振りを推奨する、という価値体系や評価体系を組織で共有することが必要である」と主張している（林2008:8-9）。

　しかし、「異常性バイアス」も多くの関係者に広がれば、焦りや不安をあおり冷静な対応を妨げ、危機管理に支障をきたしかねない。危機の前兆期や急性期には、「正常性バイアス」が準備の不足や応急対応の遅れといった致命的な事態を招くことになるかもしれない。しかし、危機の慢性期では、「異常性バイアス」が復旧・復興の妨げになることもある。本研究は、危機に関する認識のずれでは、「正常性バイアス」だけでなく「異常性バイアス」も問題となることを示している。

1-4. フレーム争いの逆機能

　「危機に乗じる政治」は、危機に関する認識のフレームをめぐる争いに起因する。制度構造の正当性が衰退する中で、政策変更を求めるアクターと政策維持を図るアクターの双方が各自に有利なフレームを提示し、認識に確信

を持てない関係者を巻き込みながら対立する。フレームの差異が、フレームの調整・再形成を促し、合意形成や説明責任、学習の改善に活用される可能性もあるが、アクター間の非難合戦を助長し、政敵排除や保身に悪用されるおそれもある。

　フレームを調整・再形成するためには、フレームの差異を明確にすることが必要だが、本研究では、差異を明確したからといって調整・再形成が促されるわけではないこと、フレームの差異がアクター間の非難合戦に結びつくことを明らかにした。原発事故の場合、指定廃棄物処分場選定をめぐる争いは、選定結果、次いで選定方法、さらに基本方針へと上位のフレームにシフトし続け、国と候補地の対立はいっこうに解消されない。足銀破綻の場合には、選挙では県民銀行構想の是非よりも、構想に反対する知事が問題とされた。

　そもそも政策の推進ではなく政敵の排除や政策の阻止をねらうアクターには、フレームの差異を解消する動機がない。このように当事者による調整が期待できない場合に、不毛な非難合戦を避け、建設的な合意形成を促すにはどうしたらよいのか。

　ここで重要なのは、当事者がどのようなフレームを設定するかよりも、第三者がそのフレームをどのように受容するかである。足銀破綻の場合、県民銀行構想をめぐる政治的対立は、渡辺喜美と福田昭夫という二当事者の認識の相違が根底にあるものの、政治的混乱が拡大した原因は、むしろ周辺の地元関係者の認識のずれにある。

　こうした関係者の認識は、メディアの報道や論評によって影響を受ける。そしてメディアの報道や論評は、政府の危機コミュニケーションによっても変わる。谷藤悦史は、危機に関わる「イメージ」の管理が重要になり、多様なメディアがイメージ形成に主要な役割を果たし、公的組織・機関は危機のコミュニケーションに先駆的に取り組むことが要求されると指摘している（谷藤 2014:63）。だとすると、政府の危機コミュニケーションと、メディアの報道や論評によっては、フレームの調整・再形成を促すことができるはずである。

2. 政治的余波の小さい危機管理との差異

本研究では、4つの事例を取り上げたが、これらの事例を比較すると、足銀破綻の方が拓銀破綻よりも政治的余波が大きく、また、栃木県と宮城県のいずれにおいても原発事故の方が震災よりも政治的余波が大きくなっている。なぜ同じ金融危機なのに、足銀破綻は拓銀破綻より政治問題化したのか。なぜ異なる危機なのに、原発事故でも金融危機と同様に政治問題化したのか。なぜ同じ危機に起因しながら、震災よりも原発事故の方が政治問題化したのだろうか。これらの相違は、危機の種類によって説明することはできない。そこで、前項で示した危機管理の特質によって説明してみる。

2-1. 閉ざされた拓銀破綻対応と開かれた足銀破綻対応

まず、危機管理の関与性に関していえば、拓銀破綻と足銀破綻の場合には、政治アクターの関与が制限されているかどうかという違いがある。拓銀破綻の場合、受け皿選定は短期決戦となり、一部の金融当局者が決めたのに対し、足銀破綻の場合、受け皿選定には猶予があり、地元には関与の機会があった。

2-2. 備えのある震災と備えのない金融危機・原発事故

また、危機管理の非線形性に関しては、震災と金融危機、原発事故の場合には、解決のプロセスが整理されていたかどうかという違いがある。震災の場合は、過去にも経験があるため、対応方法をある程度想定し、予め合意していたのに対し、金融危機や原発事故の場合は、未曽有の事態に対して、対処方法を一から協議しなければならなかった。

2-3. 目に見える震災と捉えにくい金融危機・原発事故

そして、危機管理の主観性に関しては、問題の認識にずれがあるがどうかという違いがある。地震の場合は、被害の程度が一目瞭然であり、アクターの認識にずれは少ない。問題となるのはもっぱら平時との乖離である。これに対し、金融危機の信用不安や、原発事故の風評被害・放射能汚染の場合は、被害の状況や対処の方法がわかりにくい。このため、アクターによって認識

表 6-2　危機及び危機管理の特質と政治的余波

事例	危機	危機管理の特質			政治的余波
		関与性	非線形性	主観性	
足銀破綻	○ 経済危機	○	○	○	○
拓銀破綻		―	○	○	―
震災	△ 自然災害	○	―	―	―
原発事故	□ 特殊災害	○	○	○	○

(出典) 筆者作成

が食い違い、認識のずれが問題となる。

2-4. 危機の政治的余波は危機の問題か

ここで重要な点は、危機の政治的余波が大きくなるのは、危機の種類によるのではなく、危機管理のあり方によって決まるということである。危機管理しだいで、同じような危機が同じように政治問題化するとは限らない。逆に、異なる危機でも同じように政治問題化することがある。また、一つの危機からでも異なる政治的余波が起こりうる。危機によって政治が変わることもあるが、危機管理によっても政治は変わるのである。

3. 政治問題としての危機管理

危機管理が「厄介な政治問題」になるということは、危機管理をもっぱら執行統制の問題として捉える従来の研究に対し、別の見方を与えることができる。

3-1. 危機管理は初動対応の問題か

自治体の危機管理に関する従来の研究をみると、発災直後の応急対応を問題としているものが多い。例えば災害救助に関しては、被災者の生存率が発災から3日間で急激に低下する、いわゆる「72時間の壁」などが取り上げられる（小滝2013；自治体危機管理研究会2002；2006；中邨・幸田2006）。こうした危機管理論では、被害を最小限に抑えるために発災直後いかに迅速かつ的確に対応するか、初動対応の重要性が強調されがちである。

これに対し本研究では、危機の発生時に焦点を絞らず、危機の発生前後まで射程を広げて分析し、従来の研究があまり関心を払わない危機の余波に注目している。例えば足銀破綻の場合、一時国有化直後は大々的な報道のわりには取付け騒ぎも起こらず、むしろその後しばらく足銀の受け皿をめぐって県政が混乱した。危機管理が思うように進まない厄介な場面という意味では、危機の急性期よりも慢性期のほうが深刻な局面となる。

3-2. 危機管理は行政主導の問題か

　従来の研究は、発災直後の応急対応に着目するあまり、危機管理を執行上の問題と位置づけ、行政が主導するものと捉えがちである。中邨章は、「行政サイドは議会人が危機管理に関わることを極度に嫌う。危機管理という非政治的な課題が、政治化することを恐れるからである」と指摘しながら、議会に積極的な関与を期待しているが（中邨 2014:92-93）、このように危機管理は政治的な問題ではないとするのが従来の一般的な理解であろう。

　本研究では、自治体の行政機構に限らず、地方議会や地域団体などもアクターに含めて分析し、危機管理がすぐれて政治的な問題ともなることを明らかにした。例えば足銀破綻の場合、地元選出の国会議員が受け皿の構想を発案し、地方議員は委員会設置を条例化、経済団体も企業再生や株主保護の解決に寄与した。危機管理は必ずしも行政が主導するのではなく、政治家や利益集団などが主導することがある。

3-3. 危機管理は組織管理の問題か

　危機管理を行政の問題と捉えてしまうと、行政組織における統制管理のあり方が問われることになる。従来の研究では、統制管理の観点から、首長のリーダーシップが重要とされ、自治体の組織体制が問題とされてきた。草野厚は、危機管理における首長のリーダーシップを重視し、危機時・非常時・常時の決定・実施過程に共通する特徴として官僚組織の病弊をあげ、処方箋として①最高責任者の指導力、②指導力を発揮できる環境、③各組織の構成員の意識をあげている（草野 2001:215-220）。また、青山佾は、危機管理体制の特徴を「1 現地本部と中央本部の設置（オンサイトとオフサイト）、2 権限（分

散ではなく集中)、3 意思決定方式（トップダウンが原則)」と表し、もっぱら自治体内部の組織体制を問題としている（青山 2014:18)。

しかし、近年の危機管理研究では、ガバナンス論の時代潮流ともあいまって、階統制的な政府に代わり、多様な主体によるネットワーク型の統治が重視されるようになった。中邨章は、従来、自治体の危機管理は単一の団体を念頭に置き、その上、危機管理は行政の専任事項という意識が政府や自治体に潜在してきたと指摘し、自治体が自己完結的に危機に対応できるという従来の発想を改めるべきとする（中邨 2014: ii, 72)。伊藤正次は、震災復興に関して多機関連携の必要性を指摘し、関係機関の間での情報共有、連携の「場」のマネジメント、連携を支える人材の育成を課題にあげている（伊藤 2014: 74-81)。

本研究では、危機管理が必ずしも線形的な統制管理にはなじむものではないことを明らかにした。これからの危機管理は、国や他の自治体との連携、企業・市民団体との協働が想定される。首長の資質に関しても、従来の理解とは異なり、内部の統率力よりもむしろ外部との調整力や説明力が求められることもあるといった理解が必要となろう。

3-4. 危機管理は対処方法の問題か

さらに、危機管理を統制管理の問題として捉えると、どのように統制管理するか、その手段に関心が向きやすい。実際、危機管理に関する実務書には、対処方法を指南するいわゆるマニュアル本の類いが多いし（上村 2008; 日本安全保障・危機管理学会 2014 など)、従来の研究でも、災害対策本部の運営、避難の勧告・指示、災害時広報やマス・メディア対応、業務継続計画の作成、自主防災活動の組織化、図上演習の実施など、危機への対処方法を考察するものが目立つ（吉井・田中 2008; 上村 2008 など)。

本研究では、危機に関する認識のずれを分析し、複雑に入り組んだ問題の解決にあたっては、解決手段の具体化よりも問題自体の構造化が重要な場合もあることを指摘した。アクター間の認識のずれが危機管理を妨げる場合には、対策を講じる以前に、アクター間で認識の共有を図ることが重要である。林春男は、危機管理は企業や市民など多様な主体の協力なくして迅速かつ適

切に対応できない。組織内で対処しようとすると、外部と認識の齟齬を生じることから、多様な見解を考慮し合理的な解決につなげるため、利害関係者の参画が不可欠であると主張し、「危機管理の第一歩は、だれがステークホルダーなのかを明確にし、その人たちと一緒に危機管理に取り組む体制を構築することである」と述べている（林・牧・田村・井ノ口 2008:12）。

4. 不確実性を内包した危機管理のあり方

本研究では、危機管理に関する異なる見方として、「段階的統制モデル」に対し「複雑適応系モデル」というものを提示している。

4-1. 危機管理の理念型と実態の乖離

本研究では、「段階的統制モデル」を理念型として現実の行動に当てはめ、実際の危機管理とどれだけ乖離しているか現状を確認するとともに、「複雑適応系モデル」を用いてなぜそのような行動がとられたのか要因を探求している。

本研究では、分析枠組みとして「段階的統制モデル」と「複雑適応系モデル」を設定しているが、本研究で示したかったのは、どちらのモデルに説明力があるかということではない。「段階的統制モデル」は、段階モデルと本人・代理人モデルを組み合わせたものであり、プロセスとアクター関係から二重に定型化している点で、実際の危機管理を説明しようとすると、「複雑適応系モデル」より当てはまりにくいのは当然である。

4-2. 段階的統制モデルに基づく制度設計

本研究で示したかったのは、「段階的統制モデル」がどれだけ実際の危機管理とかけ離れているか、そしてその要因は何かということである。というのも、この「段階的統制モデル」こそ、危機管理の制度設計の根底にある思想と考えるからである。

段階的に統制を強化するというこの設計思想は、危機管理の分野を問わず共通する。例えば、金融危機の場合、栃木県公金リスク管理マニュアルでは、金融機関の財務状況に応じ段階的な対応がとられる。財務状況が悪化した段

階（リスク 1）では、出納局が金融機関から情報を収集、破綻が懸念される段階（リスク 2）では、出納局長を委員長とする県公金管理運用委員会を招集し、破綻が顕在化した段階（リスク 3）では、知事を本部長とする県金融危機対策本部を設置することになっている。

同様に、震災・原発事故の場合、栃木県地域防災計画では、予防、応急対策、復旧・復興という危機の段階別に具体的な行動計画が列挙されている。同計画の原子力災害対策編では、原発事故が発生した場合（EAL1）には、危機管理課等が注意体制をとり、原子力事業者から情報を収集、特定事象が発生した場合（EAL2）には、危機管理監を本部長とする災害警戒本部を設置し、原子力緊急事態が発生した場合（EAL3）には、知事を本部長とする災害対策本部を設置することになっている。そして地域防災計画は、災害を教訓として見直され、関係機関との調整、専門委員会での審議、住民からの意見聴取を経て県防災会議で了承される。両者の制度設計は実に酷似している。

4-3. 危機管理の不確実性に対する留意

しかし、「段階的統制モデル」は、危機管理の不確実性が顕著となる復旧・復興の段階にはとりわけ当てはまりにくい。それは、段階的統制モデルが危機管理の不確実性を十分に組み込んでいないからである。制度の設計思想が現実に当てはまらなければ、制度自体もうまく機能しない。実際、県地域防災計画の震災対策編をみても、予防や応急対策では、多岐にわたり詳細な行動計画が示されているのに比べて、復旧・復興では、必要に応じて復興推進本部を設置して復興計画を作成し、関係機関と調整を図り計画的に復興を進めることぐらいしか示されていない。計画的な復興にあたり、誰と何をどのようにして調整を図るべきか、具体的な留意点は示されず、有効な対策が講じられているとは言いがたい。これでは危機管理の不確実性を政治的に利用する「危機に乗じる政治」にも適切に対処することはできまい。

4-4. 複雑適応系モデルによる補完

この点、本研究が示した「複雑適応系モデル」は、不確実性を内包した危

機管理のあり方を示すものである。

　複雑な事象を複雑なまま理解しようとする「複雑適応系モデル」は、複雑な事象を単純化して理解する「段階的統制モデル」とは対照的なアプローチであるが、2つのモデルは、必ずしも対立するわけではない。危機管理には定型的に説明できる部分と説明できない部分がある。段階的統制モデルは、危機管理の大まかな見通しを立てるためのモデルであって、危機管理の細かい事実を説明するためのモデルではない。このモデルは、危機管理の制度設計の基礎にある理念型であり、必ずしも実際の危機管理を説明できるわけではない。複雑適応系モデルは、還元主義的には説明できない危機管理の不確実性を射程とし、理念型とは異なる実際の危機管理を理解するための補完モデルと位置づけるべきである[103]。

第6-5節　含意：多元的相互調節による危機管理

　危機の政治的余波が危機管理によって決まるということは、危機管理のあり方を見直すことによって、危機の政治的余波を小さくできるということでもある。それでは、危機管理が厄介な政治問題にならないようにするためにはどうしたらよいのか。本研究で明らかにしたように、住民不在の中で、政治アクターどうしが激しいフレーム争いを繰り広げることは、地方自治にも悪影響を及ぼしかねない。民主主義の観点からは、政治アクターによる不毛な非難合戦を防ぎ、建設的な合意形成、説明や学習を促すための「危機管理の危機管理」が求められよう。ここでは、これを「メタ危機管理」とよぶことにする。

---

[103] 近年注目される「オールハザードアプローチ」も、危機管理を定型化できる運用レベルの部分と、定型化できない戦略レベルの部分に分けるという点では、本研究の複雑適応系モデルと同様の考え方に立つものといえる（OECD2018 参照）。しかし、このアプローチは、危機の種類にかかわらず共通する部分については業務の標準化や共通ルールの設定を行うといった、危機管理の共通化が強調されているように思われる（務台 2013：15-17 など）。また、危機の特性や状況にあわせて臨機応変に対策を講じる部分についても、危機管理の政治性が十分に考慮されているとは言いがたい。

1. アクター調整

　メタ危機管理の一つは、危機管理の関与性に対して、政治アクターが参加する公式の場を設定し、政治的な参加が無秩序に拡大するのを防ぐことである。

　例えば足銀破綻の場合、有識者会議（県産業再生委員会）とは別に、関係者会議（緊急経済活性化県民会議、三者懇談会）が開催されている。原発事故の場合も、有識者会議（国・県指定廃棄物処分等有識者会議）とは別に、関係者会議（指定廃棄物処理促進市町村長会議）が開催されている。いずれの場合も、有識者による専門的な調査の場とは別に、関係者による政治的な調整や社会的な合意の場が設定されている。政治的な参加の場を設けることが合意形成に寄与するとは限らないが、アクターの参加を規定するのには役立つ。

　実際、足銀破綻の場合では当初、一部の主張に関係者は翻弄されたが、関係者会議を設置することで、こうした偏向は緩和された。社会の多様な利益や意見を均等に代表させることは、危機管理の民主的正統性を確保するうえでは不可欠の条件である。

　問題は、参加する政治アクターをどのように決めるかである。どのような政治アクターが参加すべきなのかを先験的に明らかにすることは難しい。自治体における政治参加について、金井利之は、住民運動の不確定性や住民参加の制度化の難しさを指摘しているが（礒崎・伊藤・金井 2014：256-264）、危機管理における政治参加も同様である。ある危機管理が、あるアクターにとって利益となるか不利益となるか、どの範囲のアクターに利益あるいは不利益をもたらすのかは、一義的に決まるものではない。もっとも、本研究の事例でも見てきたように、政治参加は既存の団体を母体として組織化されることが多い。現実にはアジェンダに関係する諸団体から適切に選抜するという方法によらざるを得ない。あるアクターを参加させて会議の進行が荒れることもありうるし、逆に参加させなければアクターの反発を招くかもしれない。アクターを過不足なく選抜できるかどうかは危機管理者の政治的力量ということになろう。

　危機の際は、危機の原因究明や危機対応の検証、再発防止のために、専門

家による調査委員会が設置されることがある。だが、調査結果が過去の責任追及や将来の政策変革を左右することがあり、説明の仕方をめぐり政治的な利害対立を招くこともある[104]。アリエン・ボインらが示唆するように（Boin et al. 2008:312）、調査委員会が政治に巻き込まれないようにするためには、専門的な調査の場とは別に、関係する組織・機関、議員、利益集団やメディア、オピニオン・リーダーなどが参加する政治的な議論の場を設定すべきだろう。

さらに、時間的な猶予をうまく調整することができれば、政策決定に関与できるアクターの範囲や、検討される選択肢の範囲を規定することができるだろう。

2. プロセス調整

2つ目は、危機管理の非線形性に対して、合意形成のためのルールを設定し、問題解決のプロセスをなるべく整流化することである。

例えば足銀破綻の場合、一時国有化に関しては、地元の意見を集約し国に要望する手続きに欠けていたが、受け皿選定に関しては、受け皿候補の公募、事業計画書の第1次審査、譲受条件等の第2次審査という金融庁の選定作業に合わせて地元の意見が集約され国に要望が行われた結果、公募要領や事業計画、株式売買契約書には地元の要望が効果的に反映されている。原発事故の場合も、指定廃棄物問題では、当初は環境省が処分場候補地を一方的に選定したため、地元が反対して選定結果は白紙撤回されたが、再選定では市町村長会議で地元の意見を反映させながら選定手順や評価方法の合意形成が図られたため、地元の反対はあるものの、手続面での批判は封じられ、選定結果は維持されている。

これらをふまえると、政治的な議論の場では、少なくとも検討の対象と手順、情報の提供、論点の整理、対案の提示、議事の確認と公開などをルール

---

[104] 例えば2001年9月11日に起きた米国同時多発テロ事件では、支持率の低迷に苦しんでいたブッシュ政権が「テロとの戦い」を掲げて驚異的な支持率を得たが、ブッシュ政権はテロの発生を事前に察知していながら、わざと見逃したのではないかなど様々な憶測を呼ぶことになり、事件の真相究明のため独立調査委員会が設けられた（同時多発テロに関する独立調査委員会 2008 参照）。

化する必要がある。だが、合意形成を図るためになお重要なのは、参加者の信頼関係を醸成して、協調行動をとることが社会の効率性を高めるという理解を浸透させることかもしれない。権威や権限による統制を期待できない場合は、アクターどうしが取引や説得を通じ利害や意見の対立を解消し合意を構築することが必要となる。

3. フレーム調整

　3点目に、危機管理の主観性に対しては、危機管理をめぐる関係者のフレームを調整することであるが、関係者の認識は正常性と異常性の両方にバイアスがかかっていることがある。また、関係者の認識はメディアの報道や論評によって影響されるため、政府はメディアとの危機コミュニケーション行動の質を高め、当事者のフレームを関係者に伝達し、公衆からの支持を獲得する努力が必要である。

　自治体ではなく国の対応事例ではあるが、例えば足銀破綻の場合、地元紙は当初、一時国有化を「荒療治」「地方軽視」だとし、債務超過の過程が解明されていないなどと批判していたが（下野 2003/12/11:27; 12/14:10）、国会で参考人質疑がなされると、不十分だが一定の成果はあったと評価した（下野 2004/01/17:31）。国会審議を通じて早い段階で竹中金融相が説明責任を果たしたおかげで、国はメディアからの批判の目を足銀の経営に向けさせ、金融庁への批判を封じることに成功した。金融庁の危機コミュニケーション行動の質は高く、地元メディアによる足銀国有化への批判は早く収まっている。

　これとは対照的に、原発事故の場合、地元紙は当初、指定廃棄物の各県処理という国の基本方針には懐疑的ながらも同調していたが（下野 2012/11/03: 7; 2013/02/28:7; 04/27:6）、処分場の内容や安全性について地元に丁寧な説明を怠ると、国の姿勢に懐疑的になり、国の説明不足を批判するようになった（下野 2013/07/03:6; 08/29:7; 2015/07/31:6）。石原環境相は地元を訪問せずに副大臣や知事に調整を丸投げ、県民向けフォーラムの開催も遅きに失するなど、環境省の危機コミュニケーション行動の質はけっして高くはなく、指定廃棄物処理問題に対する地元メディアの批判は尾を引いた。

　アリエン・ボインらは、危機に関するメディアの報道が政府アクターに与

える影響や、政治アクターの危機コミュニケーション行動の質がメディアの論評に与える影響などについて、いくつかの仮説を示している（Boin et al. 2008:301-302）。

　危機管理者は、対策の不備や対応の不手際を批判されるなど、メディアの論調によって政治的な痛手を被ることもあるが、正確な情報を適時かつ平易に提供するなど、メディアとの危機コミュニケーションをうまくとれば、政治的な痛手から逃れることもできる。

4. 危機管理の落とし穴

　われわれは、危機管理を定型化することで、定型化できない部分を看過しがちである。しかし、定型化できない部分にこそ、危機管理の落とし穴が隠されている。樋口晴彦は、「悪魔は細部に宿る」との警句を引用し、「危機管理マニュアルを机上の空論に終わらせたくないのであれば、細かい点をリアルに追及する姿勢が欠かせない」と述べる（樋口2015:80）。本研究が明らかにした危機管理の関与性・非線形性・主観性に関する理解を深め、アクターやプロセス、フレームの調整に努めれば、危機管理の制度的空白を埋め、危機管理の実効性をさらに高めることができるだろう（図6-1）。

図6-1　段階的統制モデルと複雑適応系モデルの関係

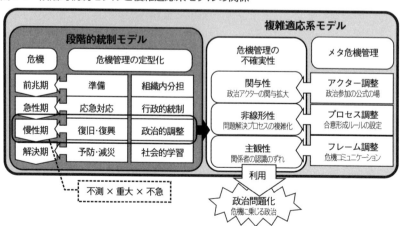

（出典）筆者作成

参考文献

【外国語文献】

Allison, Graham T. (1971) *Essence of Decision: Explaining the Cuban Missile Crisis*, Little Brown.（宮里政玄訳（1977）『決定の本質』中央公論新社）

Allison, Graham T. and Zelikow, Philip. (1999) *Essence of Decision: Explaining the Cuban Missile Crisis*, 2nd Edition, Longman.（漆嶋稔訳（2016）『決定の本質（第2版）Ⅰ・Ⅱ』日経BP社）

Axelrod, Robert and Cohen, Michael D. (2000) *Harnessing Complexity: Organizational Implications of a Scientific Frontier*, Free Press.（高木晴夫監訳（2003）『複雑系組織論』ダイヤモンド社）

Boin, A., McConnell, A. and 't Hart, P. (eds) (2008) *Governing after Crisis: The Politics of Investigation, Accountability and Learning*, Cambridge: Cambridge University Press,

Boin, A., 't Hart, P., Stern, E. and Sundelius, B. (2005) *The Politics of Crisis Management: Public Leadership Under Pressure*, Cambridge: Cambridge University Press

Cohen, M. D., March, J. G. and Olsen J. P. (1972) "A Garbage Can Model of Organizational Choice" *Administrative Science Quarterly* 17, pp.1-25

Drennan, L., McConnell, A. and Stark, A. (2015) *Risk and Crisis Management in the public sector*, Abingdon: Routledge

Handmer, J. and Dovers, S. (2007) *The Handbook of Disaster and Emergency Policies and Institutions*, London: Earthscan

Kingdon, J. (1984) *Agendas, Alternatives and Public Policies*, Boston: Little Brown.

――― (2010) *Agendas, Alternatives, and Public Policies, Update Edition, with an Epilogue on Health Care*: Longman（笠京子訳（2017）『アジェンダ・選択肢・公共政策』勁草書房）

OECD (2018) *Towards an All-Hazards Approach to Emergency Preparedness and Response: Lessons Learnt from Non-Nuclear Events*, NEA No.7308

Sylves, R. (2014), *Disaster Policy and Politics: Emergency Management and Homeland Security*, 2nd edition, Washington, DC: CQ Press

【日本語文献】

青山佾（2014）「危機管理の基本と実際」中邨・市川（2014）

縣公一郎・藤井浩司編（2007）『コレーク政策研究』成文堂

秋月謙吾（2001）『行政・地方自治（社会科学の理論とモデル9）』東京大学出版会

────(2002)「地域金融機関と地方政府：規制体制の変動と課題」村松岐夫・奥野正寛編『平成バブルの研究（下）崩壊編』東洋経済新報社
秋吉貴雄（2016）「原子力安全規制の政治過程：行政体制再構築における政策学習」辻中（2016）
秋吉貴雄・伊藤修一郎・北山俊哉（2010）『公共政策学の基礎』有斐閣
浅野一弘（2010）『危機管理の行政学』同文舘出版
足利銀行（2004）『業務および財産の状況等に関する報告』2004年10月8日
阿部昌樹（2015）「全町非難・全村避難と地方自治」小原・稲継（2015）
天川晃（1985）「変革の構想」大森彌・佐藤誠三郎編『日本の地方政府』東京大学出版会
────（2015）「自治体行政の「非常時」と「平時」」小原・稲継（2015）
飯尾潤（1993）『民営化の政治過程』東京大学出版会
────（2014）「復興政策への期待と政府の能力」サントリー文化財団（2014）
砂金祐年（2014）「ソーシャル・キャピタルと共助」中邨・市川（2014）
礒崎初仁・金井利之・伊藤正次（2014）『ホーンブック地方自治（第3版）』北樹出版
市川宏雄（2014）「危機発生後の行動と対応」中邨・市川（2014）
伊藤修一郎（2002）『自治体政策過程の動態』慶應義塾大学出版会
────（2006）『自治体発の政策革新』木鐸社
────（2011）『政策リサーチ入門』東京大学出版会
伊藤正次（2014）「多重防御と多機関連携の可能性」サントリー文化財団（2014）
────（2015）「復興推進体制の設定と展開」小原・稲継（2015）
伊藤光利（2016）「執政：福島第一原発事故と官邸の対応」辻中（2016）
稲継裕昭（2015）「広域災害時における遠隔自治体からの人的支援」小原・稲継（2015）
岩崎正洋編著（2012）『政策過程の理論分析』三和書籍
上村章文（2008）『自治体の危機管理マニュアル』学陽書房
打越綾子（2004）『自治体における企画と調整』日本評論社
浦野正樹・大矢根淳・浅野幸子（2008）「自主防災組織とボランティア」吉井・田中（2008）
エヴァラ，スティーヴン・ヴァン（野口和彦・渡辺紫乃訳）（2009）『政治学のリサーチ・メソッド』勁草書房
大泉光一（2012）『危機管理学総論（改訂版）』ミネルヴァ書房
大倉沙江・久保慶明（2016）「司法と行政の相克：弁護団調査からみる福島第一原発事故損害の賠償過程」辻中（2016）
大谷基道（2015）「津波被災地における高台移転」小原・稲継（2015）
加藤淳子・堺家史郎・山本健太郎編（2014）『政治学の方法』有斐閣
加藤直樹・太田文雄（2010）『危機管理の理論と実践』芙蓉書房出版
金井利之（2010）『自治体行政学』第一法規
上川龍之進（2010）『小泉改革の政治学』東洋経済新報社

上川龍之進（2016）「震災以前における東京電力の政治権力・経済権力」辻中（2016）
神谷秀之（2014）『震災復旧・復興と「国の壁」』公人の友社
河井晃一（2015）「瓦礫処理をめぐる自治体の行動選択」小原・稲継（2015）
河村和徳・伊藤裕顕（2016）「原子力災害と福島の地方選挙」辻中（2016）
北村亘（2015）「被災自治体に対する政府の財政措置」小原・稲継（2015）
ギャディス，ジョン・ルイス（浜林正夫・柴田知薫子訳）（2004）『歴史の風景』大月書店
キング，G = コヘイン，R. O. = ヴァーバ，S.（真渕勝監訳）（2004）『社会科学のリサーチ・デザイン』勁草書房
金融庁（2014）『金融庁の1年（平成25事務年度版）』
草野厚編著（2008）『政策過程分析の最前線』慶應義塾大学出版会
草野厚（2001）『官僚組織の病理学』筑摩書房
久保慶明（2016）「2012年総選挙へ向けた政局と政策論争：政党政治家は震災と原発事故をどう捉えたのか」辻中（2016）
久米郁男・川出良枝・古城佳子・田中愛治・真渕勝（2011）『政治学（補訂版）』有斐閣
黒田洋司（2008）「地震災害時の危機管理」吉井・田中（2008）
小島廣光（2003）『政策形成とNPO法』有斐閣
小滝晃（2013）『東日本大震災緊急災害対策本部の90日』ぎょうせい
児玉博昭（2007）「地域金融の危機と自治体の対応：足利銀行の一時国有化を事例として」『白鷗法学』第14巻2号
────（2013）「震災・原発事故と自治体の対応：地域防災計画の限界と補完」石村耕治・市村充章編『大震災と日本の法政策』丸善プラネット
小林恭一（2008）「災害対策本部の初動と応急対応」吉井・田中（2008）
小原隆治（2015）「東日本大震災と自治体」小原・稲継（2015）
小原隆治・稲継裕昭編（2015）『震災後の自治体ガバナンス（大震災に学ぶ社会科学2）』東洋経済新報社
佐々淳行（2014）『定本危機管理：我が経験のノウハウ』ぎょうせい
サラス, E. = ボワーズ C. A. = エデンズ E.（田尾雅夫監訳・深見真希・草野千秋訳）（2007）『危機のマネジメント』ミネルヴァ書房
サントリー文化財団「震災後の日本に関する研究会」編（御厨貴・飯尾潤責任編集）（2014）『災後の文明』阪急コミュニケーションズ
自治体危機管理研究会（2002）『自治体職員のための危機管理読本』都政新報社
────（2006）『実践から学ぶ危機管理』都政新報社
信田智人（2009）「対外政策決定」日本国際政治学会編『学としての国際政治』有斐閣
柴田直子・松井望編著（2012）『地方自治論入門』ミネルヴァ書房

鈴木潔（2014）「企業の防災連携」中邨・市川（2014）
須藤季夫（2007）『国家の体外行動（シリーズ国際関係論 4）』東京大学出版会
砂原庸介（2011）『地方政府の民主主義』有斐閣
須見徹太郎・高梨成子（2008）「豪雨災害時の危機管理」吉井・田中（2008）
関谷直也・森岡千穂（2008）「産業被害と企業の災害危機管理戦略」吉井・田中（2008）
総務省自治行政局（2001）『地方公共団体におけるペイオフ解禁への対応方策研究会報告書』
曽我謙悟・待鳥聡史（2007）『日本の地方政治』名古屋大学出版会
曽我謙悟（2013）『行政学』有斐閣
──（2016）「行政：東日本大震災に対する中央府省の対応」辻中（2016）
平修久（2014）「災害復旧・復興における民間支援」中邨・市川（2014）
高木厚・河村和徳（2016）「地方自治体と民間事業者・業界団体による災害協定」辻中（2016）
田川寛之(2016)「事故調査の政治空間：福島原発事故をめぐる 2 つの事故調」辻中(2016)
──（2016）「震災発生後の東京電力と政治」辻中（2016）
竹内直人(2015)「震災復興における被災者住宅再建支援制度の展開」小原・稲継(2015)
建林正彦・曽我謙悟・待鳥聡史（2008）『比較政治制度論』有斐閣
田中淳・木村拓郎・松尾一郎（2008）「火山災害時の危機管理」吉井・田中（2008）
谷藤悦史（2014）「21 世紀の危機管理をどう構築するか」中邨・市川（2014）
地引泰人・越山健治（2008）「生活再建・復興過程と行政」吉井・田中（2008）
地方財務編集局（2004）「栃木県はいかに足利銀行の一時国有化に対応したか（特集 激動する地域金融と自治体）」『地方財務』第 596 号
辻中豊編（2016）『政治過程と政策（大震災に学ぶ社会科学 1）』東洋経済新報社
辻中豊・伊藤修一郎編著（2010）『ローカル・ガバナンス（現代市民社会叢書 3）』木鐸社
辻中豊・田川寛之(2016)「何が公的決定され、何が公的決定されなかったか」辻中(2016)
同時多発テロに関する独立調査委員会(松本利秋・ステファン丹沢・永田喜文訳)（2008）『9/11 委員会レポートダイジェスト』WAVE 出版
栃木県（2003a）『栃木県公金リスク管理マニュアル』
──（2003b）『栃木県放射性物質事故・災害対応マニュアル』
──（2004）『栃木県危機管理計画』
──（2013）『東日本大震災の記録』
──（2014a）『栃木県危機管理計画（平成 26 年 4 月改正)』
──（2014b）『栃木県国民保護計画』
──（2014c）『栃木県業務継続計画』
栃木県議会足利銀行問題対策特別委員会（2005）『足利銀行問題対策特別委員会報告書（平成 17 年 1 月）』

―――(2006)『足利銀行問題対策特別委員会報告書(平成18年1月)』
―――(2007)『足利銀行問題対策特別委員会報告書(平成19年3月)』
―――(2008)『足利銀行問題対策特別委員会報告書(平成20年3月)』
栃木県議会足利銀行問題等地域活性化対策特別委員会(2009)『足利銀行問題対策特別委員会報告書(平成21年1月)』
栃木県議会災害対策特別委員会(2012a)『災害対策特別委員会報告書(平成24年2月)』
―――(2012b)『災害対策特別委員会報告書(平成24年11月)』
栃木県議会自由民主党議員会・足利銀行問題緊急対策本部(2004)『足利銀行問題に関する自民党議員会の県への提言』2004年3月26日
栃木県経済同友会(2004)『足利銀行経営破たん,一時国有化に伴う緊急提言書』2004年3月
栃木県産業再生委員会地域金融再生部会(2005)『「足利銀行の望ましい受け皿のあり方」に関する地域金融再生部会報告書』2005年3月18日
栃木県防災会議(2005)『栃木県地域防災計画(平成17年修正)』
―――(2010)『栃木県地域防災計画(平成22年修正)』
―――(2012)『栃木県地域防災計画(平成24年10月)』
―――(2014)『栃木県地域防災計画(平成26年10月)』
中沼丈晃(2007)「政策段階論の意義」縣・藤井(2007)
中林一樹(2014)「危機管理下における災害復興」中邨・市川(2014)
永松伸吾(2008)『減災政策論入門(災害と社会4)』弘文堂
中邨章(2014)「複合災害の発生と自治体の危機管理」中邨・市川(2014)
中邨章・市川宏雄編著(2014)『危機管理学』第一法規
中邨章・幸田雅治編著(2006)『危機発生後の72時間』第一法規
中村功(2008)「避難と情報」吉井・田中(2008)
中森広道・吉井博明(2008)「災害時広報とマス・メディア対応」吉井・田中(2008)
新川達郎(1995)「自治体計画の策定」西尾勝・村松岐夫編『政策と管理(講座行政学4)』有斐閣
西尾勝(2001)『行政学(新版)』有斐閣
西岡晋(2007)「政策アイディア論・言説分析」縣・藤井(2007)
西出順郎(2015)「災害ボランタリー活動の実際」小原・稲継(2015)
西田奈保子(2015)「仮設住宅と災害公営住宅」小原・稲継(2015)
西村弥(2014)「自治体における業務継続計画(BCP)」中邨・市川(2014)
日本安全保障・危機管理学会編著(2014)『究極の危機管理』内外出版
日本政治学会編(2014)『危機と政治変動(年報政治学2013Ⅱ)』木鐸社
秦康範・坂本朗一(2008)「災害危機管理のための訓練・演習体系と手法」吉井・田中(2008)
パットナム,ロバート・D.(河田潤一訳)(2001)『哲学する民主主義』NTT出版

濱本真輔（2016）「立法：ねじれ国会下の立法過程」辻中（2016）
林春男・牧紀男・田村圭子・井ノ口宗成（2008）『組織の危機管理入門』丸善出版
ピアソン，ポール（粕谷祐子監訳）（2010）『ポリティクス・イン・タイム』勁草書房
樋口晴彦（2015）『悪魔は細部に宿る：危機管理の落とし穴』祥伝社
ひょうご震災記念21世紀研究機構災害対策全書編集企画委員会（2011）『災害対策全書1～4』ぎょうせい
フィリップ・リプシー（阿部弘臣訳）（2016）「福島原発事故の定量分析：国際比較の視点から」辻中（2016）
フッド，クリストファー（森田朗訳）（2000）『行政活動の理論』岩波書店
ブレイディ，E.＝コリアー，D.（泉川泰博・宮下明聡訳）（2014）『社会科学の方法論争（原著第2版）』勁草書房
ベック，ウルリヒ（東廉・伊藤美登里訳）（1998）『危険社会』法政大学出版局
ベック，ウルリッヒ（山本啓訳）（2014）『世界リスク社会』法政大学出版局
北海道新聞取材班（2000）『解明・拓銀を潰した「戦犯」』講談社文庫
マーチ，J. G.＝オルセン，J. P.（遠田雄志／アリソン・ユング訳）（1986）『組織におけるあいまいさと決定』有斐閣
松井望（2015）「自治体の震災対応と職員意識」小原・稲継（2015）
──（2015）「復興計画の設計と運用」小原・稲継（2015）
マヨーネ，G（今村都南雄訳）（1998）『政策過程論の視座』三嶺書房
南博（2014）「自治体と住民間の情報受発信」中邨・市川（2014）
宮川公男（2002）『政策科学入門（第2版）』東洋経済新報社
宮城県（2011a）『宮城県震災復興基本方針（素案）』
──（2011b）『宮城県震災復興計画』
──（2012a）『東日本大震災：宮城県の6か月間の災害対応とその検証』
──（2012b）『宮城の将来ビジョン・震災復興実施計画（復旧期：平成23年度～平成25年度）』
──（2013a）『同計画【平成24年度改訂版】（復旧期：平成23年度～平成25年度）』
──（2013b）『東日本大震災（続編）：宮城県の発災6か月後から半年間の災害対応とその検証』
──（2014）『宮城の将来ビジョン・震災復興実施計画（再生期：平成26年度～29年度）』
──（2015a）『同計画【平成26年度改訂版】（再生期：平成26年度～29年度）』
──（2015b）『東日本大震災：宮城県の発災後1年間の災害対応の記録とその検証』
──（2015c）「復興の進捗状況」
務台俊介編著（2013）『3・11以後の日本の危機管理を問う』晃洋書房
村松岐夫（1988）『地方自治（現代政治学叢書15）』東京大学出版会
森裕城（2016）「2012年総選挙の得票分析：震災後の国政選挙にあらわれた民意」辻

中（2016）
薬師寺泰蔵（1989）『公共政策（現代政治学叢書10）』東京大学出版会
山崎美代造・斎藤秀樹・蓬田勝美（2015）『足利銀行一時国有化と企業再生の軌跡』
　下野新聞社
山本英弘，(2016)「脱原発と民意のゆくえ：原子力発電をめぐる争点関心のプロセス」
　辻中（2016）
預金保険機構（2005）「平成金融危機への対応」『預金保険研究』第4号
——（2010）『預金保険制度の解説』
——（2014）『平成25年度預金保険機構年報』
吉井博明（2008）「災害危機管理論とは」吉井・田中（2008）
吉井博明・田中淳編（2008）『災害危機管理論入門（災害と社会3)』弘文堂
リード，スティーヴン・R（森田朗・新川達郎・西尾隆・小池治訳）（1990）『日本の
　政府間関係』木鐸社
和田明子（2015）「県外避難者受入自治体の対応」小原・稲継（2015）
渡辺喜美・平成金融問題研究会（2004）「足利銀行破綻で分かった公的資金注入政策
　の挫折」『中央公論』2004年3月号

【新聞】
『河北新報』
『下野新聞』
『北海道新聞』

【ウェブサイト】
環境省ウェブサイト「放射性物質汚染廃棄物処理情報サイト」
　http://shiteihaiki.env.go.jp/（2017年1月5日確認、以下同様）
金融庁ウェブサイト　http://www.fsa.go.jp/
原子力規制委員会ウェブサイト　https://www.nsr.go.jp/
首相官邸ウェブサイト　http://www.kantei.go.jp/
栃木県ウェブサイト　http://www.pref.tochigi.lg.jp/
栃木県議会ウェブサイト　http://www.pref.tochigi.lg.jp/kengikai/
内閣府ウェブサイト「防災情報のページ」　http://www.bousai.go.jp/
宮城県ウェブサイト　http://www.pref.miyagi.jp/
宮城県議会ウェブサイト　http://www.pref.miyagi.jp/site/kengikai/
預金保険機構ウェブサイト　https://www.dic.go.jp/

あとがき

　足銀破綻をめぐる栃木県の対応に関して取材を重ねると、渡辺喜美の県民銀行構想に振り回されたとこぼす県政関係者は少なくなかった。そのため、足銀破綻後の栃木県政の混乱は、当人の個性が招いたと見る向きもある。ところが、原発事故をめぐる栃木県の対応では、その県民銀行構想に手を焼いたはずの福田昭夫が、指定廃棄物の福島集約論を唱えて、知事の不評を買っている。危機管理をめぐり政治を掻き回すのは、何も特定の個人に限った話ではない。非常時は政治家にとってリーダーシップの見せ場である。目的はさておき、危機の政治利用は決して珍しい出来事ではない。
　政治家が大風呂敷を広げることは、あながち悪いことではない。官僚は政策実施を担うため、コストやリスクの高い政策案を敬遠する。官僚に政策立案を委ねると、政策の幅は狭まりがちである。大胆な政策案を示して政策の幅を広げることは、むしろ政治家の使命ともいえる。だが、いたずらに政治的混乱を招き、危機に追い打ちをかけることは避けなければならない。
　本書は、筆者が政策研究大学院大学に提出した博士論文を加筆修正したものである。危機管理を研究テーマに選んだものの、研究は思うように捗らなかった。危機という特殊な状況を理論的に一般化することは、実に難しい。長々と混迷が続くさまをメリハリつけて描くことにも無理がある。詳細に記せば紙幅が尽き、文章を刈り込めば単調になる。研究自体が危機的状況に陥り、「危機管理の研究」であるはずが、皮肉にも「研究の危機管理」が問われるはめになってしまった。
　もともと筆者は政策評価に関心があり、多少とも実務経験を重ねてきたので、英国で在外研究を終えてからは、政策評価システムの日英比較に取り組むつもりでいた。国際比較と定量分析を盛り込んだ制度論のほうが、論文の体裁を整えやすかったとは思うが、苦労を承知であえてこのテーマに取り組んだのには、ふり返れば、それなりの必然があったように思われる。

筆者は、北海道の高校を卒業後、平成元年に東京の大学に進学した。学部生の頃は、司法試験の勉強をしていたが、地方出身のせいか、地域政策に携わりたいと思い始め、大学院で学び直すことにした。修士課程では、地域金融法制を研究テーマとした。特に地域金融に関心があったわけではないが、経済法務コースに所属しながら、公法担当の教授から指導を受け、都市行政学の研究奨学金を受けるという変則的な立場にあったため、便宜的に選択したものである。地域政策における地域金融の重要性を説いた点では、今日の地方創生にも通じるが、地域金融法制が未整備だったため、法律論としては消化不良に終わった。

　実務を知らずに研究することに限界を感じ、就職活動に臨んだものの、就職の時期は最悪だった。バブル経済の崩壊で就職氷河期と言われ、卒業間際には阪神・淡路大震災が起きた。未曽有の危機に不安を抱きながら、民間シンクタンクに就職した。官公庁の政策立案や自治体の計画策定を支援する研究員の仕事は多忙ながらも刺激的でやりがいがあり、未来志向・解決志向・学際志向をもつ政策学にも共感を覚えるようになった。

　その後、実務経験を活かして、栃木県にある大学で教鞭を執ることになるのだが、そこで、足利銀行の経営危機を目の当たりにする。院生の頃に関心を寄せた、地域金融の破綻法制が実際に発動されたのである。しばらく遠ざかっていたテーマに急に引き寄せられた気がした。さらに、在外研究から帰国した翌年には、東日本大震災・福島第一原発事故が起こる。筆者は、大震災の前月、学生を引率して福島第一原発を訪ねている。原子炉建屋を背景に記念撮影をした時には、よもや跡形も無くなるとは思いもよらなかった。震災後、宮城県で被災地ボランティアの活動に参加したが、偶然にも現地でゼミナールの卒業生に遭遇した。自治体職員となり、はるばる被災地まで支援に訪れている若い教え子の姿を頼もしく感じながら、体力の劣る自分には、何か別の形で貢献できないかとも考えるようになった。金融危機や震災・原発事故に改めて取り組んだのは、こうした経緯からである。

　調査にあたっては、栃木県をはじめ、栃木県議会、足利銀行、栃木県経済同友会、下野新聞など多くの関係者の方々に取材にご協力をいただいた。地元の社会活動を通じて多くの関係者と親しくさせていただいたこともあるが、

大学院で一緒に学んだ栃木県庁職員の井ノ上俊宏氏が足銀問題を担当していたこと、白鷗大学の比護正史先生が拓銀破綻当時、北海道財務局長だったことなど、取材上いくつかの幸運に恵まれたことも大きい。

　論文の作成にあたっては、政策研究大学院大学の飯尾潤先生にご指導をいただいた。政策過程の理論から事例研究、社会科学の方法論に至るまで、多岐にわたり懇切丁寧にお教えくださり、その導きがなければ、論文を完成させることは到底できなかった。飯尾先生からは、研究に限らず、教育に関しても多くを学ばせていただき、筆者の範としている。心より感謝を申し上げたい。また、論文の審査委員をお引き受けいただいた、同大学の増山幹高先生、城所幸弘先生、首都大学東京の伊藤正次先生にも深く感謝を申し上げたい。

　決して学究肌ではない筆者がこうして研究成果をまとめられたのも、多くの方々に支えられてきたからこそである。修士課程の恩師である東京大学名誉教授の菅野和夫先生、碓井光明先生、博士課程で学ぶことを後押しいただいた白鷗大学前法学部長の河原文敬先生、学会にお誘いいただいた元富士総合研究所主席研究員で明治大学名誉教授の市川宏雄先生には改めて御礼を申し上げたい。大学の同級生で駒澤大学の田丸大氏、大学院の同期で農林水産省の舟木康郎氏をはじめ、共に勉学に励んだ友人の存在も大きい。

　本書の出版にあたっては、白鷗大学法政策研究所の助成を受けている。所長の岡田順太先生、日本評論社の上村真勝氏には大変お世話になった。この場を借りて御礼を申し上げたい。紙幅の都合上、お世話になったすべての方々のお名前を挙げることはできないが、本書の刊行をもって感謝の意を表することといたしたい。

　最後に、私事になるが、博士論文の執筆中に父がこの世を去った。残された母を含め、これまで筆者を支えてくれた両親に本書を捧げることにしたい。

　　2019年1月　　平成最後の年に

　　　　　　　　　　　　　　　　　　　　　　　　　児玉　博昭

索 引

[あ]

アイディア ………………28, 248, 252, 255
アクセルロッド, R. …………………275
アクター調整 ……………………285
アクターの関係性 ……………………11
足利銀行（足銀）………………… 4, 39
足利銀行関係省庁等連絡会議………41, 56
足利銀行出資被害者の会 …………39, 64
足利銀行の受け皿選定に関する
　ワーキンググループ ……………81
足利銀行の望ましい受け皿のあり方……71
足利銀行問題緊急対策本部 ……38, 56, 61
足利ホールディングス（足利HD）……97
あしぎんFG更生計画 ………………72
足銀単独再生 ………………………74
あしぎんフィナンシャルグループ
　（あしぎんFG）……………………39
厚い記述 ………………………………6
アリソン, G. …………………… 3, 25
異常性バイアス ………………………276
一時国有化 ……………………………36
茨城県高萩市 …………………………159
岩手・宮城内陸地震 …………………192
エージェント …………………………28
エージェンシー・スラック …………16
応急対応 ………………………………13
大蔵省 …………………………………34
オールハザードアプローチ …………284
汚染状況重点調査地域 ………………157
オピニオン・リーダー ………… 29, 258
オンブズ栃木 …………………………39

[か]

カオス …………………………………28
影の長い危機 …………………………4
駆け引き ………………………… 29, 252
過去問題調査ワーキングチーム……62, 70
課題の定義 ……………………………270
過程追跡 ………………………………5
株主救済問題 …………………………250
加美町 …………………………………192
環境省と考える指定廃棄物の課題解決に
　向けたフォーラム（フォーラム）
　………………………………179, 222
がんばろう"とちぎの農業"緊急支援
　資金 ………………………………146
官僚政治モデル ………………………26
議員 ……………………………………20
議院内閣制 ……………………………17
機関対立主義 …………………………18
危機 ……………………………………13
危機管理の関与性 ………………9, 273
危機管理の主観性 ……………… 10, 275
危機管理の政治問題化 ………………8
危機管理の非線形性 ……………9, 274
危機原因の多様性と複合性 …………22
危機コミュニケーション ……………277
危機実体の無限定性 …………………22
危機に乗じる政治 ……………3, 8, 272
危機の解決期 …………………………14
危機の急性期 …………………………14
危機の時間軸 …………………………267
危機の時間的無限定性 ………………22
危機の実態 ……………………………266
危機の前兆期 …………………………14

危機の慢性期 …………………………14
危機の要因 …………………………264
機能特化型 ……………………19, 238
共振 ……………………………23, 249
行政的経路 …………………………18
行政的統制 ……………………20, 239
業務監査委員会 ………………40, 62
議論・解釈 …………………………269
緊急雇用問題連絡会議 ……………122
緊急災害対策本部 ……………137, 142
緊急事態 ……………………………13
緊急セーフティネット資金 ……56, 238
緊急提言特別委員会 …………40, 61
キングダン, J. ……………………24
金融環境変動緊急対策本部 ……118, 239
金融監督庁 …………………………34
金融危機対応会議 ……………35, 41, 55
金融懇談会 …………………………122
金融対策緊急連絡会議 …………117, 239
金融庁 ………………………………33
金融変動緊急対策特別資金 ……118, 239
金融変動緊急中小企業経営相談室 ……120
金融問題連絡会 ………………119, 239
偶然性 ………………………………249
国と宮城県の意見交換会 …………206
栗原市 ………………………………192
計画停電 ……………………………143
景気浮揚・金融安定化緊急総決起大会
 ……………………………………124
経済危機 ……………………………5
経済5団体 …………………………40
激甚災害法 …………………………137
原子力安全委員会 …………………136
原子力安全・保安院 ………………136
原子力規制委員会 …………………136
原子力規制庁 ………………………136
原子力緊急事態宣言 …………137, 142

原子力災害対策指針 ………………138
原子力災害対策特別措置法（原災法）
 ……………………………………137
原子力災害対策編 ………180, 193, 283
原子力災害対策本部 ………………138
原子力損害の賠償に関する法律（原賠法）
 ……………………………………138
原子力発電所の安全確保に係る連絡
 体制等に関する覚書 ……………181
原子力防災会議 ……………………136
原子力防災部会 ……………………224
言説 …………………………………269
県内産業・地域活性化部会 ………69
原発事故子ども・被災者支援法 …138
県民銀行構想 …………57, 253, 261
高線量メニュー ……………………157
構造化 ………………………………269
交代 …………………………………256
公募 …………………………………102
公募要領 ……………………………84
合理的行為者モデル ………………25
コーエン, M. ………………………275
国内政治モデル ……………………27
5者協議 ……………………………213
個性 ……………………29, 249, 255
個体群 ………………………………28
ゴミ缶モデル ………………………24

[さ]

災害 …………………………………5
災害救助法 …………………………137
災害対策基本法（災対法）……137, 179, 182
災害弔慰金の支給等に関する法律 ……137
災害に強いとちぎづくり条例 ……182
災害廃棄物処理計画 ………………149
再増資計画 …………………………46

財務局	34	住民	21
財務省	33	自由民主党議員会	38
参加の拡大	270, 271	重要人物	28
産業再生機構	63	首長	20
三者懇談会	85	首長主義	18
暫定保管案	168	出資被害者の会訴訟	68
塩谷町民指定廃棄物最終処分場反対同盟会(塩谷町民反対同盟会)	172	準備	13
		小集団モデル	27
塩谷町	139	尚仁沢湧水	139, 172
塩谷町高原山・尚仁沢湧水保全条例	175	情報共有型	19, 238
事業計画書	86, 91	情報の非対称性	16
資金援助方式	36	初期値鋭敏性	28, 259
自己相似性	250	「食と農」企業支援プロジェクト推進協議会	104
自己組織化	23, 28, 252		
地震対策等専門部会	224	除染実施計画	157
自然災害	5	除染特別地域	157
自治体職員	19	シルベス, R.	10
指定廃棄物	158	進化	23
指定廃棄物最終処分場候補地の白紙撤回を求める矢板市民同盟会(矢板市民同盟会)	159	震災対策推進条例	193, 212
		素早く燃える危機	4
		政策統括官(原子力防災担当)	136
指定廃棄物最終処分場設置反対同盟	159	政策統括官(防災担当)	135
		政策の流れ	28
指定廃棄物処分等有識者会議	164	政策の窓	252, 259
指定廃棄物処理施設問題を考える県議の会(県議有志の会)	218	政策の窓モデル	24
		政治的経路	18
私募	102	政治的調整	20, 242
資本増強	35	政治の流れ	28
市民オンブズパーソン栃木	39	正常性バイアス	276
地元資本の参加	81	整理回収機構	63
地元出資問題	256	関谷活断層	159
社会指標	28, 248	選挙	28, 256
社会的学習	20, 244	選定手順案	166
重大事件	28, 251, 254	戦略	28
重大事態	13	相互作用	28
重大な転換点	250	増資協力	41, 46, 247
重点5項目	86	増資計画	41

争点化 …………………………………256
創発性 ……………………………28, 256
双方向性 …………………………………23
ソーシャル・キャピタル ………………275
組織過程モデル …………………………25
組織内分担 …………………………19, 237

[た]

大統領制 …………………………………17
第2分類債権 …………………………123
代表制民主主義（間接民主政）…………29
大和町 …………………………………192
立場 ……………………………………249
多様性 ……………………………………28
単一制国家 ………………………………18
段階的統制モデル ………………………19
段階モデル ………………………………15
地域銀行合体 ……………………………74
地域金融再生部会 ………………………70
地域再生支援プロジェクトチーム ……68
地域防災計画 …………………………137
地銀連合 …………………………91, 93
地崎工業 ………………………………128
中央青山監査法人 ………………………39
中央信託銀行 …………………………123
中央防災会議 …………………………135
中堅企業対策 …………………………121
注目 ………………………………28, 257
長期管理施設 …………………………222
統一政府 …………………………………18
東京電力原発事故農畜産物損害賠償対策
　栃木県協議会 ………………………147
東京電力福島第一原子力発電所事故対策
　みやぎ県民会議（事故対策県民会議）
　……………………………………203, 241
東京電力福島第一原子力発電所事故被害

対策基本方針 …………………………204
東京電力福島第1原発事故対策本部
　………………………………………200
統合化 ……………………………20, 240
洞察 ………………………………23, 28
東北地方太平洋沖地震 …………137, 142
特殊災害 …………………………………5
特別危機管理 ……………………………36
とちぎインベストメントパートナーズ
　…………………………………………68
とちぎ観光安全宣言 …………………147
栃木県足利銀行受皿問題対応本部
　………………………………………81, 240
栃木県観光振興・復興県民会議
　………………………………………153, 241
栃木県議会足利銀行問題対策特別委員会
　（足銀特別委員会）…………38, 58, 238
栃木県議会足利銀行問題等地域活性化対策
　特別委員会（足銀等特別委員会）……98
栃木県議会災害対策特別委員会 …149, 241
栃木県緊急経済活性化県民会議 …62, 240
栃木県緊急経済活性化県民会議・県民
　大会 ……………………………………66
栃木県金融危機対策本部 ………53, 55, 238
栃木県金融・経済安定連絡協議会
　………………………………………40, 58
栃木県経営者協会 ………………………40
栃木県経済新生構想 ……………………61
栃木県経済団体金融危機対策本部 ……40
栃木県経済同友会 ………………………40
栃木県経済同友会訴訟 …………………66
栃木県原子力災害対策専門委員会
　………………………………………154, 180
栃木県原子力対策本部 ………………180
栃木県公金管理運用委員会 ……………53
栃木県公金管理運用方針 ………………53
栃木県公金リスク管理マニュアル

	…………………… 53, 236, 282
栃木県災害対策本部	……………… 142, 239
栃木県産業再生委員会	…………… 69, 240
栃木県市長会	……………………………… 39
栃木県指定廃棄物処分等有識者会議	…… 171
栃木県指定廃棄物処理促進市町村長	
会議	……………………………… 165, 241
栃木県指定廃棄物処理促進副市町村長	
会議	……………………………………… 166
栃木県商工会議所連合会	………………… 40
栃木県商工会連合会	……………………… 40
栃木県除染関係市町連絡協議会	……… 157
栃木県震災復興推進本部	………… 148, 241
栃木県地域防災計画	……………… 140, 283
栃木県中小企業再生支援協議会	………… 63
栃木県中小企業団体中央会	……………… 40
栃木県町村会	……………………………… 39
栃木県防災に関する条例検討懇談会	…… 181
とちぎ地域企業再生ファンド	…… 68, 240
突発性	……………………………………… 22
都道府県災害対策本部	…………………… 137
トハート, P.	………………………………… 3
ドレナン, L.	……………………………… 22

[な]

内閣府特命担当大臣（金融担当大臣）	
	…………………………………………… 33
内部調査委員会	…………………… 40, 62
那須塩原放射能から子どもを守る会	
（子どもを守る会）	…………………… 156
72時間の壁	……………………………… 279
認識の歪み	………………………………… 23
野村グループ	………………………… 91, 93
野村フィナンシャル・パートナーズ	
（野村FP）	……………………………… 96

[は]

ピアソン, P.	…………………………… 274
東日本大震災からの復興の基本方針	…… 204
東日本大震災検証・記録専門部会	…… 224
東日本大震災財特法	…………………… 137
東日本大震災・東電福島第一原発事故	
	……………………………………… 5, 138
東日本大震災復興基本法（復興基本法）	
	……………………………………… 138, 204
東日本大震災復興構想会議	
	………………………… 136, 191, 196
東日本大震災復興対策本部	…… 136, 204
非決定	…………………………………… 270
被災者支援義援金（とちまる募金）	…… 146
被災者生活再建支援法	………………… 137
被災者生活支援実施本部	……………… 205
非常災害対策本部	……………………… 137
非常事態	…………………………………… 13
評価項目	………………………………… 166
標準的作業手順	…………………………… 29
複雑系理論	………………………………… 12
複雑適応系	…………………………… 23, 28
複雑適応系モデル	………………………… 27
福島原発事故対策統合本部	…………… 144
福島集約案	……………………………… 160
福島乳幼児・妊産婦支援プロジェクト	
	…………………………………………… 155
福田昭夫	…………………………… 38, 139
福田富一	…………………………… 38, 139
不測事態	…………………………………… 13
復旧・復興	………………………………… 13
復興局	…………………………………… 136
復興推進委員会	………………… 136, 191
復興推進会議	…………………………… 136
復興庁	…………………………………… 136

復興庁設置法 …………………………138
復興への提言 …………………………204
フラクタル ……………………………28
ブリッジバンク構想 …………………126
武力攻撃 ………………………………5
フレーム ………………………………269
フレーム調整 …………………………287
プロセス調整 …………………………286
分割政府 ………………………………18
分業 ……………………………19, 238
分散保管案 ……………………………221
ペイオフ対策 …………………………52
ボイン, A. ………………………3, 286, 287
防災基本計画 …………………………137
防災業務計画 …………………………137
放射性廃棄物最終処分場建設に反対する
　県民連絡会 ………………………223
放射性物質汚染対処特別措置法
　………………………………138, 157
放射性物質事故・災害対応マニュアル
　………………………………140, 237
放射線による健康影響に関する有識者会議
　…………………………………152
北洋銀行 ………………………………112
保険金支払コストを超える資金援助……35
募集 ……………………………………102
北海道銀行 ……………………………112
北海道金融不況対策小委員会 ………123
北海道金融問題協議会 ……………125, 241
北海道経営者協会（道経協）…………112
北海道経済同友会（道同友会）………112
北海道経済連合会（道経連）…………112
北海道商工会議所連合会（道商連）…112
北海道拓殖銀行（拓銀）………………4, 112
北海道労働組合総連合（道労連）……119
堀達也 …………………………………111
ホロン …………………………………23

本人・代理人モデル …………………15

[ま]

まちづくり・住宅整備推進本部 ……206
宮城県沖地震 …………………………192
宮城県議会大震災対策調査特別委員会
　（大震災特別委員会）………………195, 239
宮城県議会大震災復旧・復興対策調査
　特別委員会（復旧復興特別委員会）
　…………………………………205, 241
宮城県原子力防災計画 ……………193, 237
宮城県災害公営住宅整備指針 ………206
宮城県災害対策本部 ………………194, 239
宮城県地震被害想定調査 ……………192
宮城県指定廃棄物処理促進市町村長会議
　（市町村長会議）…………………207
宮城県震災復興会議 …………………197
宮城県震災復興基本方針 ……………196
宮城県震災復興計画 …………………204
宮城県震災復興本部 ………………196, 241
宮城県地域防災計画 …………………193
宮城県津波被害想定調査 ……………192
宮城県被災者復興支援会議 …………206
宮城県復興住宅計画 …………………205
みやぎ震災対策アクションプラン……193
みやぎ鎮魂の日を定める条例 ………208
宮城の将来ビジョン・震災復興実施計画
　（再生期）……………………………212
宮城の将来ビジョン・震災復興実施計画
　（復旧期）……………………………206
みやぎ復興住宅整備推進会議 ………206
民間投資促進特区 ……………………205
民主主義 ………………………………11
ムード …………………………………28
村井嘉浩 ………………………………191
メタ危機管理 …………………………285

問題の流れ …………………………28

[や]

矢板市 …………………………139
譲受け条件 ……………………91
預金保険法 ……………………34
予防・減災 ……………………13

[ら]

リーマン・ショック …………………101
利益集団 ……………………28, 258
劣後債 …………………………124
連邦制国家 ……………………18

[わ]

渡辺文雄 ………………………37
渡辺喜美 ………………………38, 139

【著者略歴】
児玉 博昭（こだま ひろあき）

白鷗大学法学部教授
1969年秋田県生まれ
東京大学法学部卒業、東京大学大学院法学政治学研究科修士課程修了、
政策研究大学院大学政策研究科博士課程修了。博士（政策研究）
富士総合研究所研究員、白鷗大学法学部講師、助教授、准教授、英国
バーミンガム大学地方自治研究所客員研究員を経て現職

白鷗大学法政策研究所叢書10
危機の政治的余波と危機管理の管理
──足利銀行破綻をめぐる栃木県の対応を中心に

2019年3月20日　第1版第1刷発行

著　者　児玉博昭
発行所　株式会社日本評論社
　　　　〒170-8474　東京都豊島区南大塚3-12-4
　　　　電話　03-3987-8621（販売）　　-8592（編集）
　　　　FAX　03-3987-8590（販売）　　-8596（編集）
　　　　振替　00100-3-16　https://www.nippyo.co.jp/
印刷所　平文社
製本所　松岳社
検印省略　© H. KODAMA 2019
ISBN 978-4-535-52406-4　Printed in Japan

JCOPY　〈(社)出版者著作権管理機構 委託出版物〉
本書の無断複写は著作権法上での例外を除き禁じられています。複写される場合は、そのつど事前に、(社)出版者著作権管理機構（電話03-5244-5088、FAX03-5244-5089、e-mail:info@jcopy.or.jp）の許諾を得てください。また、本書を代行業者等の第三者に依頼してスキャニング等の行為によりデジタル化することは、個人の家庭内の利用であっても、一切認められておりません。